Landolf Scherzer

Der Erste

Mit einem weiterführenden Bericht
»Der letzte Erste«

Aufbau Taschenbuch Verlag

ISBN 3-7466-1241-1

3. Auflage 1997
© Aufbau Taschenbuch Verlag GmbH, Berlin 1997
Umschlaggestaltung Preuße/Hülpüsch Grafik Design
unter Verwendung eines Gemäldes von Volker Stelzmann, Berlin
Druck Elsnerdruck GmbH, Berlin
Printed in Germany

Inhalt

Der Erste

Vorbemerkung 5

Montag, 10. November 1986. Hübscher Graben 6

Verschiedene Arbeiter, unterschiedlichen Alters, in der Salzunger »Bierstube« 18

Dienstag, 11. November. Frische Semmeln 21

Diane, 22, und Sandro, 18, die Kinder des Ersten . . 31

Mittwoch, 12. November. Blinder Kunde 35

Hans Georg Fischer, 51, Chef über alle Zahlen im Kreis 44

Donnerstag, 13. November. Rote Reiterarmee . . . 49

Hans-Dieter Fritschler, 45, erzählt auf der Rückfahrt vom Kissel von seinen ersten politischen Schulen . . 57

Freitag, 14. November. Alte Hütte 59

Hermann Machalett, 52, Dermbach 69

Montag, 17. November. Verhinderte Bestrafung 72

Schwester Else Schulz, 74, Feierabendheim Bad Salzungen 81

Dienstag, 18. November. Schöne Träume 86

Wilhelm Buch, 48, Parteisekretär im VEB Aluminiumwerk Fischbach 95

Mittwoch, 19. November. Ungleicher Lauf 100

Ingrid Fritschler, 46, die Frau des Ersten 110

Donnerstag, 20. November. Heilige Kühe 110

Helmut Dell, 32, stellvertretender Meister im Mischraum des VEB Hartmetallwerk Immelborn, Held der
Arbeit 124

Freitag, 21. November. Einsichtige Kripo 126

Zeitungsbericht der Kreisredakteurin über das Familiengespräch, das der 1. Sekretär der Kreisleitung der
SED, Genosse Hans-Dieter Fritschler, am »Tag der
politischen Massenarbeit« im Neubaugebiet Salzungen-Allendorf führte 137

Montag, 24. November. Aufsässiger Kartoffelkönig . . 138

Werner Schäfer, 56, Vorsitzender der LPG Pflanzenproduktion Tiefenort 145

Dienstag, 25. November. Unterschiedliche Wahrheiten 147

Klaus Martin Luther, 37, Parteisekretär im VEB
Kabelwerk Vacha 152

Mittwoch, 26. November. Eingesparte Ritterrüstung 155

Genosse Ambrosi, 35, Bürgermeister in Merkers,
versetzt nach Tiefenort 166

Donnerstag, 27. November. Billige Frisur 168

Reinhard König, 46, Leiter des Staatlichen Sinfonie-
orchesters Bad Salzungen 173

Freitag, 28. November. Fehlende Hohlkörper 175

Jürgen Riese, 42, 2. Sekretär der SED-Kreisleitung
Bad Salzungen 181

Montag, 1. Dezember. Versäumter Empfang 186

Alma Fritschler, 66, die Mutter des Ersten 191

Dienstag, 2. Dezember. Vergilbte Losungen 196

Martina Daske, 27, Diplomingenieurin, Leiterin eines Jugendforscherkollektivs im Kaltwalzwerk Bad Salzungen 200

Mittwoch, 3. Dezember. Ökumenische Zwänge . . 203

Eberhard Stumpf, 47, Vorsitzender des Rates des Kreises Bad Salzungen 206

Donnerstag, 4. Dezember. Ängstigende Offenheit . . . 208

Nachbemerkung 211

Der letzte Erste 213

Abkürzungsverzeichnis 241

Der Erste

Vorbemerkung

Ich weiß, daß dieses Buch nur ein zu lang geratener Zeitungsartikel ist. Aber weil solche Artikel auch wegen ihrer Länge noch nicht in unseren Zeitungen stehen können, habe ich die Manuskriptseiten zwischen Buchdeckel klemmen lassen.

Ich weiß auch, daß HDF, mein authentischer Held, beim Erscheinen dieses Buches von der Partei vielleicht schon in eine höhere Funktion versetzt worden sein könnte. Oder, daß er einen Fehler gemacht haben und wieder als Holzfäller arbeiten könnte. Aber das würde nichts an der Person des Genossen Hans-Dieter Fritschler und nichts an der Wirklichkeit ändern, die ich in den vier Wochen mit ihm erlebt habe.

Hübscher Graben

In Telefonbüchern und offiziellen Briefen hatte ich schwarz auf weiß gelesen, daß sich die SED-Kreisleitung Bad Salzungen in der August-Bebel-Straße befindet. Doch auf dieser breiten Hauptverkehrsstraße suche ich vergeblich nach einer Tür zu dem weißgetünchten dreistöckigen Haus mit der roten Fahne – nein, nicht mit der roten Fahne, sondern der zeitgemäßen Parabol-Spiegel-Antenne auf dem Dach. Den Eingang finde ich erst in einer schmalen, holprigen, steilen Seitengasse, und diese Gasse heißt »Hübscher Graben«.

Würde sich die Anschrift immer nach dem Hauseingang richten, stände in Telefonbüchern und auf offiziellen Briefen: »Sozialistische Einheitspartei Deutschlands, Kreisleitung Bad Salzungen, Hübscher Graben«. Und dann hätte die Stadtverordnetenversammlung diese Seitengasse wahrscheinlich schon umbenennen müssen, denke ich und lächle über diesen Gedanken immer noch, als ich schon vor dem uniformierten Pförtner stehe.

Vielleicht lächeln Fremde hier selten, denn auf meine Frage nach dem Ersten sagt der Pförtner unfreundlich: »Der Genosse 1. Kreissekretär befindet sich nicht in seinem Zimmer und ist auch nicht zu sprechen.«

Ich will mich um halb acht nicht schon darauf berufen, daß ich für acht Uhr angemeldet bin, und frage höflich, wo die Kraftfahrer sitzen.

»Im Fuhrpark auf dem Hof. Aber für Betriebsfremde verboten!« Wieder der »Hübsche Graben«.

Dann die Autoeinfahrt. Das Tor steht offen.

Der Cheffahrer muß wissen, wo der Erste steckt, denke ich. Er wird ihn heute morgen zu Hause abgeholt und die Anweisungen für den Tag erhalten haben. Und ich hoffe, daß er nicht zum Bäcker gefahren ist, aber am Montag haben die Privatbäcker geschlossen. Vielleicht poliert er das Auto. Zwar sind die Straßen verschlammt, aber der Wagen des Ersten muß auch beim größten Dreck draußen glänzen. Denke ich.

Im Hof steht nur ein beigefarbener »Lada« mit stumpfem Lack. Ich sehe keinen Fahrer, wahrscheinlich sitzen sie in dem Zimmer mit dem erleuchteten, gardinenverhangenen Fenster neben den Garagen. Unentschlossen bleibe ich vor der Tür stehen, scheue mich hineinzugehen, nach dem Cheffahrer zu fragen und umständlich zu erklären, was ich beim Ersten will. Vielleicht waren die sechs Jahre von dem Tag an, als ich die Bitte ausgesprochen hatte, bis zu diesem Morgen eine zu lange Zeit, um noch ohne Hemmungen unvoreingenommen fragen zu können.

Vor sechs Jahren hatte der Literaturverantwortliche der SED-Bezirksleitung in unserer Verbandsversammlung wissen wollen, wie die Partei die Schriftsteller bei der »Schaffung von Wirklichkeitsbeziehungen noch wirkungsvoller unterstützen« könnte. Einer von uns wollte im Forst arbeiten, einem anderen fehlten Winterreifen, eine Kollegin bat um einen kurzen Studienaufenthalt im Schafstall, einer benötigte ein Telefon, und ich wollte, um hinter die Kulissen der Parteiarbeit schauen zu können, den Ersten vom Bezirk (oder einen Kreisersten) einige Wochen von früh bis abends bei allen Amtshandlungen begleiten.

Das sei eine wichtige kulturpolitische Aufgabe, sagte der Literaturverantwortliche damals und notierte meinen Wunsch.

Die Stippvisite im Schafstall ließ sich am schnellsten realisieren. Die Arbeit im Forst und die Winterreifen konnten die Genossen der Bezirksleitung im zweiten Jahr organisieren. Am längsten dauerte die Angelegenheit mit dem Telefonanschluß, doch als auch dafür die Strippen gezogen wurden, hatte ich außer Vertröstungen noch nichts erfahren, und bei erneuten Fragen nach Wirklichkeitsbeziehungen für Schriftsteller ließ man mich danach immer aus.

In dieser Zeit verwandelte sich meine anfängliche unvoreingenommene Neugierde zum Biertisch-Klischee über die Arbeit und die Person eines Ersten: Wenn er im Winter durch die Stadt läuft, kümmert sich der Bürgermeister persönlich darum, daß die Straßen geräumt und gestreut sind ... Nach Wurst und Fleisch steht seine Frau nicht in der Freitagsschlange, das besorgt der Fahrer ... Wenn der Wasserhahn im Bad tropft, kommt der Klempner spätestens nach zwei Stunden ... Von seinen Mitarbeitern läßt er sich täglich über neue Erfolge sowie Stimmungen und Meinungen der Bevölkerung informieren ... Ansonsten leitet er Versammlungen, arbeitet Reden aus oder hält Reden ...

Vor einem halben Jahr kam der Literaturverantwortliche der Bezirksleitung zu mir nach Hause und informierte mich: »Du kannst den 1. Sekretär der Kreisleitung Bad Salzungen, den Genossen Hans-Dieter Fritschler vier Wochen bei seiner Arbeit beobachten.«

Die Wände des kleinen Zimmers neben den Autogaragen sind mit halbnackten Mädchen, die für Suhler Mopeds werben, geschmückt. Ein junger Mann, nicht älter als fünfundzwanzig, sitzt allein am Tisch. Der beigefarbene »Lada« auf dem Hof, erfahre ich, ist der Wagen des Ersten. Ob Genosse Fritschler jedoch schon in seinem Zimmer ist, weiß auch der Cheffahrer nicht.

»Er läuft jeden Morgen zwanzig Minuten zur Kreisleitung und abends wieder zwanzig Minuten nach Hause.«

»Und wenn es nun regnet oder schneit?« frage ich.

»Braucht er wahrscheinlich weniger als zwanzig Minuten.«

»Und wie ist er so, der Erste?« frage ich vorsichtig.

»Besser als sein Vorgänger, der lief nicht mal zweihundert Meter.«

Von diesem Vorgänger erzählt man sich, daß er schon nach einem Jahr als Erster abgesetzt worden sei. Er habe nicht nur die Kollektivität der Leitung mißachtet, sondern sich auch ein Haus bauen lassen (es wurde nach seiner Ablösung an eine kinderreiche Arbeiterfamilie übergeben), das viel zu groß und viel zu teuer für ihn gewesen sei. So etwas spricht sich im Kreis schneller als der Termin eines zentralen Mach-mit-Einsatzes herum. Und der neue Erste mußte auch verlorenes Vertrauen neu gewinnen ...

Noch einmal »Hübscher Graben«.

Jetzt sitzen zwei Uniformierte im Pförtnerzimmer. Freundlicher Vorwurf: »Weshalb hast du nicht gleich gesagt, daß du der Schriftsteller bist! Der Genosse 1. Kreissekretär hat angewiesen, ihn bei deiner Ankunft sofort aus der Versammlung zu holen.« Der eine der beiden erledigt das, der andere schaut mich so an, als wolle er fragen, was ein Schriftsteller im Parteihaus verloren hat, aber er fragt nicht. Um die Pause zu überbrücken, zeige ich auf die zwei stattlichen Edeltannen vor dem Eingang. Sie stehen mit einem Rosenstock im Dreieck. »Es würde besser aussehen«, sage ich, »wenn man anstelle des Rosenstockes eine dritte Tanne gepflanzt hätte.«

»Früher standen drei Tannen vor der Kreisleitung«, sagt der Pförtner, »aber am Heiligen Abend hat jemand die dritte Edeltanne geklaut. Da mußten wir den Rosenstock setzen.«

»Geklaut«, frage ich, »die sind doch fast drei Meter hoch.«

»Ja, geklaut. Abgesägt. Einfach abgesägt«, murmelt der uniformierte Pförtner.

Als ich mich erkundige, ob die Genossen den Dieb erwischt haben, schüttelt er traurig den Kopf.

Meine anfängliche Beklemmung vor dem Parteihaus schwindet.

Dann begrüßt mich der Erste. Oben in seinem Zimmer

könnten wir uns unterhalten. Ich nehme zwei Stufen auf einmal, um mit ihm Schritt zu halten. Er geht auch den Flur sehr schnell entlang, hastet aber nicht mit der ungesunden Nervosität von gestreßten Leitern, sondern wie einer, der schon immer schnell läuft. Seine Figur paßt zu dieser flinken Gangart. Er ist klein, schlank, wiegt wahrscheinlich nicht mehr als 65 Kilo, der Typ eines Langstreckenläufers. Den Zimmerschlüssel hat er beim Pförtner vergessen. Er trabt noch einmal hinunter, lacht wie ein Kind über seine Schußligkeit. Wären seine Haare nicht schon arg gelichtet, könnte man denken, daß er noch nicht vierzig ist. Die kahlen Stellen machen ihn nicht würdiger, und die sorgfältig gescheitelten Haare passen so wenig zu seinem Jungengesicht wie der graue Anzug und die akkurat gebundene Krawatte.

Er merkt, daß ich ihn taxiere, und sagt: »Ich bin 1941 geboren.« Wir sind also gleich alt. Er gehört wie ich zum ersten Jugendweihejahrgang der DDR.

»Aber ich bin konfirmiert worden«, sagt der Erste.

Eine ledergepolsterte Tür führt zu seinem Zimmer. Das Porträt hängt an der Wand gegenüber. Darunter steht ein großer heller Schreibtisch und daran angefügt wie das Bein des T ein langer Beratungstisch. Wir setzen uns an den Beratungstisch.

In einem Brief hatte der Erste mir vor zwei Monaten geschrieben: »Ich versichere Dir abschließend, ich freue mich auf unsere gemeinsame Arbeit ...« Vielleicht sollten wir einen Schnaps auf diese Zusammenarbeit trinken? Aber nur er wird arbeiten, ich werde lediglich zuschauen.

Der Erste ist in den letzten vier Wochen an der Parteihochschule in Berlin qualifiziert worden. Aber seine Sekretäre, die um acht Uhr zur Lagebesprechung kommen, begrüßen ihn nach der einmonatigen Abwesenheit nicht überschwenglich, sondern als hätten sie sich am vergangenen Freitag zum letzten Mal gesehen. Nur der kräftige Jürgen Riese, ich kenne ihn noch von seiner Arbeit als FDJ-Sekretär im Kalikombinat, mustert den spillrigen Ersten, den er in der Zwischenzeit vertreten hat, und sagt kritisch: »Dicker biste geworden!« Und Genosse Fritschler schaut wirklich prüfend auf seinen nicht vorhandenen Bauch. Dann stellt er mich den Sekretären vor.

Helmut Kulosa, der Propagandachef, hat wahrscheinlich ein Augenleiden. Seine Lider zittern. Der Erste erkundigt sich besorgt nach dem Gesundheitszustand. Helmut Kulosa winkt resigniert ab. Die Wirtschaftssekretärin Helga Kleinschmidt sieht trotz des Wochenendes müde aus. »Sie hat ein Leben lang im Staats- und Parteiapparat gekämpft«, sagt HDF. Sie lächelt. An ihren Gesichtsfalten, die sie weich und mütterlich machen, merkt man, daß sie ihr Alter nicht ängstlich zu übermalen versucht. Sie wird sechzig. Dieter Böhm, der Landwirtschaftssekretär, ist um die Fünfzig, sehr ruhig, sehr beherrscht, aber das Profil nicht scharf geschnitten, sondern rundlich, die Gesichtshaut glatt. Sein unruhiger Gegenpol sitzt neben ihm: Peter Rumberg, Chef der Kreisparteikontrollkommission, mausflinke Augen und wohl genauso schnelles Mundwerk, denn während er Helga Kleinschmidt über seine Wochenenderlebnisse berichtet, holt er beim Reden kaum Luft.

Alle Männer tragen Schlips und Sakko. Ich zupfe unentwegt an meinen etwas zu kurzen Pulloverärmeln. Aber trotz der Krawatte reden die Genossen hier am Montagmorgen über das gleiche Thema wie die Kollegen in ölverschmierten Wattejacken und blauen Schlossermonturen: Kali Werra Tiefenort, die einzige in der DDR-Liga spielende Fußballmannschaft des Kreises Bad Salzungen, hat wieder verloren. Jürgen Riese, früher Grubenelektriker: »Im Schacht haben wir Kollegen, die sich zu langsam bewegten, Strom an die Brotbüchsen gelegt. Ihr hättet mal sehen sollen, wie die gesprungen sind. Aber unsere Ligafußballer gehen ja ohne Brotbüchse zum Training.«

Er redet immer noch so, wie er aussieht.

Hans-Dieter Fritschler berichtet von den Lehrgangsfreuden an der Parteihochschule. Unterrichtsbeginn jetzt erst um neun Uhr, und familienfreundlicher sei man auch geworden. Die Jahresschüler dürften alle vierzehn Tage am Donnerstagabend nach Hause. Das U-Boot – die Gaststätte in der Parteihochschule – habe wieder geöffnet.

Aber mittags stände nach wie vor eine Riesenschlange vor der Essenausgabe, und einige »höhere« Genossen, die es gewöhnt wären, serviert zu bekommen, hätten größere Schwierigkeiten mit dieser Schlange gehabt. Sie seien regelmäßig hinausgedrängt worden, hätten sich immer wieder hinten anstellen müssen. »Es fehlt ihnen die praktische Erfahrung«, schlußfolgert der Erste.

Dann holt er einen Schnellhefter, dick wie die Materialsammlung für eine Doktorarbeit, aus dem Schreibtisch.

»Das sind meine Lehrgangsnotizen«, sagt er stolz. Ein fleißiger Schüler, der gelobt werden möchte. Aber keiner lobt. Auf den handgeschriebenen Seiten hat er reichlich und vielfarbig unterstrichen, am meisten mit orangefarbenem Stift. Vielleicht ist Orange seine Lieblingsfarbe? Oder steckt eine sinnvolle Ordnung dahinter? Grün – Landwirtschaft. Gelb – Kultur und Staat. Rot – Ideologie. Orange – Wirtschaft?

Genosse Honecker habe den Ministerrat beauftragt, berichtet der Erste, das Zementproblem sofort zu lösen. Aber hinsichtlich der Ersatzteile für die Landwirtschaft bessere sich demnächst noch nichts. Auch die Transportkapazitäten können erst nach 1990 deutlich vergrößert werden ...

»Während des Lehrgangs haben wir das Stickstoffwerk Piesteritz besichtigt. Zuerst den alten Betrieb, wo die Arbeiter noch ohne moderne Technik schuften müssen, also da machste als Parteifunktionär am liebsten die Augen zu. Und dann das neue Werk. Ein Knopfdruck genügt, und du siehst auf Bildschirmen automatische Prozesse ablaufen,

Sensoren überwachen die Produktion, nirgends mehr stikkige Dämpfe ... Und der Parteisekretär fragt uns trotzdem ganz unglücklich: ›Wie ist das nun mit der sozialen Gerechtigkeit? Wen sollen wir bestrafen und von wem verlangen: Du bleibst im alten Werk?‹«

Und hier im Kreis müßten sie diese Frage in allernächster Zeit auch beantworten. Die mittelalterliche Galvanik in Barchfeld sei die leibhaftige Hölle. Und daneben werde eine Halle mit computergesteuerter Produktion gebaut. »Glaubt bloß nicht, daß wir Schonzeit kriegen, um uns die Antworten in Ruhe auszudenken. Und glaubt auch nicht, daß diese Probleme nur in einigen großen Betrieben anfallen werden. Auch in Genossenschaften und kleinen Handwerksbetrieben werden in ein oder zwei Jahren Computer stehen ...«

Peter Rumberg unterbricht die Rede des Ersten. Ein Verwandter hätte neulich ein Autoradio gekauft, keins von den Japanern, sondern ein Radio aus der neuesten DDR-Produktion. Als es zum ersten Mal kaputt war, hätte man es ihm sofort gegen ein älteres Modell umgetauscht, weil die Reparaturwerkstätten des Kreises Bad Salzungen noch nicht einmal die Prüftechnik für diese neuen Geräte besitzen.

Wieder der Erste: »Genossen, wir brauchen überall neue Technologien, computergesteuerte Produktion, Schlüsseltechnologie, Roboter, programmierte ...« Sein Telefon klingelt. Dieses Telefon ähnelt der verkleinerten Schaltzentrale eines Kraftwerkes. Vom Gespräch sind nur die ersten Worte zu hören ... »Das Zentralkomitee möchte ...« Der Erste drückt der Reihe nach fünf Knöpfe ... wieder sind einige Worte zu hören ... erneutes Schweigen ... wieder Knöpfedrücken, grüne Lämpchen leuchten auf, dann ein rotes Licht ... zu hören ist nichts. Entmutigt legt der Erste auf und flucht: »Diese verdammte neue Technik!«

Jürgen Riese erstattet den Bericht über Ergebnisse und

Probleme in der letzten Woche. Seine Hände hat er zu Beginn der Rede noch auf dem Tisch liegen. Schon nach wenigen Sätzen zerwühlt er seine schwarzen, gewellten Haare. »Genossen, mit unseren Diskussionen sind wir zwar in die Breite gekommen, aber nicht in die Tiefe. Sehr viel ideologischer Tagebau, nur an der Oberfläche geschürft. Beispielsweise die Propagandatage bei der Jugend. Es waren Veranstaltungen von Alleinunterhaltern: Unsere Leute standen vorn und redeten und redeten. Und die Jugendlichen stellten keine Frage. Aber die haben doch Fragen, Fragen haben die! Zeigt mir meine Große einen ›ND-Artikel‹ über zusätzliche Produktion in den Jugendmodebetrieben, und dann schleppt sie mich in den Laden, und es hängt nur solcher Fummel auf der Stange, daß man keine müde Mark dafür ausgeben möchte ... Auch in wichtigen Betrieben unseres Kreises haben sich die Planschulden vergrößert: Hartmetallwerk Immelborn, Kettenfabrik Barchfeld, Glaswerk Dermbach, Rhönkunst ... Und dann die sogenannten Planreduzierungen, das ist, als würde man Rauhfasertapete auf 'ne Wand kleben, in der schon der Schwamm ist. Es kann nicht gut sein, Genossen, daß wir in der vorletzten Sekretariatssitzung vor dem Frühstück über den VEB Alfi Fischbach und dessen Millionen Mark Schulden reden, und nach dem Frühstück haben die Fischbacher plötzlich eine halbe Million Mark Vorsprung, weil der Plan abgesenkt wurde. Leute, davon steht kein Kochtopf mehr im Regal. Es häufen sich die Beschwerden, weil es zu wenig modische Winterbekleidung zu kaufen gibt, dagegen haben wir die Versorgung mit der Frauenunterwäsche endlich wieder stabilisiert. Zum ersten Mal gibt es in diesem Herbst auch keine Eingabe zur Kohleversorgung ...«

Helmut Kulosa berichtet sehr kurz, daß die geistig-kulturellen Bedürfnisse im Kreis wiederum gewachsen seien. Allerdings werde es immer schwerer, die zwei Orchester des Kreises zu erhalten. Die Musiker seien zu alt, Wohnungen für eine Ansiedlung fehlten, vom Nachwuchs ganz zu schweigen, schon über 10 Kündigungen ...

Während Kulosa spricht, beobachtet ihn der Erste aufmerksam wie ein Arzt.

Helga Kleinschmidt verkündet prophetisch, daß der Winter trotz des milden Wetters bestimmt komme, denn die da oben würden kontinuierlicher arbeiten als sie hier unten.

»Im Heizwerk Bad Salzungen–Ettmarshausen haben wir zwar durchgesetzt, daß ein höherer Schornstein gebaut wurde, der Staub fliegt also weiter – doch über allen Schornsteinproblemen hat die Leitung vergessen, neue Heizer auszubilden. Arbeitskräfte gibt es genügend im Werk, aber qualifizierte Heizer fehlen. Nun heizen die Leiter selber und reden darüber, als wären sie Helden der Arbeit ...«

Dieter Böhm: »Die Mastbullen haben ein Gewicht von acht Zentnern. Bei der Kartoffeleinkellerung, sie ist überall abgeschlossen, gab es lediglich Beschwerden wegen zu kleiner Knollen. Sie werden ausgetauscht, das geht seinen Gang. Aber 1000 Tonnen Futterkartoffeln liegen noch draußen, die müssen schnellstens gedämpft werden. Ein besonderes Vorkommnis im Kreis: 14 Rinder sind von einer Lokomotive überfahren worden. Also die Rinder standen in der Koppel und ...«

Hier muß ich unterbrechen. Wenn ich auf meiner Kreissäge zu starkes Holz sägen will, schaltet, um Schlimmeres zu verhindern, ein Schutzrelais den Motor aus. Ein ähnliches Relais befindet sich wahrscheinlich in meinem Gehirn, denn obwohl ich mich auf jede Information der Lagebesprechung konzentriere, alles aufschreibe und jedes Problem verstehen will, kann ich nach zwei Stunden nur noch Bruchteile davon verarbeiten ...

»Also die Kühe standen in der Koppel, da muß wohl ein

Wildschwein in die Herde gerast sein, die Kühe brachen aus ...«

»Es ist sozusagen unmoralisch, daß die Gewerkschaft ausgerechnet am 6. Dezember, an dem die übrigen Werktätigen für Weihnachten vorarbeiten, ihre Kreisdelegiertenkonferenz angesetzt hat ...«

»Der Bau der Geschäfte und Wohnungen an der Salzunger Rathausstraße mußte gestoppt werden, weil unter anderem die Heizungsmöglichkeiten immer noch nicht geklärt sind ...«

»Die Kühe jagen an der Bahnschiene entlang, kommen bis zum Bahnwärterhäuschen bei Oberrohn...«

»275 Familien des Kreises erhielten in den vergangenen 9 Monaten eine neue Wohnung ...«

»Die Wäscherei in Vacha hat schon 13 Tonnen Planrückstände, drei Wochen Wartezeit für die Bevölkerung ...«

»Die Kühe rasen am Bahnwärterhäuschen vorbei, der Bahnwärter denkt: Wie im Wilden Westen, mehr denkt er nicht ...«

»In der Konservenfabrik braucht man einen neuen Leiter, der Kalibetrieb weigert sich, einen freizustellen, aber saure Gurken wollen die Kumpel auch essen ...«

»1987 wird in Salzungen der Bau einer Schwimmhalle für 8,66 Millionen Mark vorbereitet ...«

»Die Kühe rennen hinter dem Bahnwärterhäuschen auf den Gleisen entlang, der Lokführer hupt und bremst ...«

»Für Hausschlachtungen fehlen im Kreis zur Zeit Wurstdärme ...«

»Die Waggonentladung während der Weihnachtstage muß stabsmäßig geplant werden ...«

»14 Kühe werden überfahren, die Lokomotive beschädigt, der Lokführer ist unverletzt ...«

Als die Lagebesprechung zu Ende ist, habe ich einen Block vollgeschrieben. Der Erste brauchte dazu nur drei Seiten seines Notizbüchleins (ein Vokabelheft mit dem Signum »HDF« – Hans-Dieter Fritschler – auf dem Umschlag). Keiner hat geraucht, trotzdem fühle ich mich wie zerschlagen, mein Kopf schmerzt, und als HDF sagt: »In zehn Minuten gehen wir runter zu Rumbergs Geburtstag«, denke ich, daß er mich verscheißern will, denn der Rumberg saß die ganze Zeit hier oben, ohne daß einer gratuliert hat.

»Gratuliert und gefeiert wird nie bei mir, sonst müßte ich auch noch den Schnaps für meine Sekretäre bezahlen.«

Der Erste trägt den roten Nelkenstrauß, der Zweite ein Päckchen mit ordentlich gebundener roter Schleife. Im Zimmer von Peter Rumberg riecht es wie im Kaffeehaus. Er hat sich neben den Schreibisch postiert, auf dem heute, zweckentfremdend, Platten mit Schinken und Salami, Gehacktem, kleingeschnittenen Zwiebeln, Butter, Brot und sauren Gurken stehen. Den Schreibmaschinentisch hat die Sekretärin in eine mit blauem Kreppapier geschmückte Theke verwandelt: Rhönbier, Brauner und Weißer. In der Aktenablage daneben liegt nur noch ein Ordner mit dem Etikett »Statistik der Parteiverfahren 1986«. HDF nimmt die Wurstscheiben in die eine Hand, das Brot in die andere und beißt abwechselnd davon ab. Ich frage, ob er in Thüringen aufgewachsen ist. Er nickt. »Und wo arbeiten deine Eltern?« »Meine Mutter hat Kräuterteemischungen beim Tee-Eschrich in Hildburghausen abgepackt.« Mehr sagt er nicht.

Nach der Geburtstagsfeier geht keiner zum Mittagessen. Es gibt Krautsuppe. Das Essen wird in Kübeln vom Rat des Kreises geholt.

Nachmittags will der Erste mit seinem Mitarbeiter für Sicherheitsfragen über Grenzprobleme sprechen. (Der Kreis Bad Salzungen hat die längste Grenze des Bezirkes zur BRD.) »Da kannst du nicht dabeisein«, sagt HDF.

Auf seinem Schreibtisch liegt ein wohl 30 Zentimeter hoher Aktenstapel. »Der Papierkram der vergangenen vier Wochen«, sagt er. »Ich werde mich abends zu Hause durchfressen.«

Verschiedene Arbeiter, unterschiedlichen Alters, in der Salzunger »Bierstube«

Oft soll auch der Lügenbaron am Stammtisch der Neubaukneipe sitzen, die hinter dem Bad Salzunger Lenindenkmal steht. Über dem aus dicken Bohlenbrettern gefügten Stamm- oder Lügentisch hängt ein überdimensionales Schlachtmesser, an dessen Schneide vier Kuhglocken baumeln. Obwohl ich Lügengeschichten liebe, denn sie sind oft wahrhaftiger und durchschaubarer als die gedruckten Halbwahrheiten, habe ich es nie geschafft, an diesem Lügentisch einen Platz zu ergattern. Sobald dort jemand aufsteht, sitzt der nächste Stammgast schon auf dessen Stuhl. Ich saß meist an einem der vier kleinen Tische, die um die blau-weiß gekachelte Säule in der Mitte des winzigen Raumes gruppiert sind. Drumherum, wie unter den Thüringer Dorflinden, eine runde Holzbank, und von dieser Bank aus konnte man fast jedes Wort am Lügentisch hören, ohne selbst Lügen erzählen zu müssen.

Monolog eines fünfzigjährigen, langaufgeschossenen, dünnen Mannes, Arbeiter in der Kettenfabrik Barchfeld: »Wenn der neue Chef, der Tetschner, sich nicht ändert, kriegt er nachts in einer dunklen Straßenecke bestimmt mal eine ordentliche aufs große Maul ... Als Einstand hat er zuerst jeden Schluck Schnaps im Betrieb verboten. Dabei hatten sie ihn nur eingeflogen, damit er unseren Betrieb aus dem Schuldenturm herausholt. Einem Kumpel in der Speichenfertigung, kein schlechter Kerl, hat er die Schnapsflasche weggenommen und das teure Zeug in das dreckige Waschbecken geschüttet, das immer aussieht, als hätte man gerade reingeschissen. Zur Desinfektion, soll er gesagt haben. Außerdem strich er dem Meister die Leistungsprämie, und nun will er mit der Gewerkschaft im Betrieb eine Säuferkonferenz organisieren. Aber den lassen wir noch Wasser saufen ... Mir hat er letzte Woche gedroht: ›Egon, das ist doch ganz einfach, du mußt dich entscheiden: entweder saufen oder arbeiten. Wenn du arbeitest, kannst du nicht saufen. Wenn du säufst, kannst du nicht arbeiten. Und wenn du nicht arbeitest, hast du kein Geld zum Versaufen!‹ Dialektik nennt er das.«

Sie trinken auf die Dialektik.

Dann fragt der Jüngste am Lügentisch den Arbeiter aus der Kettenfabrik, ob es stimmt, daß der Trabi in zwei Jahren als Viertakter gebaut und die Ölpumpenkette für diesen Motor dann in Barchfeld hergestellt wird.

Ja, die Halle für die neue Produktion werde im Frühjahr stehen, und in einem Jahr müßten die ersten Ölpumpenketten fertig sein. Alles gesteuert von Computern und solchem Zeug. Und wenn das nicht funktioniert, würde nichts mit dem Viertakt-Trabi. Und dann könne sich der Tetschner mehr als vier Takte anhören. Aber sie würden das hinkriegen. Und in sein Bierglas schauend, philosophiert er weise: »Auf alle Fälle werden wir Barchfelder berühmt. Wenn wir es schaffen, und wenn wir es nicht schaffen, erst recht ...«

Die »Bierstube« öffnet um acht, dann trinken sich die Nachzügler von der Nachtschicht munter. Später kommen die Handwerker, die in der Nähe zu tun haben. Gegen zwölf Uhr erscheinen die Mittagsschichtler, die vor der Arbeit noch paar Schluck miteinander reden wollen. Und ab vierzehn Uhr beginnt der Kampf um die Plätze in der »Bierstube«. Betrunkene bekommen kein Bier mehr. Hinter dem Lügentisch hängt das staatliche Diplom für »Thüringer Gastlichkeit«. Abends kommen die Škoda-Monteure aus der ČSSR, die gemeinsam mit Ungarn und Polen im

Bad Salzunger Kaltwalzwerk ein 20-Rollen-Walz-Gerüst, mit dem Bandstahl bis zu 0,1 Millimeter Dicke heruntergewalzt werden kann, aufbauen. Der Kellner bringt allen Gästen halbe Liter. Wer ausgetrunken hat, bekommt sofort ein neues Bier. Die tschechischen Monteure sagen, daß das Rhönpils fast so würzig sei wie ihr Pilsener.

Monolog am Stammtisch. Ein Kollege des Salzunger Kreisbetriebes für Straßenwesen (Gesicht und Bauch lassen eine Verwandtschaft mit Schwejk vermuten) erzählt: »Den Wagner aus Neidhardtshausen, der unseren Einsatzwagen fährt, kennt ihr. Ein Neidhardtshäuser, wie er im Buche steht: Bei anderen nie mehr sehen können, als man selbst hat. Die Zuschläge für Sonn- und Feiertage sind bei uns zwar schon im Lohn mit drin, aber als in diesem Jahr der Direktor die Winterbereitschaft nach oben gemeldet hatte, sagte der Wagner, der auch ein Streufahrzeug fahren sollte: ›Ich steig' da nur rauf, wenn ihr Zuschläge bezahlt.‹ Die meisten Arbeiter unterstützten den Wagner, aber die Leiter drucksten, man hätte doch schon und könnte nicht … Da holte der Wagner ein Büchlein, auf dessen Umschlag er LOHNKAMPF geschrieben hatte, aus der Tasche, zeigte den Leitern seine Aufzeichnungen über alle Lohnerhöhungen der letzten Jahre und drohte, sich bei der Gewerkschaftszentrale in Berlin zu beschweren. Das solle er man tun, sagte der Direktor lächelnd, denn er dachte, daß Papier geduldig sei. Aber der Wagner sagte, Briefeschreiben sei keine Arbeiterart, sie seien es gewohnt, mit den Händen zu arbeiten und mit dem Mund zu reden. Also schlug er vor, nach Berlin zu fahren. Wir sammelten das Geld ein, und der Wagner aus dem Rhöndorf Neidhardtshausen reiste 2. Klasse in die Hauptstadt und beschwerte sich. Er bekam recht, der Betrieb mußte zahlen. Wenn man die Winterbereitschaft nach oben meldet, muß der Chef sich nicht nur überzeugen, daß der Streusand bereitliegt. Zuerst muß er wissen, ob die Leute, die den Sand schaufeln sollen, dazu bereit sind, sagte der Wagner und stieg auf sein Streufahrzeug.

In der letzten Woche haben wir den Neidhardtshäuser wieder in die BGL gewählt, aber diesmal hatte er zehn Gegenstimmen.«

Ich stoße mit den tschechischen Monteuren auf Pilsner Bier und Schwejk an.

Als ich gehe, frage ich, ob der Lügenbaron am Stammtisch sitzt.

»Nein, heute ist der Lügenbaron nicht hier«, behaupten die Stammtischler. »Heute wird nur die Wahrheit erzählt!«

Und das haben sie mir jedesmal gesagt, dort am »Bierstuben«-Lügentisch.

DIENSTAG, 11. NOVEMBER

Frische Semmeln

Fünf nach halb sieben stehe ich vor dem Appartementhaus, in dem ich ein Zimmer gemietet habe, auf dem nur spärlich beleuchteten Leninplatz. Es regnet Bindfäden. Fluchend latsche ich durch die Pfützen, beeile mich, um nicht klatschnaß zu werden und am ersten »Arbeitstag« unpünktlich zu sein. Die Leute, denen ich begegne, scheinen das Sauwetter gleichgültiger hinzunehmen. Sie haben den Kopf wie Schildkröten eingezogen. Sie, die Jahr für Jahr ihren morgendlichen Arbeitsweg gehen müssen, werden nicht über Regen und Dunkelheit fluchen. Für sie ist alltäglich, was für mich außergewöhnlich ist. Selbst, wenn ich vier Wochen zur Kreisleitung laufe, werde ich nicht so fühlen wie sie. Und auch wenn ich täglich mit dem Ersten zusammen bin, werde ich nicht so empfinden wie er, sondern nur die verkümmerten oder ins Kraut schießenden eigenen Gefühle in den Vordergrund drängen. Ich muß versuchen, nicht die vermeintlichen Gefühle meiner Helden, sondern die Ereignisse und Fakten, die die Gefühle hervorrufen, zu beschreiben.

In der Nähe des Marktplatzes duftet es nach frischem Brot. Die Bäcker haben schon geöffnet, es stehen keine Schlangen vor den Türen, die Brötchen sind warm und knusprig. Auch frische Pfannkuchen liegen heute, am 11.11., in den Regalen. Ich bin versöhnt mit dem nassen kalten Morgen und freue mich, daß ich im Gegensatz zu Hermann Kant keine erotischen Bücher für frische Schrippen besorgen muß, sondern meine Brötchen noch für einen Fünfer bekomme. In Salzungen hätte er seinen »Dritten Nagel« nicht schreiben können, denke ich, denn in Salzungen ist man unserer Zeit nun schon wieder ein gutes Stück voraus, weil man ihr in der Forderung hinterherhinkte, private Bäcker und Fleischer durch Großbetriebe zu ersetzen.

Überpünktlich, zehn Minuten vor Arbeitsbeginn, erreiche ich den Hübschen Graben. Im Vorzimmer des Ersten sitzt niemand, die ledergepolsterte Tür ist geöffnet. – Wie im Theater oder bei der Armee, sage ich, die würden auch einmal im Jahr den Tag der offenen Tür feiern ... HDF entgegnet, daß früh vor sieben Uhr seine Tür immer offen sei, damit die Genossen wissen, daß sie reinkommen und fragen können.

Ich habe eine Vision: An den Sprechtagen stehen alle Zimmertüren von Wohnungsämtern, Meldestellen, Katasterbüros, ABI-Sekretariaten, Bürgermeisterstübchen weit offen. Und vor den Haustüren der Behörden fordern hübsche Sekretärinnen die Vorübergehenden lächelnd auf: Tretet ein, liebe Mitbürger, und vertraut euch uns an, damit wir gemeinsam eure Sorgen vertreiben können ...

Der Erste stört meine Tagträume. Er behauptet, daß es für mich interessanter wäre, beispielsweise über einen Erfinder zu schreiben. Der mache Versuche, die ganze Produktionszweige verändern könnten. In diesem Zimmer dagegen, er winkt ab, spannend sei das nicht, nur Alltagsarbeit, Fleißarbeit ... spannend sei es draußen ...

Vor ihm liegt der dicke Aktenstapel. Das erste Drittel habe er gestern bis 24 Uhr »abgearbeitet«.

Mit orangefarbenem Stift hat er seine Bemerkungen an den Rand der Berichte und Protokolle geschrieben: Konkreter! Denken die Arbeiter wirklich so? Nachgehen! Kleinigkeiten! Nicht den Blick für das Ganze verlieren!

Er zeigt mir ein Beispiel für das Verhältnis von Kleinigkeit zum Ganzen. Im Leiterbericht des Staatlichen Forstwirtschaftsbetriebes Bad Salzungen wird gemeldet, daß es trotz großer Anstrengungen noch nicht gelungen sei, Filzstiefel zu besorgen.

»Ich habe im Forst gelernt, später als Holzfäller gearbeitet. Damals, 1957, sind wir noch ohne Filzstiefel in den Wald ... Was also macht der Betriebsleiter? Er fährt selbst umher, telefoniert, bittet und droht. Und dann hat er endlich die Filzstiefel. Aber da stockt die Arbeit, weil Ketten für die Motorsägen fehlen. Und wieder fährt er umher, telefoniert, bittet, droht ...« Dabei müßte er sich um ganz andere Dinge kümmern, um Jahrhundertaufgaben.

Aus dem Bericht über »Situation und Maßnahmen in der Forstwirtschaft«: »Auf Grund der Schadstoffemission der Kaliindustrie und der grenzüberschreitenden Belastung sind im Bereich des StFB Bad Salzungen ca. 7 000 ha Waldfläche betroffen ... Im Nahbereich treten Schädigungen durch Chlorionen und im Fernbereich durch SO_2 auf ... So nimmt an der Sauerstoffproduktion in der Regel nur ein Jahrgang Nadeln teil, die anderen 5-7 Jahrgänge fehlen, die Vitalität und damit der Zuwachs der Bestände gehen zurück, im Extremfall erfolgt durch mangelndes Reproduktionsvermögen Totalausfall ... wurde ein langfristiges Stickstoffdüngeprogramm konzipiert ... so nehmen von den zusätzlich mit Stickstoff versorgten Beständen 2-4 Nadeljahrgänge an der Assimilation teil und sichern eine Mindestvitalität und einen teilweisen Rohholzzuwachs. Ergänzt wird diese Düngungsmaßnahme durch den Ersatz von 30-40% der am stärksten gefährdeten Fichte ... durch rauchresistentere Holzarten ...« HDF sagt, er müßte den Direktor loben, weil er Filzstiefel organisiert habe, damit der Plan erfüllt wird, denn die Dresche werde er (und im übertragenen Sinn auch der Erste) nur für das Holz kriegen, das heute der Volkswirtschaft nicht planmäßig geliefert wird. Für das fehlende in achtzig Jahren dagegen ...

Außer solchen im Moment kaum lösbaren Problemen bekomme er natürlich auch noch Krimskrams auf den Tisch, wie von den »Vachesen«, die sich beschwerten, daß ihre Fußball-Bezirksliga-Mannschaft »Kabelwerk Vacha« während des Auswärtsspieles bei »ESKA Hildburghausen« von den Zuschauern angepöbelt worden sei. Die SED-Kreisleitung sollte sich einsetzen, daß man die Hildburghäuser zur Verantwortung ziehe.

»Ausgerechnet ›ESKA Hildburghausen‹! In dieser Fußballmannschaft – damals hieß sie noch ›Eintracht Hildburghausen‹ – habe ich als Schüler meine besten Spiele gemacht!« Ein kleiner, aber schneller Linksaußen sei er gewesen, die Mannschaft sogar im Endspiel um die DDR-Meisterschaft. In der Jugend habe er in der Mitte gestürmt und schließlich bei den Männern von »ESKA« auf der linken Seite verteidigt ...

Und nun solle er nach dem Protest der Vachesen wohl als Erster von Bad Salzungen den Ersten des Kreises Hildburghausen zum Elfmeterschießen herausfordern.

Das Telefon klingelt. Ein Kalikumpel wartet im Vorzimmer. »Wohnungsprobleme«, sagt der Persönliche. Der Arbeiter bleibt stehen, als der Erste ihn bittet Platz zu nehmen. Also steht auch HDF auf. Er sei in den letzten Kriegsjahren in Magdeburg geboren worden, erzählt der Kumpel, bei einem Bombenangriff habe er die Eltern verloren; nach der Armeezeit sei er hier unten geblieben, habe wie viele Kollegen eine Neubauwohnung bekommen. Von den vier Kindern seien die Mädchen schon aus dem Haus, die zwei Jungen wohnten noch bei ihm, einer habe jetzt geheiratet, ein Baby sei geboren, und nun müßten sie zu sechst in den vier Räumen wohnen. Aber er brauche seinen Schlaf, wenn er von der Nachtschicht komme.

Der Erste sagt ihm, daß 1987 in der Kreisstadt wahrscheinlich kein Neubaublock gebaut werde, lediglich in Merkers neben dem Kalibetrieb sei ein 96-WE-Komplex vorgesehen.

Dort möchte er nicht hinziehen, sagt der Kumpel, der Dreck, wenig Geschäfte, die Kinder wohnten hier in Salzungen, außerdem habe er hier einen Garten, und mit dem Bus fahre er nur 15 Minuten bis zur Arbeit nach Merkers.

»Wenn du wirklich eine Wohnung brauchst, gehst du auch nach Merkers!« Der Erste sagt diesen Satz strenger und lauter, als ich es bisher von ihm gehört habe, so als wolle er sich selbst überzeugen.

Nachdem der Kalikumpel unzufrieden gegangen ist, frage ich, wie viele dringende Wohnungsprobleme es in der Kreisstadt gibt.

Knapp sechshundert. In Merkers dagegen nur 14, und wenn man 1987 dort und nicht in Salzungen bauen werde, dann vor allem, weil dieses Arbeiterzentrum zuerst fertiggestellt werden soll. So, wie das sein Freund, der Waldemar Liemen, Parteisekretär des Kalibetriebes und ZK-Mitglied, schon auf dem Parteitag gesagt und der 1. Sekretär der SED-Bezirksleitung versprochen habe.

Trotzdem sei es unlogisch, denn die Kumpel würden nun mal hier in Salzungen wohnen. Er wolle in Suhl noch einmal intervenieren ...

Dann bricht HDF das Thema sehr schnell ab. Wahrscheinlich spricht er nicht gern darüber, denke ich.

Telefon. Genosse Mosché, der zur Zeit wegen Krankheit beurlaubte Direktor des Glaswerkes Dermbach, fragt, was nach der Krankheit mit ihm geschehen solle, ob die Partei ihm eine andere Aufgabe stellen werde.

HDF sagt: »Horst, geh jetzt erst mal spazieren und erhole dich. Hast 16 Jahre keine Zeit dazu gehabt. In zwei Wochen komm her, dann sprechen wir über alles.«

16 Jahre habe Horst Mosché das Glaswerk geleitet, sich aufgeopfert, sei vielleicht manchmal etwas zu weich gewesen, habe sich deshalb auch nicht durchsetzen können, als neue Technologien gebraucht wurden. Nun sei der Betrieb seit Jahren Planschuldner. Der Horst Mosché krank ... Wahrscheinlich werde der KD ihn absetzen. Natürlich werde er wieder Arbeit finden, aber um Arbeit gehe es doch in erster Linie nicht ...

HDF sucht nach einem freien Termin im Kalender, aber er findet kaum eine noch unbeschriebene Zeile im November.

»Entscheide ich mich für Gespräche mit den Genossen, muß ich oft gegen diese Papierstapel entscheiden. Entscheide ich mich für das Papier, muß ich mich oft gegen Gespräche entscheiden.« Da habe man im letzten Jahr beispielsweise eine Konzeption für eine HO-Kaufhalle im Neubaugebiet Salzungen-Allendorf ausgearbeitet. Vom Rat des Kreises sei sie schon beschlossen worden, aber die älteren Leute hätten geschimpft, weil dafür die Konsum-Verkaufsstelle dicht gemacht werden sollte. Die Handelsleute jedoch sagten bei allen Einwänden: Was beschlossen ist, kann nicht mehr verändert werden: Konsum weg und HO-Kaufhalle gebaut! »Eines Tages kamen einige Rentnerinnen zu mir. Bisher kannte ich nur das Papier – und das las sich gut. Aber sie klagten, daß sie dann, um im Konsum kaufen zu können, bis in die Stadt laufen müßten. Schiedsrichter wollte ich nicht spielen, also sagte ich den Handelsleuten: Macht eine Einwohnerversammlung! Nun murrten die. Inzwischen ist der Beschluß geändert worden: Im Neubaugebiet wird eine Konsum-Kaufhalle gebaut.«

»Und wenn die Rentnerinnen nicht bis zu dir gekommen wären?«

Peter, der Cheffahrer, bringt ein neues Telefon für die Wohnung des Ersten. Ein rotes.

»Am besten, wir schaffen es gleich noch zu mir«, sagt HDF. Er wohnt in Allendorf, jenem Salzunger Neubaugebiet, das die Architekten und Ökonomen großzügiger geplant haben als Neubauten andernorts. Die Blocks hocken nicht beängstigend dicht beieinander wie in vielen Thüringer Städten. Inmitten der Neubauten hat man auch dem tennisplatzgroßen, eisengitterbewehrten alten Friedhof von Allendorf Asylrecht gewährt. Aber die Toten werden unten in der alten Stadt begraben.

Hans-Dieter Fritschler wohnt in der Straße des 7. Oktober, neben seinem Hauseingang stehen die Müllcontainer. Und weil der kollektive Reinlichkeitssinn wohl auch in Bad Salzungen-Allendorf nicht besser entwickelt worden ist als in den anderen Neubaugebieten der DDR und weil der Wind hier ständig genauso pfeift wie in Jena-Lobeda, Suhl-Nord und Berlin-Marzahn, sieht es um den Müllcontainer herum wie in einem SERO-Lager aus. HDF drückt mir das rote Telefon in die Hand und beginnt Tüten, Zigarettenschachteln und Pappen aufzulesen ...

Als wir in die Kreisleitung zurückgekehrt sind, informiert Jürgen Riese, daß zur Zeit einige Straßenzüge vom Neubaugebiet Allendorf nicht mit Fernwärme versorgt werden können. »Unsere Straße ist diesmal Gott sei Dank nicht dabei«, sagt HDF und beauftragt Helga, die Wirtschaftssekretärin, die Heizungskonzeption noch einmal zu überprüfen. Jetzt helfe kein Lamentieren über die Leiter, das müsse man im Sommer verändern, jetzt komme erst mal der Winter, und da müsse man wahrscheinlich Heizer aus den Salzunger Betrieben in das zentrale Heizwerk schicken ...

Als der Erste mir danach sagt: »Zieh dir was über, wir laufen zu Ilsens Geburtstagsfeier«, muß ich grinsen.

Doch der Persönliche bringt schon einen Gerberastrauß, der Zweite ein Paket mit ordentlich gebundener roter Schleife.

Ilse sei die Vorsitzende des FDGB im Kreis, Mitglied des Sekretariats. Und allen neun Sekretariatsmitgliedern gratuliere er persönlich, sagt HDF.

Durch die Stadt spaziert der Erste nicht gemütlich, sondern hastet, als könne er den Zug verpassen. Doch offensichtlich übersieht er keinen, den er grüßen muß. Auf dem Zehn-Minuten-Weg halten ihn zwei Leute wegen einer Wohnung an, einer fragt nach einem Gartengrundstück, ein Genosse aus dem Kaltwalzwerk erzählt, daß die von Ardenne entwickelte Vakuumanlage zum Bedampfen von Walzblech einwandfrei läuft, und ein Kurgast fragt nach einer öffentlichen Toilette.

»Am See, direkt am Ufer!« sagt HDF. Der Fremde mißversteht. »Nee, nee, nich was Sie denken«, sagt der Erste, »am Ufer, sozusagen in der Stadtmauer, hat man eine ordentliche Toilette, fast unterirdisch, gebaut ...«

Es tut gut, mit ihm durch die Stadt zu gehen, und ich muß an den Meininger Theaterherzog Georg II. denken, der seinerzeit Herr über Salzungen war. Als er eines Tages, wie üblich, mit seinem Spazierstock durch Meiningen stolzierte, traf er den Metzger und rief ihm zu: »Na Oskar, du schlachtest uns noch unser ganzes Rindvieh weg!« Darauf rief der Metzger zurück: »Hohat, solange bi mir zwee labe, gits Usse (Ochsen) genug in Mäninge.«

Wir laufen am Rathaus vorbei. Dort steht noch die alte Steinbank. Hier wurden im März 1848 die »Unschönen Bürger« Salzungens, die Aufständischen, die in ihrer Not die Kornkammer der Burg gestürmt hatten, von den aus Meiningen herbeigerufenen herzoglichen Soldaten angekettet. Die sogenannten »Schönen Bürger« Salzungens –

die Besitzenden – durften die Angeketteten dann anspuk-
ken. Ein Jahr zuvor hatten sie schon 97 der ärmsten Salzunger nach Amerika verschickt ...

Ilse Friese feiert zum ersten Mal Geburtstag im Kreis
des Sekretariats. Sie ist vor einigen Monaten erst von der
Gewerkschaftsschule gekommen.

Weißer. Brauner. Und Rhönbier. Dieses in Kaltennordheim, einer an der östlichen Kreisgrenze gelegenen Stadt,
gebraute Bier ist nach Volks- und Expertenmeinung das
beste vom Bezirk. Aber im nächsten Jahr sollen die Rhön-
brauer auch Delikat-Spitzenbier herstellen. Und dann
müßten sie wie die Schießhunde aufpassen, daß auch noch
genug Einfaches und Pilsner in Kaltennordheim gebraut
werde. Denn wenn die Rhöner das dünne Helle aus Meiningen oder Suhl trinken müßten, gäbe es eine Volksre-
volte, sagt HDF.

Wir trinken einen sowjetischen Wodka.

»Sonst gibt es keinen Alkohol während der Arbeit«, sagt
der Erste, »aber am Geburtstag kann man schon mal einen
trinken.«

In der Kreisleitung verzichten wir auch diesmal auf das
Mittagessen, Gemüsesuppe mit Bockwurst. Der Erste sortiert Briefe, Zeitungen, Informationen ...

»Übermorgen«, sagt er, »wirst du mich wahrscheinlich
nicht begleiten können. Ich muß zur Anleitung nach
Suhl.« Der Kultursekretär der Bezirksleitung, den ich deshalb anrufe, vertröstet mich. Er werde beim 1. Sekretär,
dem Genossen Hans Albrecht, anfragen ...

Für den späten Nachmittag hat HDF Verantwortliche
von Volksbildung, GST, Zivilverteidigung, vom Wehrkreiskommando und den Vorsitzenden vom Rat des Kreises zu
einem Rapport über den »Stand der militärischen Nachwuchsgewinnung« eingeladen.

Ich höre, staune, versuche wörtlich aufzuschreiben, was
der Erste sagt. Ehrliche Auseinandersetzung bis zur

Schmerzgrenze. Bei Beratungen hat HDF seine schall-
dichte Tür geschlossen.

»Genossen, es gibt nichts zu beschönigen. Im Kreis sind
viele Jugendliche, die sich für einen militärischen Beruf
verpflichtet hatten, wieder zurückgetreten. Begründung:
Sie hätten es sich anders überlegt oder seinerzeit beim Unterschreiben überhaupt nicht überlegt. Aber das ist nur die
halbe Wahrheit. In Wirklichkeit haben wir einige überre-
det, um stolze Zahlen nach oben melden zu können und
um endlich wieder Ruhe zu haben. Doch wir hätten uns
anschließend für ihre Entwicklung interessieren, mit ihren
Eltern, ihren Freundinnen sprechen müssen ... Wir machen bei der militärischen Nachwuchswerbung zu oft unseren alten Fehler: Überreden statt überzeugen – einmalige
Kampagne statt kontinuierliche Arbeit. Genossen, wir
sprechen doch regelmäßiger über Sekundärrohstofferfas-
sung als über Militärnachwuchserfassung. Und schließlich
verbirgt sich hinter dem Problem natürlich die Frage nach
der Ehrlichkeit, der Ehrlichkeit der jungen Leute und nach
unserer eigenen Ehrlichkeit. Viele, die ihre Verpflichtung
zurücknehmen, wissen das doch schon Monate vor der entscheidenden Aussprache. Aber schnell noch für 80 Mark
den Führerschein bei der GST machen, unter dem Deck-
mantel der Verpflichtung seinen Traumberuf bekommen ... Und was unsere Ehrlichkeit betrifft: Wer fragt die
Funktionäre und Leiter, die an der Schule oder im Betrieb
junge Leute für den Militärberuf gewinnen: Hast du deine
eigenen Söhne schon überzeugt?«

Nach diesem Rapport spricht HDF noch zwei Stunden
vor den Propagandisten aus dem Kreisgebiet.

Auf dem Nachhauseweg frage ich ihn, ob er Kinder hat.

»Sogar schon zwei Enkel. Unsere Tochter ging mit siebzehn aus dem Haus, mit achtzehn hat sie geheiratet. Und
nun ist Sandro, unser Sohn, auch achtzehn ...«

Ich frage: »Wird er länger dienen?«

»Ja, er beginnt im September 87 mit der Offiziers-schule ... Dann sind wir allein zu Hause!«

Ich sage: »Und wenn er sich nicht verpflichtet hätte, was hättest du dann gemacht?«

»Er hat sich aber. Weshalb sollten wir darüber reden, was wäre, wenn nicht ...«

Als wir uns verabschieden, fragt HDF, ob ich ihm nach diesem Tag glauben würde, daß seine Arbeit nicht drama-tisch und aufschreibenswert sei, bestenfalls anstrengend.

Falsche Bescheidenheit?

Einige Freunde hatten mir, bevor ich nach Salzungen fuhr, gesagt: »Er wird sich verstellen, wenn er weiß, daß du über ihn schreiben willst.«

Am Leninplatz treffe ich die ersten singenden Karneva-listen. Sie laden mich ein.

Doch ich bin nach diesem Tag zu müde für den elften Elften.

Diane, 22, und Sandro, 18, die Kinder des Ersten

Diane, eine sehr schlanke schöne Frau, verkauft am Back-warenstand im Suhler Centrum Warenhaus Kuchen und Torten. Wir verabreden uns für den Abend in ihrer Woh-nung. Es treffe sich gut, sagt sie, ihr Bruder Sandro sei zu Besuch gekommen.

Als ich kurz nach 20 Uhr klingle, ist sie dabei, die beiden Kinder ins Bett zu bringen. Es sei heute später geworden, erst um halb acht sei sie von der Arbeit gekommen. Bernd, ihr Mann, sitzt im Unterhemd in der überheizten Wohn-stube, zwei Flaschen Bier vor sich. Sandro begrüßt mich. Er lächelt freundlich wie der Vater, aber er bewegt sich langsa-mer und ist auch kräftiger. Das Ins-Bett-Gehen-Zeremo-niell wird verkürzt, indem Diane der Ältesten verspricht, daß sie übermorgen zum Opa nach Bad Salzungen fahren.

»Zum Opa Renner?«

Diane nickt, und Sandro sagt mir: »Sie nennt ihn Renner, weil er im Wald umherrennt.«

Als die Kinder im Bett sind, befrage ich Diane und Sandro. Sandro sagt unaufgefordert kaum einen Satz. Wahrscheinlich nicht aus Schüchternheit, sondern weil er ein Stiller ist.

»Da wirst du es schwer haben, dich als Offizier, der kommandieren muß, durchzusetzen«, sage ich.

»Müssen gute Offiziere schreien?« fragt er.

Diane erzählt: »Ich bin im Januar 1965 in Altenburg geboren worden, und die Eltern heirateten drei Monate später. In den zehn Jahren, die wir danach in Hildburghausen wohnten, habe ich von meinem Vater nicht viel gesehen. Großgezogen hat Sandro und mich die Mutter. Vater war zu der Zeit an der Jugendhochschule, später studierte er an der Parteihochschule, bereitete in Berlin die Weltfestspiele vor, und dann fuhr er als 1. Sekretär der FDJ-Bezirksleitung jeden Tag von Hildburghausen zur Arbeit nach Suhl. Nur im Urlaub und manchmal am Wochenende konnte er sich mit uns beschäftigen. Als wir in Suhl wohnten, hatte er mehr Zeit; er fuhr mit Sandro zum Fußball, und mir ließ er viele Freiheiten. Im Disco-Alter ging ich oft in den Schuppen, das alte Jugendklubhaus. Mutter schimpfte zwar, wenn ich später, als ausgemacht, zurückkam. Doch der Vater hat mir nie Hausarrest oder ähnliche Strafen angedroht, hat mich auch nie angeschrien. Eigentlich habe ich ihn nur schreien und fluchen hören, wenn im Fernsehen Fußball übertragen wurde ... Manchmal brachte ich damals auch Freunde mit nach Hause, von denen die Eltern nicht begeistert waren. Ich ging mal kurz mit einem Typ, na ja, heute würde man sagen, ein sympathischer Assi. Mutter jammerte: ›Diane, denk auch mal an Vaters Stellung!‹ Und eines Tages bin ich mit dem Typ in der Wohnung, und Vater kommt, und der Mensch steht da rum.

Zuerst hat Vater geschluckt und dann gesagt: ›Willste deinem Freund nicht mal was zu essen anbieten?‹ Und dann die Sache mit Holm, die große Liebe. Ich lernte damals Fachverkäuferin in Suhl, war noch nicht siebzehn, und als die Eltern nach Salzungen zogen, blieb ich – wir wollten ja heiraten – bei Holms Eltern. Ein Jahr vor dem Lehrabschluß war ich schwanger. Vater sagte damals: ›Behalte das Kind! Aber die Lehre machst du trotzdem zu Ende.‹ Er rannte auch überall hin wegen Freistellung und so. Ich versäumte nicht viel, im Oktober hörte ich auf, Denise kam im Dezember, dann war sowieso Weihnachten, alles in allem verpaßte ich nur fünf Wochen Theorie. Mit den Prüfungen im Frühjahr wollte ich die Eltern nicht enttäuschen, strengte mich mächtig an, zum ersten Mal so eine Art eigener Zwang. Vorher hatten mich manchmal andere wegen Vater zu Sachen gezwungen, die ich gar nicht wollte. Wenn ich die Wandzeitung in der Schule nicht machen oder die Spartakiade schwänzen wollte, sagten die Lehrer: ›Dein Vater ist doch der 1. Sekretär … sollen wir ihn informieren, daß …‹ Und da mußte wieder ich die Wandzeitung malen und bei der Spartakiade rennen. Als ich achtzehn und gerade Kandidat der Partei geworden war, sollte ich als Abgeordnete in Suhl kandidieren; dreimal versuchte man, mich zu überreden, aber trotz des ›dein Vater ist doch‹ habe ich mich geweigert. Nicht, daß ich schüchtern bin, aber vorn stehen und reden und auch noch so schön reden, wie es in der Zeitung steht, das kann ich nicht. Außerdem war Denise erst ein Jahr, und die Arbeit im Centrum ist kein Zuckerlecken. Wenn ich Frühschicht habe, müssen wir um sechs mit dem Bus wegfahren, und wenn ich zur Spätschicht gehe, bin ich erst um 18 Uhr wieder zu Hause. Und dann steht man den ganzen Tag hinter dem Ladentisch, und auch in der Mittagspause muß ich noch herumrennen, um was einzukaufen, denn wenn wir Feierabend machen, sind die anderen Geschäfte schon geschlossen. Ich möchte trotzdem nicht tauschen, ich gehe gern zur Arbeit. Inzwischen haben mich die Kollegen überzeugt, im Kreisvorstand der Gewerkschaft mitzuarbeiten. Vor der BGL-Wahl kam unsere Vorsitzende zu mir und sagte: ›Diane, du mußt reden.‹ Und als ich sagte, ich könne keine Rede ausarbeiten, hat sie mir den Diskussionsbeitrag geschrieben, sogar von unseren zwei Kindern stand was drin, ich hab's durchgelesen, es war nicht schlecht, und vorgelesen. Wahrscheinlich sind nicht alle Menschen für große Reden zu gebrauchen. Holm sagt oft, ich sei eine Träumerin, weil ich immer noch gern Märchen lese. Aber das ist doch schön, wie zum Beispiel Aschenputtel das goldene Kleid und die goldenen Schuhe bekommt und dann noch den Königssohn und das Königreich mit kostbaren Kutschen, herrlichen Gewändern ... Der Holm kann das nicht begreifen, aber der muß auch nicht jeden Tag in diesem großen Warenhaus stehen, wo Tausende Leute nichts anderes zu tun haben, als nur kaufen und kaufen und kaufen. Da braucht man schon seine Märchen ...«

Bevor ich mich verabschiede, frage ich Sandro, wer beschlossen hat, daß er nach der Lehre Berufsoffizier wird.

»Ich und Vater.«

Der Entschluß sei ihm nicht schwergefallen, aber vor anderen darüber zu reden, das sei nicht seine Sache. »In unserer letzten Parteiversammlung im Hartmetallwerk – dort lerne ich Werkzeugmacher – berieten wir über den Ausschluß eines Genossen, der sich weigerte, in die Kampfgruppe einzutreten. Als alle geredet hatten, guckten sie mich an. Einer von der Parteileitung meinte, daß ich nun auch reden müßte. Ich habe dann gesagt, daß ich zur Offiziersschule gehe, mindestens zehn Jahre dabei sein werde, und der Genosse hier wolle nicht mal ab und an am Wochenende was für unseren Schutz tun! Er ist schon achtundzwanzig, und eigentlich habe ich mit meinen achtzehn noch gar kein Recht, solch große Töne zu spucken.«

Blinder Kunde

Heute erscheine ich schon zwanzig vor sieben in der Kreisleitung. Der Erste sortiert Berichte und Informationen, die
er nachts gelesen hat. Auf eines der Blätter hat er schräg –
als beabsichtige er damit, den Text durchzustreichen – geschrieben: »Wie lange wollen wir noch darüber reden?«

Der Text: »Nach Kontrollen über Öffnungszeiten in Salzunger Geschäften und Wartezeiten bei Dienstleistungen
ergab sich am vergangenen Donnerstag: Um 12 Uhr hatte
das Schuhgeschäft geschlossen, um 12.15 Uhr das Haus-
haltswarengeschäft und um 16 Uhr der Spielzeugladen. Um
12 Uhr hing vor dem Foto-Optik-Laden ein Schild: ›Bis
15 Uhr wegen Warenannahme geschlossen.‹ Um 15 Uhr
wurde das Schild abgenommen und durch ein neues ersetzt: ›Bis 18 Uhr wegen Warenannahme geschlossen.‹ Am
Freitag in der DLK-Annahmestelle Bad Salzungen-Allendorf: Einen Reißverschluß in eine Tasche nähen 6 Wochen. Einen 5-Liter-Elektro-Boiler reparieren 2 bis 3 Monate. Einen Kunden, der seinen Boiler nicht, wie man riet,
wieder mit nach Hause nehmen wollte, fragte die Kollegin:
›Haben Sie überhaupt einen Karton zum Verpacken mit?‹«

Soweit der Text.

Er stamme natürlich nicht vom DLK Bad Salzungen,
sagt HDF. Im Bericht, den das DLK für die bevorstehende
Sekretariatssitzung der Kreisleitung ausgearbeitet hatte,
ständen andere Zahlen, zum Beispiel 103 Dienstleistungsarten, 11 Zusatzleistungen, in fünf Jahren 155 Prozent Steigerung der Arbeiten für die Bevölkerung, Wartezeiten von
fünf bis zwanzig Tagen …

Nein, meint der Erste, es gebe natürlich keine zwei
Wahrheiten – eine für die Berichte und eine für den All-
tag –, aber wenn man nicht zur Ehrlichkeit gezwungen
werde … Von allein würden doch die wenigsten melden:

Ich habe schlecht gearbeitet oder schlecht geleitet. Er fragt mich: »Mal angenommen, du wärst der Chef vom DLK, was hättest du gemeldet: die 6 Wochen für den Reißverschluß, die 3 Monate für den Boiler – oder die 103 Dienstleistungsarten?«

»Beides«, sage ich.

Er grinst. So als unbeteiligter Moralist könne man das leicht behaupten, aber wenn man dann den Posten bekommen habe und ihn behalten wolle ...

Man würde sich nur dort nackig machen, wo alle anderen auch nackt umherlaufen, sagt HDF ...

Um halb acht ist der Erste zur Ratssitzung in das Kreishaus eingeladen. Er hat seine Uhr vergessen, ruft den Fahrer, gibt ihm den Schlüsselbund für die Wohnung. »Bestimmt liegt die Uhr noch auf dem Nachttisch.«

Herbert Schwarz, der grauhaarige Persönliche des Ersten, studiert das Eingabenbuch. Beschwerden, die an das ZK und von dort an die Kreisleitung geschickt wurden, sind rot unterstrichen. Der Erste sagt wie zur Entschuldigung: »Eigentlich müßte jede Eingabe rot unterstrichen werden. Hier, dieser Genosse hatte sich schon dreimal an den Rat des Kreises gewandt, eine Wohnung war für ihn aber angeblich nicht vorhanden. Nun, nach der Eingabe an das ZK soll urplötzlich doch eine Wohnung für ihn da sein. Da frage ich mich, wo der ›Wohnungsminister‹ die jetzt hernehmen will und ob er das aus Sorge um den Bürger oder aus ›Sorge‹ vor dem ZK tut.« Überhaupt die Wohnungen. Wenn der einzige 96-WE-Block des Kreises 1987 wirklich in Merkers gebaut werde, er wisse noch nicht, wie man es den 600 Wohnungssuchenden in Salzungen erklären werde ...

HDF erkundigt sich bei Herbert Schwarz noch einmal, ob in allen Städten und Gemeinden die Wohnungsvergabepläne öffentlich ausgehangen werden; an erster Stelle dieser Bürger, an zweiter jener ... Und wenn an diesem

Vergabeplan etwas geändert werden müsse, dann hätten alle Bürger das Recht im Klartext zu wissen, weshalb geändert wird. Man dürfe keine soziale Ungerechtigkeit bei der Wohnungsvergabe zulassen …

Viertel nach sieben bringt Peter die Uhr. Sie lag nicht auf dem Nachttischschrank, sondern im Wohnzimmerregal.

Als wir schon den Mantel angezogen haben, um zur Ratssitzung zu gehen, eilt der Erste noch einmal in sein Zimmer und schließt die Tür hinter sich.

Die Telefonlämpchen im Vorzimmer flackern. Nach fast zehn Minuten legt der Erste auf.

»Ich mußte mit dem Bezirksarzt sprechen, der Helmut Kulosa soll schnellstens zur Kur geschickt werden, es geht ihm schlecht, aber er sagt nichts.«

Wir laufen im Eilmarsch durch die Stadt. Der Ratsvorsitzende wartet fünf Minuten nach halb acht vor der Haustür auf uns.

»Es ist das erste Mal«, begrüßt er uns verärgert, »daß ich eine Ratssitzung mit Verspätung beginne.«

Wahrscheinlich hat sich die Zahl der Ratsmitglieder und anderen verantwortlichen Leiter des Kreises in den letzten Jahren erhöht, denn der Ratssaal ist zu klein geworden. Eberhard Stumpf und Hans-Dieter Fritschler drängeln sich nach vorn zum Präsidiumstisch.

Rund 150 Seiten liegen vor jedem Ratsmitglied. Beschlüsse und Bestandsaufnahmen kurz vor Jahresende. Die unerfreulichsten Zahlen muß der Kreisbaudirektor vorlesen: 240 000 Mark Planschulden bei der Reparatur von Wohnungen, noch höhere Minusbeträge bei den Bauleistungen der Salzunger in Suhl und Berlin. Als einen Grund für die Rückstände nennt er 1000 Tonnen Zement, die nicht geliefert wurden.

Das Ratsmitglied für Finanzen entgegnet, daß die Planschulden nicht nur mit fehlendem Zement zu entschuldigen sind, denn die Produktion von Betonteilen habe der Kreisbaubetrieb übererfüllt, und dazu brauche man wohl mehr Zement als zum Mauern ...

HDF ruft dazwischen: »Womit entschuldigen wir uns, wenn es eines Tages genügend Zement gibt, auch Sand und Kies und Kalk und Mischer und Benzin und Arbeitskräfte, aber trotzdem zu wenig Häuser gebaut worden sind? Wir müssen es endlich lernen, bei schlechter Arbeit zuerst mit uns selbst ins Gericht zu gehen.«

Die einzelnen Ratsmitglieder berichten über ihre Bereiche.

Ich kann den Wust von Problemen nur selten durchschauen, mir fehlen die Hintergrundinformationen, weshalb diese Straße noch nicht gebaut, jene Wasserleitung gelegt und jene nicht gelegt wurde. Ich brauche auch zu viel Zeit, um Begriffe: wie VbE (Vollbeschäftigteneinheit) und GVE (Großvieheinheit) zu entschlüsseln und sie in den richtigen Zusammenhang zu setzen, damit sich die Fondsrentabilität der Kooperative errechnen läßt.

HDF muß das können. Er darf sich nicht in den Einzelheiten verirren, aber auch nicht in die allgemeinen, unkonkreten Zusammenhänge flüchten ...

Das Ratsmitglied für Wohnungsfragen berichtet: »Wir haben es geschafft: Das Wohnhaus für 89 ältere Bürger ist fertig. Das Niveau wie in einem Hotel. Ich denke, unsere Veteranen werden sich wohlfühlen. Die Mieten sind minimal. Wir wollen auch Kulturveranstaltungen für sie organisieren, aber wahrscheinlich werden sie sich auch ohne Veranstaltung viel zu erzählen haben. Wie das war, als sie die ersten Ziegelsteine nach 1945 brannten und wieder Häuser bauten, und wie sie halfen, Brot gegen Lebensmittelkarten zu verteilen. Sie haben alles mitgeschaffen ...«

Das Ratsmitglied für ÖVW (Örtliche Versorgungswirtschaft) informiert über eine Beschwerde vom Präsidenten des Sehschwachenverbandes der DDR. »Er kam, deutlich als Blinder zu erkennen, in die Salzunger RFT-Verkaufs-stelle und bat, sein Kofferradio nachzuschauen, wahr-scheinlich nur ein Wackelkontakt, es spiele nicht mehr, aber er sei auf das Radio angewiesen. Die Verkäuferin muf-felte, daß solche alten Kisten nicht mehr repariert würden, und wies ihm die Tür. Der Mann kam zu mir, ich ließ das Radio untersuchen, es mußte nur eine Schraube angezogen werden.«

Frühstückspause. Die hübschen Sekretärinnen vom Ratsvorsitzenden servieren in seinem Amtszimmer belegte Brötchen und Kaffee. Eberhard Stumpf erzählt, daß er die RFT-Verkäuferin kenne, sie habe früher in einem Privat-laden gearbeitet und sich dort solche Unfreundlichkeit nie erlauben dürfen. Aber im volkseigenen Geschäft würde sie keiner für Unhöflichkeit bestrafen. Wenn er etwas zu sagen hätte, würde er solche Leute rausschmeißen.

HDF beklagt, daß sie seit Jahren über Verkaufskultur wie die Wanderprediger reden, manchmal mit großer Mühe auch zum Guten verändern, aber meist würde nach einem halben Jahr alles wieder im alten Trott laufen. »Wahrscheinlich hat man gepredigte Moral nach einem halben Jahr wieder vergessen, vielleicht wären paar hun-dert Märker, die in der Lohntüte fehlen, eine bessere Erin-nerungsstütze ...«

»Zur Leistung zwingen oder besser erziehen?« fragt HDF.

»Ehrlicher abrechnen, ob einer gut oder schlecht arbei-tet«, sagt der Ratsvorsitzende.

»Wir beide treffen uns nur noch bei Sitzungen«, klagt der Erste, »wir sollten nach Feierabend wieder mal ein Bier zu-sammen trinken.«

Eberhard Stumpf ist nicht nur der Größere und Kräfti-gere, sondern wohl auch der Direktere, der Lautere, einer, der vor seinen Leuten schreit, wenn ihm danach zumute ist.

Aus seinem Schlußwort: »Uns bleiben noch sechs Wochen, um die Pläne für 1986 zu erfüllen, auch für die Reparaturen an Wohnungen. Glaubt ja nicht, liebe Freunde, daß ich mit Rückstand bei Reparaturen – das sind Zimmer, in die es hineinregnet, das sind Fenster, die auseinanderfallen, und Wände, in die Spechte Löcher hacken können. Glaubt ja nicht, daß ich mit dieser negativen Bilanz zur Berichterstattung nach Suhl fahre. Weihnachtsurlaub gibt es für Ratsmitglieder erst dann, wenn die Planaufgaben des Bereiches erfüllt sind ...«

Aus dem Schlußwort des Ersten: »Ich habe in dieser Woche mindestens schon drei solcher Berge Papier, wie sie vor Ihnen liegen, bearbeitet. Ist dieser Papierverbrauch nötig? Was machen wir jetzt mit den Berichten? Abheften? ... Heute wurde auch beklagt, daß Geld für Investitionen im Handel fehlt und daß mehr Computer für die Bodenerforschung und Bestellungstermine in der Landwirtschaft benötigt werden. Aber freundliche Bedienung kostet keinen Pfennig mehr, und im Winter kann man auch, ohne daß ein Computer das errechnet, die Driftwege in Ordnung bringen, die Tränken auf den Weideplätzen reparieren ... Wir sitzen eigentlich alle nur deshalb hier und reden uns nur deshalb die Köpfe heiß, damit das Ideal, das wir vom Sozialismus haben, und unsere Wirklichkeit immer mehr übereinstimmen. Aber Ideal und Wirklichkeit nähern wir nicht dadurch, daß wir statt 101 Dienstleistungen stolz 103 melden und dabei die wochenlangen Wartezeiten für die Bürger unterschlagen. Es nutzt auch keine Steigerung der Bauleistung um 100 000 Mark, wenn wir nur teurer gebaut haben, aber keine Wohnung zusätzlich entstanden ist ... Und glauben Sie nicht, daß wir uns in den Gesprächen mit den Bürgern an solchen Fragen mit großen Worten vorbeimogeln können. Die wissen nämlich auch deshalb genau Bescheid, weil manche von ihnen diesen Trick schon selbst ausprobiert haben – mit spitzem Bleistift Arbeit und Leistung schreiben, wo weder Arbeit noch Leistungen waren.

Und auf ein Ratsmitglied und dessen Bleistift gucken zehntausend mehr Leute als auf den des Putzers im Neubaugebiet ...«

Auf dem Rückweg gehen wir in die Buchhandlung am Markt. Hier schaue er jede Woche einmal hinein, sagt HDF.

Die Salzunger Volksbuchhandlung, eine der kleinsten in den Kreisstädten des Bezirkes Suhl, hat nicht einmal einen getrennten Lagerraum für angekommene und für zu verschickende Bücher. Das Zimmer des Leiters dient gleichzeitig als Frühstücksraum für die Mitarbeiter, als Geschirrspülraum und als Buchhaltung ...

»Hole dir die Leute vom Bezirk und mache ein paar Vorschläge, wie der Laden zu vergrößern ist. Du darfst nicht so geduldig sein«, sagt der Erste zum Buchhändler. Dieser Buchhändler ist ein Buchhändler aus Berufung. Seit über 30 Jahren fährt er früh um 5 Uhr zu Hause in Eisenach weg und ist abends gegen 19 Uhr wieder zurück. 14 Stunden täglich.

Und er ist trotzdem freundlich.

Vielleicht sei das Problem der Freundlichkeit nicht nur mit Geldabzug zu klären, sagt HDF, es beginne wohl schon mit der Erziehung der Kinder.

Der Buchhändler hat für HDF Jack London und Biographien sowjetischer Militärs zurücklegen lassen.

Zum Mittagessen gibt es Eierragout mit Gemüse, eine Erfindung der Küche vom Rat des Kreises. Weil ich in diesem Buch nicht meckern will, schreibe ich nicht, wie Eierragout mit Gemüse schmeckt.

Die Frau von HDF hat angerufen. Er möge an den seit vier Wochen defekten Wasserhahn im Bad denken.

Am Nachmittag Kreisaktivtagung der GST im NVA-Objekt hinter dem Neubaugebiet Allendorf. Die Kasernen, Klubs, Sporthallen und das Schwimmbad sind erst vor 10 Jahren gebaut worden, alles großzügig angelegt. Das

Übungsgelände so weiträumig, daß man Teile davon jetzt in Äcker und Weiden verwandelt. Doch Abrüsten: Kartoffeln anbauen und Schafe hüten zwischen Schießständen, das ist leichter gesagt, als getan.

Der Kreisvorsitzende der GST bittet HDF ins Präsidium. Nun sitzt er schon die sechste Stunde, von allen beobachtet, im Präsidium.

Der GST-Kreisvorsitzende spricht in seinem Referat auch über die sogenannten »Selbstablehner«. In diesem Jahr haben im Kreis viele Jugendliche, die sich vordem als Längerdienende verpflichtet hatten, ihre Unterschrift zurückgenommen. Dieses Verhalten sei unehrlich ... Ob Ehrlichkeit auch in Verbindung steht mit der Sprache? Sie hört sich im Bericht über die Nachwuchsgewinnung so an: »In der Klasse 10 noch ein BuB gewonnen, aber trotzdem ein BuB und ein FäB zu wenig, weil BuB (EOS Schweina) nur als BoB bereit ist, jedoch leistungsmäßig nicht möglich.« (BuB – Berufsunteroffiziersbewerber, FäB – Fähnrichbewerber, BoB – Berufsoffiziersbewerber ...)

In der Diskussion sprechen vor allem Ausbilder. Einer berichtet von mehr Übungsmärschen, mehr Disziplin und mehr Einsatzbereitschaft. Ein anderer, daß sie in diesem Jahr schon 5,6 Kilogramm Luftgewehr-Bleikugeln gesammelt haben, fast 20 Prozent der gesamten Auflage des Kreises Bad Salzungen.

Aber keiner der jungen Leute im Saal klatscht.

Dann geht ein hübsches, zierliches Mädchen nach vorn. »Ich heiße Heike Heller und wohne in Bairoda. Unser Dorf hat 300 Einwohner, davon sind 60 Einwohner Mitglieder der GST, und neuerdings gibt es bei uns sogar eine GST-Tanzkapelle ...«

Im Saal hören die Jungen auf, sich über Fußball zu unterhalten.

»Bislang hatten wir in Bairoda keinen Raum für Veranstaltungen. Da kam mein Vater – er ist einer der Gründungsveteranen der GST im Dorf – auf die Idee, eine alte Scheune zu einem GST-Klub auszubauen. 3000 Stunden, das waren für jedes Mitglied über zwei Arbeitswochen, haben wir geschachtet, gemauert, geputzt und gemalert. Jetzt haben wir 100 Plätze in unserem Klub, sogar Gastronomie und Preisstufe 1! Und weil eine Tanzkapelle aus der Umgebung keinen Probenraum hatte, sagten wir großzügig: Ihr könnt bei uns üben, aber dafür werdet ihr GST-Mitglieder und spielt auch bei uns zum Tanz. Und wenn im Dorf die Jungs zur Armee verabschiedet werden, bringt ihr ihnen ein Ständchen! 1987 wollen sie 2000 Mark ihrer Gage für die Solidarität spenden!«

Draußen scheint die Sonne. Wir laufen zur Kreisleitung.

Die Bezirksleitung hat angerufen. Ich darf HDF morgen zu der Anleitung in Suhl nicht begleiten.

Als müsse HDF mich trösten, holt er Hefte mit Statistiken aus seiner Aktenmappe. Die könnte ich morgen vormittag studieren. »Damit du weißt, wo der Kreis im Vergleich zu den anderen in der DDR steht, und damit du was zu tun hast.«

Ich sage, daß ich die Statistiken heute abend lesen werde. »Morgen fahre ich nach Hause ... Werde mir ein Jackett holen.«

»Bring auch gleich einen Schlips mit«, sagt der Erste.

Ich brauche fünf Flaschen Rhönbier für die Statistiken ...

Die Kühe des Kreises geben bis zum 30. 6. durchschnittlich 1569 Kilogramm Milch, das ist der 190. Platz in der DDR. In der Eierproduktion (643000 über den Plan) errangen die Salzunger den 5. Platz. Bei der Sammlung von Schrott (27,3 Kilogramm pro Einwohner) den 115., bei Flaschen (62) den 113., mit 17,4 Stunden Auslastung der Produktionsanlagen den 36. Platz.

In der Produktion von Emmentaler Käse schaffte der Kreis den 1. Platz in der DDR. (Dieser Löcherkäse wird nur in Salzungen hergestellt.)

Hans Georg Fischer, 51,
Chef über alle Zahlen im Kreis

Hinter der »Staatlichen Zentralverwaltung für Statistik, Kreisstelle Bad Salzungen« verbirgt sich ein sehr seriöses, wichtiges und geheimnisträchtiges Unternehmen, denn die in einer winzigen Gasse an der alten Stadtmauer versteckte Dienststelle ist wie eine Bank vergittert, und erst nach wortreichen Erklärungen über die Sprechanlage wurde mir die Tür aufgetan ...

In diesem Haus, so Hans Georg Fischer, sei die Wahrheit über den Kreis in Zahlen deponiert; angefangen bei der durchschnittlichen Länge der Schafwolle über das Manko an Autoersatzteilen bis zu den Tausenden Tonnen Kali, die zusätzlich gefördert werden ...

»Welche Eigenschaften braucht ein guter Statistiker?«

»Exaktheit. Wahrhaftigkeit. Ordnungsmäßigkeit. Gesellschaftswissen und Lebenserfahrung.«

»Verlangt ›Ordnungsmäßigkeit‹ bei der Arbeit auch einen besonderen Ordnungssinn in persönlichen Fragen?«

»Natürlich achte ich zu Hause darauf, daß die Sachen nicht über den Stuhl geworfen, sondern an den Kleiderhaken gehängt werden, und im Betrieb zeige ich meinen sieben Mitarbeiterinnen auch mal einen Schrank, auf dem noch Staub liegt. Aber unter ›Ordnungsmäßigkeit‹ verstehe ich vor allem die Erziehung zur Ordnung. Die Kinder müssen allein darauf achten, dürfen nicht ständig ermahnt werden. Und manchmal verzichte ich auch auf Ordnung im Sinne des Wortes, dann ersetze ich sie durch Toleranz, zum Beispiel jetzt, wo die Kinder die erste Liebe erleben ...«

»Aber diese Toleranz ist bei der Arbeit nicht möglich?«

»Für Zahlen, die hier ankommen, habe ich keinen Spielraum, ich kann sie nicht nach oben oder unten manipulieren. Es ist auch nicht möglich, sich an eine These zu halten, zum Beispiel, daß die kulturellen Bedürfnisse der Arbeiterklasse ständig steigen, und dieses nun dadurch beweisen zu wollen, daß ich alle Zahlen, die das belegen, in meine Statistik aufnehme und alle gegenteiligen, zum Beispiel sinkende Kino-, Theater-, Museen- und Ausstellungszahlen, weglasse ... Dann hätte die Statistik nur einen Bestätigungscharakter, und niemand wäre in der Lage, aus den Zahlen einen praktischen Nutzen für die Gesellschaft zu ziehen.«

»Gibt es diesen Nutzen?«

»Auf den langfristigen hoffen wir, um den kurzfristigen kämpfen wir, oder sagen wir anders: Wir mahnen ständig! Beispielsweise lassen wir uns von allen Betrieben regelmäßig auch den Krankenstand und die Ausfallstunden melden. Und in diesem Monat mußten wir dem Kreisarzt sagen: Kümmert euch um das Glaswerk in Dermbach, dort ist der Krankenstand fast doppelt so hoch wie in anderen Betrieben der Gegend! Dort hat man seit vielen Jahren die Technologie kaum verändert, nach wie vor Knochenarbeit. Der Grund ist aus den Statistiken über die Investitionen ablesbar. Fast alle Gelder für Investitionen in der Glasindustrie mußte das Ministerium – zumindest im Bezirk Suhl – in die neuen Ilmenauer Werke stecken. Also konnten wir hier im Kreis mahnen und mahnen, und es änderte sich nichts. Wenn allerdings, ohne daß ökonomische Zwänge dahinterstecken, die verschiedenen Institutionen unsere Statistik in den Papierkorb schmeißen, dann ist man der Falsche auf diesem Stuhl.«

»Genosse Fischer, in der Weltgeschichte gibt es viele Beispiele, daß nicht die Verursacher von Niederlagen bestraft wurden, sondern daß der unschuldige Bote, der die Hiobsmeldung überbrachte, geköpft wurde. Lebt ein ›Kreisstatistik-Überbringer‹ auch heute noch gefährlich?«

»Also, wenn ich dem Ersten berichten muß, daß der Kreis in den und den Positionen den Plan nicht annähernd erfüllt hat, lächle ich dabei nicht. Aber wir sind keiner Stelle im Kreis rechenschaftspflichtig, haben also zu den Leitern im Kreis ein – nennen wir es so – rein freundschaftliches Verhältnis. Und einem Freund sollte man nicht Honig ums Maul schmieren, sondern die Wahrheit sagen ... Gefährlich wird es für unsereinen allerdings, wenn wir dem Sekretariat der Partei Zahlen liefern, die auf falschen Informationen oder Rechenfehlern basieren.«

»Wie groß ist die Möglichkeit, falsche Informationen zu liefern?«

»Je größer der Druck hinsichtlich der Erfüllung einer Position ist, um so ungenauer können die Informationen sein. Der Parteitag hat die Aufgabe gestellt, die Zahl der Industrie-Roboter in der Republik bis 1990 um 80 000 zu erhöhen. Das war richtig und enorm wichtig. Also wurde diese Zahl sofort auf die Bezirke, Kreise und Betriebe verteilt. Nun kommen manche Betriebe, damit sie vorerst ihre Ruhe haben, auf die Idee, eine Kohlenschaufel, mit der man nach wie vor mit der Hand schippt, die sich aber per Knopfdruck nach der Arbeit selbständig säubert, als Roboter zu melden! Oder die Auflagen für das Neuererwesen, die von Jahr zu Jahr steigen. Im Moment ist laut Statistik jeder dritte Werktätige des Kreises ein Neuerer ...«

Ich unterbreche Genossen Fischer. In drei Salzunger Betrieben hatte ich 100 Werktätige befragt, ob sie an Neuereraufgaben mitarbeiten. Nur 11 antworteten mit Ja.

»So unterschiedlich sind unsere Meinungen in diesem Fall nicht. Auch wir wollen noch in diesem Monat die wahrheitsgemäße Erfassung der Neuerer im Kreis vor Ort überprüfen. Allerdings existieren in allen Betrieben für die statistischen Berichte ausführliche Formblätter, in denen bis ins kleinste definiert ist, was als Roboter gewertet, wer als Neuerer gezählt wird. Denn, um es profan auszudrücken – der Staat, also wir können doch kein Interesse haben, uns selbst zu bescheißen.«

»Veröffentlichen wir alle Statistiken?«

»Fast alle. Natürlich posaunen wir nicht die Kostensenkung und die Materialeinsparung eines jeden hochwertigen Erzeugnisses in die Welt hinaus. Die ausländischen Händler würden sich ins Fäustchen lachen und bei der nächsten Messeverhandlung niedrigere Preise verlangen. Aber die Zahlen, wie wir beispielsweise das Nationalprodukt verwenden, erfahren alle Bürger ...«

»Sollten wir über manche statistischen Ergebnisse noch intensiver nachdenken und noch öffentlicher diskutieren?«

»Das ist nicht mit Ja oder Nein zu beantworten. Beispielsweise steigt bei uns der Verbrauch an Schnaps erheblich. Aber wenn wir darüber diskutieren, müßten wir auch die Behauptung, daß der Alkoholismus nur ein Überbleibsel des Kapitalismus ist, in Frage stellen. Wir müßten diskutieren, daß – wie das oft praktiziert wird – kurz vor Jahresende ein Kreis, der seinen IWP-Plan nicht erfüllt hat, zusätzlich für einige Millionen Mark Schnaps produziert, damit er stolz Planerfüllung melden kann. Außerdem könnte der Plan des Einzelhandelsumsatzes in den Lebensmittelgeschäften nicht überboten werden, wenn die Regale in den Kaufhallen nicht mit Schnaps jederzeit überreich gefüllt wären.

Ähnliche Steigerungsraten haben wir bei Butter, Fleisch und Wurst. In den letzten 15 Jahren ist der Verbrauch von Fleisch und Wurst in unserem Kreis von 59,4 Kilogramm je Einwohner auf 96,7 Kilogramm gestiegen und bei Butter von 9,9 Kilogramm auf 11,7 Kilogramm. Jeder von uns, Babys und Greise eingerechnet, ißt also täglich 250 Gramm Fleisch und Wurst. Täglich! Diese Zahlen können wir eigentlich schon nicht mehr auf der Positivseite für verbesserte Arbeits- und Lebensbedingungen abbuchen. Und das nicht nur, weil wir jährlich zusätzliches Geld für die Heilung von Krankheiten, die durch Übergewicht verursacht werden, ausgeben müssen, sondern weil sie auch ein Zeichen dafür sind, daß wir zu wenig über dem Sozialismus gemäße Bedürfnisse geredet haben. Neulich standen in einem Fleischerladen zwei Leute vor mir, die bezahlten mit Scheck! Ich kam mir richtig blöd vor, anschließend 200 Gramm Leberwurst für 1,76 Mark zu verlangen ...«

»Laut Ihrer Statistik wachsen die Geldeinnahmen der Bevölkerung im Kreis kontinuierlich. Und auch die Spareinlagen werden ständig höher. Das kommentieren wir oft als Beweis für das Vertrauen der Bürger zu ihrem Staat. Könnte man die hohen Spareinlagen nicht auch damit erklären, daß die Leute das Geld zur Kasse bringen, weil es immer noch zu wenig hochwertige Konsumgüter zu kaufen gibt?«

»Muß ich Ihnen darauf antworten? Jede Zahl ist zwar als Zahl eindeutig, aber in der Auswertung mehrdeutig. Es gibt außer den Spareinlagen noch andere Zahlen, die Rückschlüsse auf Vertrauen und Bewußtsein der Bürger zulassen. Vor vier Jahren stieg auch bei uns der Kauf von Butter, Fleisch, Puddingpulver und so weiter teilweise um 300 Prozent – Angstkäufe, weil Gerüchte über Mangel kursierten. Oder eine andere Stunde der Wahrheit: Tschernobyl. Obwohl unsere staatlichen Stellen und unsere Zeitungen im Gegensatz zu westlichen Panikmachern schrieben, daß die Strahlung in dieser Stärke ungefährlich sei, ging auch bei uns in dieser Zeit beispielsweise der Verbrauch von Milch und Salat zurück ...

Manchmal erfassen wir mit der Statistik Entwicklungen auch ungenau. Entsprechend den Leistungsabrechnungen in den Autowerkstätten stiegen die Dienstleistungen für Kfz-Reparaturen in den letzten fünf Jahren im Kreis auf 150 Prozent. Aber damit ist noch nicht gesagt, ob wirklich mehr Autos repariert wurden, oder ob nur die einzelnen Reparaturen (die Autos werden immer älter) teurer waren ... Oder wie würden Sie Zahlen kommentieren, daß in einigen Orten des Kreises die individuelle Produktion von

Kaninchenfleisch um fast das Doppelte gestiegen ist und sich in diesen Orten gleichzeitig der Verkauf von Brot verdreifachte?

Die Entwicklung im Kreis statistisch zu erfassen, also durchschaubar zu machen, ist unsere Sache, die Wertung der Statistik ist schon nicht mehr allein unsere Aufgabe. Und die Veränderung – resultierend aus statistischen Erkenntnissen – ist die Aufgabe aller Bürger.«

DONNERSTAG, 13. NOVEMBER
Rote Reiterarmee

Ich stecke mir ein weißes Hemd und ein schwarzes Jackett in die Tasche, dazu einen Schlips. Den roten. Ich habe nur diesen.

Von meinem kleinen grauen Haus in Dietzhausen bis zum großen weißen Haus in Bad Salzungen sind es genau 51,8 Kilometer. Beim Mittagessen – es gibt Bockwurst und Kartoffelsalat – sitze ich schon wieder in der Kreisleitung.

Der Erste wird nach der Beratung in Suhl zum Forsthaus Kissel fahren und sich dort mit den hauptamtlichen Parteisekretären des Kreises treffen. »Ein gemütlicher Nachmittag und Erfahrungsaustausch. Wir machen das nur einmal im Jahr«, sagt der Zweite, mit dem ich in das alte Jagdhaus der Meininger Herzöge – heute Ferienheim für Forstarbeiter – fahre.

Zu beiden Seiten des Weges stehen dichte Buchenwälder, die auf den Kalkböden unterhalb des Rennsteigs in der durch das Kaliwerk verschmutzten Luft besser wachsen als die Fichten in den Kammlagen. Ich versuche mir ihr Grün im Frühling vorzustellen, doch plötzlich reißt mich der bremsende Fahrer – obwohl es steil aufwärts geht – aus meinen Träumen. Vor uns gehen zwei Kaltblüter. Auf den Gäulen sitzen merkwürdig ungeschickte Reiter, die wie die Komparsen bei einer Staatsjagd Schlipse tragen. Sie bilden die Nachhut eines von zwei Pferden gezogenen Kremsers, der mit ebenfalls beschlipsten Männern beladen ist. Als wir uns auf der schmalen Schotterstraße hupend vorbeizwängen, winken und prosten sie uns zu.

Jürgen Riese sagt nichts.

Oben vor dem Kissel-Forsthaus stöhnt er: »Das darf nicht wahr sein!«

Ich blicke verständnislos.

»Das sind sie!«

»Wer?«

»Unsere hauptamtlichen Parteisekretäre auf dem Weg zum Erfahrungsaustausch. Eine rote Reiterarmee!«

Im Gastraum ist schon eingedeckt. »Radeberger« steht auf dem Tisch. Als wir zwei Flaschen getrunken haben, sind die Reiter immer noch beim Anstieg. Die Kaltblüter des Reitstützpunktes Bad Liebenstein gehen langsam. Grienend sagt der Zweite: »Aber Ideen haben sie. Ein Parteiarbeiter braucht Ideen und Disziplin.«

Beim dritten Bier trifft die »Reiterarmee« ein. Harald Weyh, der stämmige stellvertretende Parteisekretär des Kalibetriebes, der den letzten steilen Anstieg »geritten« ist, wird mit Hilfe der Genossen vom Pferd gehoben. »Tierquäler«, sagt Riese.

Am zünftigsten sieht Ewald, der pausbäckige Parteisekretär des Porzellanwerkes Stadtlengsfeld aus. Er trägt über Hemd und Schlips eine schwarze Lederjacke, in die würde Klaus Martin Luther, der Parteisekretär vom Kabelwerk Vacha, zweimal hineinpassen. Der Längste der Truppe ist Eberhard Hofmann, der junge schwarzbärtige Parteisekretär aus der Kettenfabrik Barchfeld.

Zuerst bauen die Parteisekretäre die Gewinne für die Tombola auf einen Tisch. Alles ist ordentlich in Geschenkpapier gewickelt (nur die 50 Meter Kabel vom Kabelwerk Vacha sind unverpackt). Jürgen Riese mahnt, man müsse endlich mit der Arbeit beginnen, genehmigt noch ein Bier, und dann sitzen sie an der festlich gedeckten Tafel, holen Merkhefte und Kugelschreiber aus den Jackentaschen, schieben Teller und Servietten zur Seite und notieren, was der Zweite über die nächsten Aufgaben zu sagen hat.

Erstens: Die ideologische Bereitschaft der Werktätigen für neue Technologien fördern!

»Das ist ungefähr so schwierig, als müßtet ihr in eurer Familie, um Gas zu sparen, die Schwiegermutter, die Frau und die Kinder davon überzeugen, künftig die Sonnenenergie zum Kochen zu nutzen! Oder sagen wir, das liegt näher, den Gurkenanbau in eurem Garten durch Hydrokultur zu intensivieren und die Frau zu beauftragen, solch ein Gewächshaus zu entwickeln ... Man muß also grundsätzlich neu denken.

Apropos Frau, es wäre schön, bei künftigen Erfahrungsaustauschen auch mal eine hauptamtliche Parteisekretärin hier zu sehen. Also guckt euch in euren Betrieben mehr nach den Frauen um, sozusagen mit Parteiauftrag ...«

Zweitens: Die Werktätigen zu noch höheren Arbeitsleistungen motivieren!

»Bei extremen unplanmäßigen Bedingungen – als beispielsweise im Schacht Springen eine Seilbahn riß – mußte der Parteisekretär die Leute nicht agitieren. Sie haben die Seilbahn in der Hälfte der für eine planmäßige Generalreparatur üblichen Zeit in Ordnung gebracht. Aber motivieren wir bei der alltäglichen Arbeit schon richtig? Reicht die Losung: Jeder an jedem Tag Höchstleistungen! Ist das überhaupt real? Es soll mir keiner erzählen, daß er jeden Tag Höchstleistungen bringt. Oder: Mein Arbeitsplatz ist mein Kampfplatz, Arbeit soll doch wohl auch Freude sein, nicht nur Kampf!«

Ein Mann mit Fotoapparat steht niedergeschlagen in der Tür. Er sagt: »Genossen, entschuldigt, wenn ich störe, aber die Fotos von eurem Ausritt sind nichts geworden. Ich hatte vergessen, die Batterie zu wechseln. Wir müßten noch einmal fotografieren. Allerdings ohne die Pferde.«

Sie treten vor dem Haus an. Der Zweite in der Mitte. Auch mich stellen sie in ihre Gruppe.

Danach wieder Riese.

Drittens: Die Kampfprogramme für 1987 sind zu qualifizieren!

»Im Frühjahr wird Genosse Honecker vor den 1. Kreissekretären sprechen. Da müßt ihr noch paar Wettbewerbsreserven in der Kiste haben, also nicht schon heute alles herauskratzen. Wer sich von Planbeginn an mit einem Bein an das andere stützen muß, braucht sich nicht zu wundern, wenn er später nicht vorankommt.«

Bei zwölftens öffnet der Erste leise die Tür, klopft mit der Hand auf den Tisch, setzt sich, hört zu, sortiert seine Notizen und unterstreicht mit orangefarbenem Stift. Aus seinem Farbsystem für Striche werde ich nicht schlau.

Nachdem der Erste zwanzig Minuten gesprochen hat, stellt sich die Kellnerin hinter ihn. Das Essen sei fertig, wann sie servieren sollen.

HDF sagt: »In zwei Minuten«, und ruft hinterher, »wenn ich zwei Minuten sage, meine ich zehn!«

Als die Suppe gebracht wird, stecken alle die Notizbücher ein.

Mir gegenüber sitzen Klaus Martin Luther, der mit seiner Nickelbrille wie ein Theaterregisseur aussieht, und Eberhard Hofmann, der Barchfelder Parteisekretär. Obwohl beide erst um die 30 Jahre alt sind, schwärmen sie von der »FDJ-Zeit«; damals seien sie politisch gebildet worden, FDJ-Sekretäre in den Betrieben, danach folgte die Arbeit in der Partei ... Und nun funktionierten die FDJ-Methoden nicht mehr. Eberhard Hofmann erzählt, daß er sich vor einigen Tagen einen jungen Ingenieur in sein Zimmer geholt habe. »Dem sagte ich – so wie es seinerzeit mit mir gemacht worden war: ›Du gehst hier nicht eher wieder raus, bevor du dich bereiterklärt hast, FDJ-Sekretär zu machen!‹ Doch der sagt nur: ›Dann laß man schon ein Feldbett holen und meine Frau benachrichtigen!‹«

»Keine Leute, keine Leute … Heute müßte man sagen: Keine Kader, keine Kader«, philosophiert Klaus Martin Luther. Und sich welche heranzuziehen, das sei schwieriger als Bonsai-Kunst. Er habe sich von der »iga« drei dieser Mini-Bäumchen mitgebracht, aber ehe die sich zu einem ansehnlichen Gewächs entwickelten, müsse man sie wohl zehn Jahre pflegen, beschneiden und formen. Eines sei schon im ersten Sommer eingegangen. Wahrscheinlich fehle ihm, Luther, die Zeit und Geduld für solch langfristige Erziehung. Und außerdem seien vielleicht nicht die kunstvoll geformten Kader, sondern sozusagen der Wildwuchs die besseren Funktionäre …

Nach der Zwiebelsuppe gibt es Rostbrätl mit Bratkartoffeln. Bevor das Eis serviert wird, setzt sich HDF neben den stellvertretenden Parteisekretär des Immelborner Hartmetallwerkes. Der hatte in seinem letzten Leiterbericht an die Kreisleitung gemeldet: »Die Arbeiter diskutieren, daß im Hartmetallwerk der arbeitsfreie Sonnabend wieder abgeschafft werden soll …«

Ja, das werde diskutiert, bestätigt er dem Ersten. Sie haben schon, um den Plan 87 zu bringen, 20,5 Überstunden je Arbeiter einkalkulieren müssen. Aber weil immer noch zu wenig Hartmetallwerkzeuge produziert werden, müsse der Plan ein zweites Mal erhöht werden.

»Also noch mehr Überstunden für die Arbeiter?«

»Wir haben jetzt die zwei neuen Hochleistungspressen. Dazu das Automatisierungsobjekt für Wendeschneidplatten, das läuft allerdings noch nicht ordentlich. Wenn wir diese neue Technik Tag und Nacht in Gang halten, könnten wir den Plan ohne Überstunden packen. Aber dazu der Exportplan … Sie haben uns den Exportplan wahrhaftig fast auf 150 Prozent erhöht …«

HDF greift sich an den Kopf. Das sei doch nicht zu fassen. Vor wenigen Monaten hätten Ministerium und Kombinat beschlossen, keine Exportsteigerung für Immelborn ...

Ich schaue HDF ungläubig an. Und obwohl ich sehe, daß der Erste, wie man landläufig sagt, schlechte Laune hat, erklärt er mir die Sache.

Immelborn sei der einzige Betrieb in der DDR, der hartmetallbestückte Werkzeuge, Wendeschneidplatten und Umformwerkzeuge produziert. Sie deckten kaum den Bedarf hierzulande ab. Eine Exportsteigerung um 150 Prozent bringe bei solchen »Pfennigartikeln« wie Sägezähnen, kleinen Buchsen, Hartmetallplättchen, Flechtschnecken und so weiter im NSW paar knappe Millionen Mark, aber weil dann zum Beispiel diese Buchsen hier fehlten, könnten fünf Verseilmaschinen für 9,5 Millionen Mark nicht exportiert werden. Oder wie es passiert sei: fehlte es an Flechtschnecken für Sofafedern, könnte die Möbelindustrie nicht produzieren und im schlimmsten Fall ein Schiff für Hunderte Millionen Mark Devisen nicht termingerecht vom Stapel laufen, weil die Kojen nicht eingebaut wären. Und so könnte aus einer zusätzlichen Million Mark Devisengewinn durch Immelborner Pfennigartikel vielleicht ein Devisenverlust von 200 Millionen Mark entstehen ...

Morgen früh wolle er sich sofort darum kümmern.

Das Eis hat sich inzwischen in Vanillesoße verwandelt.

Zur Verdauung ist Kugelstoßen angesagt. Auf dem Weg nach draußen nimmt sich HDF Jürgen Riese zur Seite. Die Pläne für 1987 müßten in allen Betrieben erhöht, also noch einmal diskutiert werden. Das Politbüro habe den Entwurf des Ministerrates für den Volkswirtschaftsplan abgelehnt, er sei zu niedrig gewesen, um alle sozialen Ausgaben decken zu können. »Weißt du, was das heißt: noch mal 'ne Planrunde drehen?« Außerdem habe das Politbüro den Bezirk Suhl wegen der roten Laterne in der MMM-Bewegung kritisiert ... und der Kreis Bad Salzungen, er wisse ja selbst ...

Beim Kugelstoßen müht sich HDF, das Leichtgewicht, die Kugel wenigstens so weit zu stoßen, daß sie ihm nicht auf die Zehen fällt.

Jürgen und Ewald machen ihrer Figur alle Ehre, schaffen fast 9 Meter. Beim entscheidenden Versuch überläßt Ewald dem Zweiten den Sieg. Gaudi und Hallo und eine Runde Bier.

HDF lacht nicht.

Ich frage, ob ihn der erste Bezirkssekretär kritisiert hat.

»Nicht mehr als die anderen Kreissekretäre.«

»Aber froh siehst du nicht aus.«

Ein schlimmes Vorkommnis! Die achtzehnjährige Tochter eines Mitgliedes der Kreisleitung habe Republikflucht begehen wollen ...

Der nächste Wettkampf findet im Saal statt. Lutz Erbe, der Parteisekretär des Wälzkörperwerkes Bad Liebenstein, präsentiert einen Konsumgüterartikel aus seinem Betrieb: 30 bunte Stahlkugeln und eine plastene Murmelmulde, in deren Zielmitte eine rote Fahne steht. Ich habe das Spiel noch nie in einem Geschäft gesehen. »Wir machen es von Ausschußkugeln«, sagt Lutz Erbe. Und seit dem VIII. Parteitag hat der Betrieb den Plan ständig erfüllt und den Ausschuß gesenkt ...

Während die Parteisekretäre (vorher ein Schluck Zielwasser!) die Murmeln in die Mulde schubsen, trinkt HDF mit Eberhard Hofmann einen Korn.

Wie weit sie mit der Halle für die Ölpumpenkette seien, ob man die Leute für die Computer qualifiziere. Der Trabi dürfe nicht wegen Barchfeld zu spät auf vier Takte umgerüstet werden.

Politisch sei alles klar, sagt der Barchfelder Parteisekretär, da brauche der Erste sich keinen Kopf zu machen, aber man müsse so viel improvisieren, genau wie seinerzeit, als sie begannen, den ersten Versehrtenrollstuhl der DDR zu konstruieren, und die Kollegen keinen Computer hatten, aber sich schließlich einen im An- und Verkauf organisierten ...

Der Erste mahnt, über dem Staatsplanvorhaben nicht die Speichen zu vergessen. »Und sage euren Arbeitern, es ist unmoralisch, daß ausgerechnet sie sich bei mir beschweren, daß sie zu wenig modische Anoraks zu kaufen bekommen. Denn gleichzeitig häufen sich auf meinem Tisch die Beschwerden aus der Republik über fehlende Fahrradspeichen!«

Dann schafft HDF einen neuen Rekord: 27 von 30 Kugeln liegen in der Mulde. Den Spöttern zuvorkommend, sagt er: »Man muß es eben verstehen, eine ruhige Kugel zu schieben.«

Und damit hat er den Hauptamtlichen ungewollt das Stichwort für einen allgemeinen unorganisierten Erfahrungsaustausch gegeben.

Man könnte heutzutage auch gutes Geld bekommen, ohne dafür gut zu arbeiten ... Viele Arbeiter seien keine strengen Leiter mehr gewohnt ... »Ich leiste mir was« käme bei vielen vor »ich leiste was«. ... Man solle mal als Meister einem Kollegen öffentlich ins Gesicht sagen, daß er gammelt, dann antwortet der: Am Wochenende die Sonderschicht, die mach man schön alleine ...

Nach der Siegerehrung im Murmeln wird die Tombola eröffnet. Jedes Los gewinnt. Wilhelm, der Parteisekretär des Aluwerkes Fischbach, gewinnt seinen Aluminiumwasserpfeifkessel. Er versichert sofort, daß dieser kein Ladenhüter sei.

Der Fotograf bringt die Erinnerungsfotos.

Ewald sagt: »Da glaubt mir meine Frau, daß ich nicht aus der Kneipe komme«, und bestellt eine neue Runde.

Als es zu dämmern beginnt, verabschiedet sich der Erste. »Morgen ist Sekretariatssitzung, ich muß noch einen dicken Stapel Papier durcharbeiten.«

Im Auto sagt er: »Seit meiner Nierenoperation vertrage ich höchstens drei, vier Schnäpse ...«

»Eine gute Truppe, deine Hauptamtlichen«, sage ich.

Ja, er könne sich auf sie verlassen. Aber es fehle der Nachwuchs. »Wir haben noch zu wenig Genossen, die bereit sind, Berufsrevolutionäre zu werden.«

»Weshalb?«

Er sagt, daß er nicht wisse, ob es mit dem Beruf oder der Revolution zusammenhänge.

Dann, unvermittelt sagt er: »Bestimmt hat er die Tochter nicht schlecht erzogen. Ein Kreisleitungsmitglied und die Tochter ... Er ist kein anderer Mensch deswegen, aber er ist Mitglied der Kreisleitung, was soll man machen?«

Auch in der Dunkelheit erkenne ich an seinem Gesicht, daß er sich quält.

»Manchmal glaubt man, alles politische Rüstzeug an den Schulen und in vielen Entscheidungssituationen endlich mitbekommen zu haben, aber dann fühlt man sich plötzlich wieder, als sei man Anfänger, müsse alles neu durchdenken ...«

Hans-Dieter Fritschler, 45, erzählt auf der Rückfahrt vom Kissel von seinen ersten politischen Schulen

Mit vierzehn begann ich meine Lehre als Forstarbeiter, und von 1957 bis 1959 arbeitete ich in einer Jugendbrigade im Wald. Das war eine gute Zeit. Wir waren eine ordentliche Truppe, alles junge Leute, ich war sogar stellvertretender Brigadeleiter. In Heldburg haben wir damals monatelang den Windbruch aufgearbeitet. Eine wunderschöne Revierförsterin gab es dort, sie hat mit uns auch politische Fragen diskutiert. Vielleicht bin ich auch ihretwegen in die

Partei eingetreten, denn von Politik verstand ich nicht viel – nur, daß ich Arbeiter war und wie ein Arbeiter dachte und fühlte. Wir haben damals mehr gearbeitet als geredet – noch ohne Motorsäge, davon gab es zu wenige. Außerdem konnte ich mit meinen schwachen Handgelenken diese »Emmese« überhaupt nicht halten. Trotzdem waren mein Freund und ich die beste Rotte der Brigade. Er nahm immer das starke Ende der Bäume, ich das schwache. Er war kräftig, und ich war flink. Und abends sah man, wieviel Holz man gemacht hatte. Eine gute Arbeit ...

1955 sind wir fast alle freiwillig zur Armee gegangen.

Mich schickten sie an die Ostsee, erst stank mich das an, aber dann lernte ich dort unseren Politstellvertreter näher kennen, einen Oberleutnant, Glöckner hieß er. Der nahm mich, wahrscheinlich weil ich so ein Hänfling war, fast jeden Sonntag mit zum Essen nach Hause. Ich saß am Familientisch, konnte essen, soviel ich wollte, und fragen, soviel ich wollte ... Es war, als hätte ich plötzlich einen Vater ... Wir sind zu Hause ohne Vater aufgewachsen – sieben Geschwister. Ich war der Älteste. Mein Vater ist im Krieg gefallen, der zweite nach dem Westen abgehauen! Die Mutter sagte damals heulend zu mir: Hans-Dieter, du bist der Große, du mußt jetzt für die anderen wie ein Vater sein. Aber ich war selbst noch ein Kind, ich konnte den Kleinen ihre Fragen nicht beantworten, nur ab und an Holz machen – das wurde auch später mein Beruf – und ein paar Mark dazuverdienen, damit wir wenigstens Fettbrot zu essen hatten ... Und dann als Soldat konnte ich den Oberleutnant wie einen Vater fragen und erhielt auf alle Fragen auch Antworten ...

Im Sommer 1961 wurde Oberleutnant Glöckner schwer krank. Er setzte mich – einen Gefreiten – als Politstellvertreter für die Kompanie ein. Als Gefreiter-Politstellvertreter wurde ich mit unserer Aufklärerkompanie im August 1961 nach Berlin geschickt! Der Regimentskommandeur mußte vorher alle Politstellvertreter über die bevorstehende Aktion unterrichten: Grenze sichern! Überraschende Maßnahme! Strengste Geheimhaltung! Er wußte nicht, wo er bei der Einweisung hinschauen sollte, als er mich Gefreiten unter den anderen Offizieren sah.

Ich habe damals nicht viel von den politischen Hintergründen des 13. August begriffen. Aber die, die uns anspuckten, als wir an der Grenze standen, die habe ich mir genau angeguckt. Dicke Spekulanten und schick angezogene Schieber waren dabei. Man sah, es waren Leute, die sich das Geld leichter verdienten als ich und meine Mutter, die jeden Pfennig dreimal umdrehen mußte und ihn ehrlich verdient hatte durch Arbeit beim Tee-Eschrich in Hildburghausen. Das war eine schwere Arbeit. In einem kleinen Saal mußte sie Tag für Tag einige Zentner Teeblätter mischen und verpacken. Vor Staub konnte sie kaum atmen ...

Als die amerikanischen Panzer auffuhren, da jubelten diejenigen, die uns vorher angespuckt hatten. Den Zusammenhang habe ich nur gefühlsmäßig – und weil mich meine Mutter zur Ehrlichkeit erzogen hat – begriffen. Als ich zurückkam aus Berlin, umarmte mich Oberleutnant Glöckner, als wäre ich sein Sohn. Damals begann ich mich für Politik zu interessieren.

FREITAG, 14. NOVEMBER
Alte Hütte

Noch bevor die Sekretariatssitzung beginnt, will sich der Erste mit dem Generaldirektor des Werkzeugkombinats Schmalkalden verbinden lassen, doch der ist unterwegs. »Dann soll er mich am Wochenende oder Montag früh anrufen«, sagt HDF. »Und versuche es mal in Berlin, vielleicht ist Minister Georgi zu sprechen.«

Es sei nicht üblich, sich einen Minister einfach durch das Telefon reichen zu lassen, aber der Genosse Georgi habe ihm auf dem Parteitag gesagt: »Wenn du meine Hilfe brauchst, rufe mich an.« Und um die Exportplansteigerung in Immelborn rückgängig machen zu können, brauche er dessen Hilfe.

Aber auch der Minister ist nicht im Büro.

Das Sekretariat der Kreisleitung tagt wie jeden Freitag in einem kleinen Versammlungsraum im Erdgeschoß. Auf die Stammplätze der Sekretariatsmitglieder setze ich mich nicht, dort liegen dunkelbraune Aktenmappen mit Namensschildern und Vorhängeschlössern. Mitglieder des Sekretariates sind der Erste, der Zweite, der Sekretär für Agitation und Propaganda, der Sekretär für Wirtschaftsfragen, der Sekretär für Landwirtschaftsfragen, die Vorsitzenden der Kreisparteikontrollkommission, des Rates des Kreises, der Kreisplankommission, des FDGB-Kreisvorstandes und der 1. Sekretär der FDJ-Kreisleitung. Neben ihnen sitzen die zu den einzelnen Tagesordnungspunkten »Hinzugezogenen« (so laut Protokoll); Herbert Schwarz, der Persönliche, der Abteilungsleiter Wirtschaft, die Kreisredakteurin.

HDF kommt nicht als letzter. Er geht reihum, gibt den »Hinzugezogenen« und Mitgliedern die Hand.

Die Sekretariatsmitglieder öffnen ihre Aktentaschen. In jeder stecken 112 Seiten Berichte, Beschlüsse und Anhänge. Um dieses Material gründlich durchzuarbeiten, braucht man wahrscheinlich zwei Nächte. Ich bezweifle, daß ein Tag ausreicht, um darüber gründlich zu sprechen.

HDF: »Genossen, solch ein Mammutprogramm möchte ich nicht noch einmal auf meinem Tisch sehen!«

Riese: »Du warst einverstanden mit der Tagesordnung!«

HDF: »Dann versteht meinen Satz als Kritik und Selbstkritik.« Zum »TOP 1« (das heißt Tagesordnungspunkt 1) – die Erfüllung des Kampfprogrammes der Kreisparteiorganisation – gewährt der Erste jedem Redner maximal 8 Mi-

nuten. Nacheinander sprechen alle Mitglieder des Sekretariats ... Im Wälzkörperwerk konnten neue Hochgenauig-
keitskugeln sechs Wochen vor dem geplanten Termin produziert werden ... Die Kettenwerker aus Barchfeld dagegen haben inzwischen 1,623 Millionen Mark Schulden.
»Wir vertrauen darauf, daß Kurt Tetschner, der neue Werkleiter, und der Eberhard Hofmann die Karre langsam aus
dem Dreck ziehen«, sagt Helga ... Im Heizwerk Ettmarshausen nahmen nur 62% der Kollegen an der Gewerk-
schaftswahl teil. Der angebliche Grund: fehlende Duschen
und keine Reinigungskräfte für die Toiletten, schlechte sa-
nitäre Bedingungen.

HDF unterbricht: »Verdammter Schlendrian! Das ist
vor kurzem alles neu übergeben worden. Scheinbar haben
die Leiter nicht nur bei der Ausbildung von Heizern geschlafen. Die Parteileitung des Heizwerkes soll in kürzester
Zeit die Leiter einladen und im Klartext die Arbeit eines
jeden von ihnen einschätzen.«

Zur Zeit arbeiten im Kreis 29 CAD/CAM-Stationen
durchschnittlich 7,6 Stunden pro Arbeitstag. »Ausnutzung
noch nicht mal eine Schicht!« resümiert Helga Kleinschmidt. »Wir müssen Druck machen.«

HDF warnt, man solle aber nun nicht von jedem Betrieb
verlangen, daß er seine Computer mindestens 1,4 Stunden
mehr auslastet. Dann würden sie die geforderten Stunden
melden und nichts verändern. »Sie sollen statt dessen ex-
akte Zahlen schicken, wie viele Werktätige zu CAD/CAM-
Anwendungslehrgängen delegiert werden, welche Software
benötigt wird.«

TOP 2: Bericht der Parteileitung des VEB Rhönglaswerk
Dermbach. Aufgerufen werden der Parteisekretär, Kurt
Brodowski, und der amtierende Betriebsleiter, Genosse
Baumgart. Der Erste begrüßt sie freundlich, fast väterlich.
Die Zwei sitzen trotzdem wie Schüler vor der Prüfungs-
kommission.

»Gibt es von euch noch Zusätze zu eurem schriftlich vorgelegten Bericht?«

Kurt Brodowski holt einen Zettel aus der Jackentasche. »Die Schulden erhöhten sich Ende Oktober bis auf 1,1 Millionen. Die Lieferung von Kannengläsern haben wir unter Parteikontrolle gestellt. Der ehemalige Betriebsleiter, Horst Mosché, ist vorerst krank geschrieben, der Kombinatsdirektor wird einen neuen einsetzen.«

»Genosse Brodowski, weshalb erfüllt euer Betrieb nun schon seit Jahren den Plan nicht mehr?« fragt der Ratsvorsitzende.

»Es sind zu viele hochqualifizierte Glasbläser in die Landwirtschaft gegangen.« Dort habe man ihnen Wohnungen gebaut. Außerdem wolle keiner mehr in der uralten Glashütte arbeiten, es habe sich jahrzehntelang nichts verändert, die nötigen Investitionen fehlen. Kurz gesagt, die ökonomische Situation sei sehr schlecht.

HDF: »Genossen, wenn ihr die Dinge ändern wollt, können wir hier nicht nur über die Ökonomie sprechen, sondern müssen über die politische Arbeit reden. DSF-Mitgliedschaft, Solidaritätsbeiträge, Sichtagitation – Genossen, das ist keine Frage der fehlenden Investitionen. Ihr kennt nicht einmal die Gründe, weshalb viele Arbeiter keine DSF-Mitglieder sind. Und bei der Solidarität müßt ihr verlangen, daß zuerst einmal die Leiter das Portemonnaie zükken ... Und solch eine Unordnung, wie ich sie im Juni bei euch erlebte, möchte ich nicht noch einmal sehen, Kurt. Ich würde dir dann – auch wenn es gegen das Statut ist, stehenden Fußes eine Parteistrafe geben. Und hinterher laß ich sie bestätigen.«

Kurt Brodowski: »Es ist richtig, was du sagst, Genosse Fritschler. Aber ich kann in der Hütte schlecht politisch diskutieren, solange jede Arbeitssteigerung dort nur auf Kosten der Leute geht, auf ihre Knochen, verstehst du, und sie unter Bedingungen arbeiten müssen, wie sie vor

100 Jahren üblich waren. Die Glasmacher in der Hütte sind inzwischen lustlos geworden.«

Bei dem Wort »lustlos« will HDF protestieren, doch er zuckt nur kurz zusammen.

Die Genossen aus Dermbach werden verabschiedet. »Wir danken euch. Und bei allen Festlegungen, die in eurem Bericht stehen, werden wir euch unterstützen.«

Frühstückspause. Ich stehe hinter HDF in der Schlange vor dem Kaffeebüfett. Er fragt, ob es meine erste Sekretariatssitzung ist, die ich erlebe. Ich nicke. Er habe 1966 als FDJ-Sekretär seine Sekretariatspremiere beim alten Genossen Willi Rausch, dem damaligen Ersten von Hildburghausen, gehabt. »Bei dem gab es keine Frühstückspause. Er hatte zwei Äpfel vor sich liegen, das reichte ihm bis zum Mittag.«

TOP 3: Die Arbeit der Ortsparteiorganisationen von Dorndorf und Motzlar. Problem in Motzlar: Im letzten Jahr nahmen 85 Prozent der Schüler nicht an der Jugendweihe teil. Die Eltern argumentierten, die WEIHE erhalte man nur einmal, und zwar durch die Kommunion.

TOP 4: Die Arbeit des Dienstleistungskombinates Bad Salzungen.

Außerdem beraten die Sekretariatsmitglieder an diesem Tag noch über die Parteiarbeit im Rat der Stadt Bad Salzungen, über die Entwicklung des polytechnischen Unterrichts, über die Entwicklung des gesellschaftlichen Arbeitsvermögens in der Landwirtschaft des Kreises, über die Eröffnung des Ausbildungsjahres 86/87 in der Zivilverteidigung.

Es werden bestätigt der »Plan zur Führung der GST-Wahlen«, der »Plan zur Durchführung der Aktivtagung der Volkskontrolle des Kreises Bad Salzungen« und der Bericht des »VEB Kunstgewerbe Pappenheim«, eines Betriebes, der im Kreis kleine Werkstätten hat und bei der Produktion von Leuchtern, Glöckchen, Blechschmuck und anderen kunstgewerblichen Artikeln künftig den »Einsatz von Büro- und Personalcomputern zur Rationalisierung der Verwaltungsarbeit und die Handhabetechnik unter Anwendung der Mikroelektronik« verbessern will ...

Noch bevor die Sitzung zu Ende ist, verabschieden sich der Erste und der Ratsvorsitzende. Es bleibt nur Zeit für eine Bockwurst, dann fahren wir nach Geisa. Das Regiment in Geisa soll anläßlich des 40. Jahrestages der Grenztruppen den Ehrennamen »Hauptmann Rudi Arnstadt« verliehen bekommen.

Unterwegs sage ich dem Ersten, daß ich während der Sekretariatssitzung mehr Streit erwartet hatte. Lag es an der fehlenden Zeit?

Ja, die Zeit sei natürlich zu knapp bemessen gewesen. Aber manchmal seien auch »geschönte« Berichte schuld. Er liebe die Beratungen vor Ort, da könne keiner mogeln. Und es gebe immer noch Genossen, die jetzt schon überlegten, wie sie den in einem halben Jahr fälligen Bericht möglichst gut formulieren, anstatt nachzudenken, was sie in dem halben Jahr in der Praxis verändern müßten. Aber heute, das seien einfach zu viele Themen gewesen ...

Als wir in Geisa ankommen, sind die Soldaten schon vor dem Kulturhaus angetreten. Der Generalleutnant – Stellvertreter des Chefs der Grenztruppen der DDR – und die anderen Offiziere essen noch in der Kaserne. Auch die Musik fehlt.

Der Erste erkundigt sich beim amtierenden Bürgermeister nach der in Geisa dringend benötigten Kaufhalle. »Wir bauen sie hinter dem Kulturhaus auf der jetzigen Kleingartenanlage.« »Redet zuerst mit den Gartenbesitzern und vergeßt mir ja keinen«, sagt der Erste.

Ein Arzt in weißem Kittel, die Nase rot von der Kälte, begrüßt HDF. Er sei schnell aus der Sprechstunde hierhergekommen, wolle dem Ersten sagen, daß die Ambulanz fertig sei, ein Schmuckstück, ideale Arbeitsbedingungen, auch die Patienten seien des Lobes voll. Es habe sich also gelohnt, die Termine unter Parteikontrolle zu nehmen. Es sei eine gute Politik, und man könne sich nicht schonen. Sagt's, zieht den Kragen seines Kittels hoch und hastet zurück.

Mit der Militärkapelle kommen auch General und Offiziere. Wir stellen uns zu den anderen Ehrengästen auf die Stufen vor dem Kulturhaus. Der Kommandierende. Der General. Die Meldung. »Im Namen des Ministers für Verteidigung ... Ehrennamen Hauptmann Rudi Arnstadt!«

Die Kinder des 1962 ermordeten Hauptmanns, Veronika und Uwe, stehen vor den angetretenen Grenzern. Sie sind ohne Vater aufgewachsen. Die Kinder vieler Grenzer werden heute genauso alt sein wie damals Veronika und Uwe.

Während der Rede des Generals steigt ein Offizier, der neben Hans-Dieter Fritschler steht, höflich zwei Stufen tiefer, nun ist er nur noch einen halben Kopf größer als der Erste. Nach der Rede erkundigt sich der General: »Wo ist denn der Genosse 1. Kreissekretär.« Einer der Offiziere zeigt auf HDF und sagt zum General: »Dort, der mit der Schmidt-Mütze!«

Begrüßung und Verabschiedung.

Als wir aus Geisa hinausfahren, sagt der bis dahin schweigsame HDF: »Lustlos, also mutlos, seien die Arbeiter in der Hütte ... Wir fahren noch einmal nach Dermbach in das Glaswerk.«

Der größte Schornstein in Dermbach gehört zum alten Glaswerk. In der Hütte begrüßt Schichtleiter Herbert Fuß den Ersten, als wäre der täglich hier. In seiner Meisterbude hängt eine große schwarze Tafel an der Wand. Auf ihr stehen die Namen aller Kollegen, die in der Hütte arbeiten. 12 davon sind heute unter der Rubrik »krank« eingetragen. Aber an der Glaswanne gebe es zwei Werkstellen, an jeder müsse ein Außenanfänger und ein Innenanfänger arbeiten, dazu ein Vorbläser, Vorwärmer, Trichtermacher, Ausdrükker und Ansetzer. »Und wenn nur einer davon fehlt – wir arbeiten in zwei Schichten – können an einer Werkstelle keine Thermosgläser geblasen werden, und wir erfüllen den Tagesplan nur mit 75 Prozent.«

»Edelweiß hält kalt und heiß« wirbt ein Messeposter in der Meisterbude.

Die gelben Glastropfen, die die Außenanfänger mit ihren Pfeifen aus der Wanne geholt haben, zischen und rauchen ihre Glutseele aus, während sie in Sekundenschnelle von uralten Pressen zu dünnen Gläsern geformt werden. Eine zweite Glaswandung wird in die Hülle hineingetrieben, vakuumdicht verschlossen, die doppelwandigen Gläser werden auf die Kühlbahn getragen ... Alles geschieht mit der Hand und blitzschnell.

»Wieviel schafft ihr?« fragt der Erste. »Vor zehn Jahren haben wir 600 bis 700 in einer Schicht gemacht, heute fast eintausend.« HDF lobt: »Da könnt ihr stolz sein auf diese große Steigerung«, und fragt, »ihr habt die Technologie verändert?«

»Nee«, sagt der Arbeiter, »nichts hat sich in den zehn Jahren verändert. Ein paar Lappen haben sie in der Hütte hinter uns aufgehängt, damit uns die Kälte nicht den Rücken tieffrostet, während das Glasfeuer uns die Vorderseite grillt. Aber in den Pausen müssen wir nach wie vor bei der grimmigen Kälte über den Hof rennen, weil wir in der Hütte nicht einmal frühstücken können. Trotzdem haben wir von Jahr zu Jahr schneller gearbeitet. Alles mit unseren Händen.«

Ein alter Arbeiter krempelt die Hemdsärmel hoch und zeigt dem Ersten seine dick geschwollenen Gelenke. »Schau dir das an, Genosse Kreissekretär, die Knochen sind kaputtgegangen in den zehn Jahren.«

Die Schmelzwanne wird noch mit Generatorgas geheizt, das in den Kellern unter der Hütte in vorsintflutlichen Kippgasgeneratoren aus Braunkohle geschwelt wird. Über diesen Generatoren, in einer rußschwarzen Halle, kratzen Arbeiter den anfallenden Teer aus Klappen und Schächten. Der Gestank des an den Wänden, Rohren und am Fußboden klebenden Teers läßt mich husten, als hätte ich Lungenkrebs. In Loren karren sie die dicke Flüssigkeit aus der Hütte.

Um in die eigentliche Hölle der Hütte zu gelangen, muß man auf steilen Stufen bis unter die Kippgasgeneratoren hinuntersteigen, dorthin, wo sie entascht werden. Männer, deren Gesichter so grau sind wie ihre Arbeitsklamotten, drehen mit einem zentnerschweren Schraubenschlüssel und aufgesteckter Verlängerungsstange die Aschewellen, bis Schlacke und Staub in wassergefüllte Tröge rieseln, aus denen sie den klebrigen Brei dann herausschaufeln ...

Als wir wieder oben sind, sagt der Erste leise, so als spräche er zu sich selbst: »Ich verspreche euch, daß im nächsten Jahr Maschinen eingebaut werden, die euch die Arbeit erleichtern.«

Das »ich verspreche euch« habe ich noch nicht von ihm gehört.

Auf der Heimfahrt schweigt er.

Am Abend lese ich mir die jeweils ersten Sätze der heute im Sekretariat behandelten Berichte durch, die von verschiedenen Parteisekretären in verschiedenen Betrieben und verschiedenen Institutionen geschrieben worden sind.

OPO (Ortsparteiorganisation) Dorndorf: »Grundlage für die Arbeit der Ortsleitung der SED bilden die Dokumente des XI. Parteitages der SED, die Beschlüsse der Bezirks- und Kreisdelegiertenkonferenz ...«

OPO Motzlar: »Die OPO Motzlar organisiert ihre Arbeit auf der Grundlage der Beschlüsse unserer Partei, der Grenzdirektive, des Grenzgesetzes und der Grenzordnung. Besonders in Auswertung des XI. Parteitages der SED ...«

Rat der Stadt Bad Salzungen: »Die Arbeit des Rates der

Stadt war unter Führung der GO der SED im Parteitagsjahr besonders ...«

Rat des Kreises, Abteilung Volksbildung (zur Weiterentwicklung des polytechnischen Unterrichts): »Auf der Grundlage der Beschlüsse des XI. Parteitages der SED ...«

Die gleiche Abteilung (zu Ergebnissen des polytechnischen Unterrichts): »In der Direktive des XI. Parteitages der SED wird formuliert ...«

Rat des Kreises. Vorsitzender der Kreisplankommission. Stellvertreter des Vorsitzenden für LNGW (zum gesellschaftlichen Arbeitsvermögen in der Landwirtschaft des Kreises): »Die planmäßige und zielgerichtete qualitative und quantitative Reproduktion des Arbeitsvermögens ist ein entscheidender Faktor zur Sicherung des Leistungsanstiegs in der materiellen Produktion in den LPG und deren kooperativen Einrichtungen für die Verwirklichung der Beschlüsse des XI. Parteitages der SED ...«

GST-Kreisvorstand: »In der Kreisorganisation Bad Salzungen der GST werden alle Maßnahmen und Aktivitäten im sozialistischen Wettbewerb, der Wahlvorbereitung und Wahldurchführung entsprechend der ›GST-Verpflichtung XI. Parteitag der SED‹ unter der Losung ...«

ABI der DDR. Kreiskomitee Bad Salzungen: »Orientierung auf die Aufgabenstellung der Volkskontrolle zur Realisierung der Beschlüsse des XI. Parteitages der SED ...«

VEB Rhönglas Dermbach: »Die Werktätigen des VEB Rhönglas Dermbach stellen sich unter Führung der GO der SED und ihrer Parteileitung den hohen Ansprüchen des XI. Parteitages der SED ...«

112 Seiten sind die Berichte dick!

HDF hatte während der Sitzung gesagt: »Die beste Berufung auf den Parteitag ist die Konkretheit eines Berichtes.«

Hermann Machalett, 52, Dermbach

Mit vierzehn, im Herbst 1949, durfte ich zum ersten Mal in die Glashütte gehen, und ich biß die Zähne zusammen, als ich die heißen Flaschen in die Abkühlbahn tragen mußte. Jahrhundertelang waren die Glasmacher geachtete Leute in Dermbach. Einen Tisch konnte sich auch ein Bauer zusammennageln, und einen Baum konnte auch ein Schmied umsägen. Aber aus Sand Glas zu schmelzen, das verstanden nur die Glasmacher in der Hütte, und es war eine Ehre, wenn der Hüttenmeister den Eltern sagte: »Ihr könnt euren Jungen zu mir schicken.« Meist mußte die Mutter dem Hüttenmeister diese Ehre noch mit einem Sack Kartoffeln bezahlen. Drei Jahre habe ich als Anlernling – nur mit Marmeladenbrot und Mehlsuppe im Bauch – die Schinderei, die Hitze und den Rauch in der Hütte ausgehalten. Dann ging ich zur Kasernierten Volkspolizei und suchte mir einen Posten in der Küche. Als die KVP aufgelöst wurde, meldete ich mich in der Salzunger VP zum Schnellkommando. Wir haben uns damals bei Krawallen noch in die Tanzsäle und Kneipen hineingetraut ...

1960 bin ich wieder zurückgegangen in die Hütte und seitdem nicht mehr weggekommen, fest verwurzelt wie ein Baum ... wie ein umweltgeschädigter Baum. Die Arme sind kaputt. Das Dach der Hütte war damals noch niedrig und löchrig, es regnete hinein, und wir beschwerten uns in jeder Versammlung darüber, aber es änderte sich jahrelang nichts. Bis eines Tages, es wird über zehn Jahre her sein, der Generaldirektor nicht bei Sonnenschein, sondern bei Dauerregen das Glaswerk besuchte und während seiner Rede naß wurde. Da baute man ein neues Dach. Vor zwanzig Jahren haben wir alle Flaschen auch noch mit dem Mund geblasen. Dann erhielten wir zwei gebrauchte Maschinen aus der BRD, damit hatten sie dort Teegläser hergestellt. Diese Maschinen könnten noch schneller laufen, aber wir können mit unseren Händen nun nicht mehr schneller, bei 1000 Thermosgläsern haben wir schon die Schallmauer durchbrochen. Zehn Jahre immer dieselben Handgriffe, erst 600 Kannengläser, dann 650, dann 700 … denn wir wollten mehr verdienen von Jahr zu Jahr. Und um nicht langsamer zu werden, tauschten wir acht in einer Gruppe nie die Arbeitsplätze. Jeder spezialisierte sich auf seine Bewegung, aber das machte die Arme kaputt und die Gelenke.

Ich habe vor 15 Jahren schon vorgeschlagen – so wie das nun im nächsten Jahr geplant ist –, durch einen Speicher auf der Bühne, die Arbeit zu erleichtern, aber ich habe nie eine Antwort erhalten, nicht mal die 30 Mark Prämie. Das geht dir als Arbeiter dann jahrelang nicht aus der Platte – genau wie der Transport unserer zerbrechlichen 0,5 Millimeter dünnen Thermosgläser von einem Kombinatsbetrieb zum anderen. Nutzen bringt es keinen, nur Scherben. Der Parteisekretär sagt: »Hast recht, Hermann, aber je mehr Betriebe an der Thermoskanne mitarbeiten, um so höher steigt die IWP im Kombinat.« Das soll ein Mensch verstehen. Früher standen zwei Schmelzöfen in der Hütte, und wenn einer überholt werden mußte, arbeiteten wir am anderen weiter. Heute haben wir nur noch einen Ofen, aber zwei Kühlbahnen. Als die eine Kühlbahn – für jeden Ofen braucht man nur eine – modernisiert wurde, kaufte man vorsorglich eine zweite dazu. Ich weiß nicht, ob sie eine halbe Million gekostet hat oder nur eine viertel, das interessierte mich damals auch nicht, wir Glasmacher dachten nur: Es wird nun wieder aufwärtsgehen mit der Hütte, wir bauen einen zweiten Ofen, und dann produzieren wir in Dermbach so viel Kannengläser, wie die Welt braucht und vielleicht noch Bierflaschen dazu, denn die exportieren wir in die BRD. Und dann wird endlich unsere Betriebshölle – die Drehgeneratoranlage – dichtgemacht, und wir kriegen Stadtgas, und unser Beruf wird wieder ein geachteter wie früher ... Aber nichts von dem geschah, die zweite Kühlbahn ist zwar gekauft, aber nie benutzt worden.

Vielleicht interessiert den Kombinatsdirektor in Ilmenau unsere alte Hütte hier nicht, verständlich wäre es, denn das große Geld macht das Kombinat mit den neuen Glaswerken in Ilmenau. Aber das Geld, von dem die neuen Werke gebaut wurden, haben wir in unseren alten Betrieben mit unseren Lungen und unseren Armen mit erwirtschaftet. Und wir haben Jahr für Jahr auf Investitionen in unseren alten Betrieben verzichtet, denn im neuen Werk mußten noch Computer angeschafft und größere Kulturräume gebaut werden ... Neu fängt hier in der Hütte keiner freiwillig mehr an zu arbeiten. Und wenn mein Sohn, er ist Werkzeugmacher drüben in der Fertigung des Betriebes, zur Aushilfe in die Hütte geschickt wird, da ist das für ihn alles andere als eine Ehre.

Vor 40 Jahren gab Mutter einen Sack Kartoffeln, damit ihr Junge in der Hütte arbeiten durfte. Heute muß der Betrieb eine Extrazulage zahlen, damit die jungen Leute wenigstens vier Wochen in der Hütte arbeiten. Mein Schwiegervater, ein alter Glasmacher, hat 1945, als es keine Kohlen gab, Stöcke gerodet und sie verbrannt, damit der Glasofen in der Hütte wieder glühte. Damals war es noch nicht ihre Hütte, aber die Arbeiter sagten liebevoll »unsere Hütte«. Heute ist es unsere Hütte, aber keiner nennt sie mehr so.

Ich bin jetzt zweiundfünfzig Jahre alt und stehe trotzdem noch in der Frühschicht oder der Spätschicht in der Hütte, von der ich mich nicht trennen kann. Die Arme sind kaputt – und ich laufe von Arzt zu Arzt, damit das als Berufskrankheit anerkannt wird.

Verhinderte Bestrafung

Heute hat HDF zweimal geschrien. Zuerst in der allmontäglichen Lagebesprechung mit den Sekretären, als die Stellvertreterin von Helmut Kulosa über die Zustände im Feierabendheim Bad Salzungen berichtete, und danach bei der Auswertung der Gespräche in der Salzunger Garnison, zu denen sich alle Ratsmitglieder des Kreises und alle Sekretariatsmitglieder mit den neu eingezogenen Soldaten trafen.

Vor dem Agitationseinsatz erläutert der Politstellvertreter den Gästen die aktuelle Lage. Die feierliche Vereidigung am kommenden Sonnabend sei vorbereitet, nur ein Soldat – Mitglied der Gothaer Freikirche – habe sich anfangs geweigert, den Eid zu leisten. Alle Gaststätten der Stadt seien nach der Vereidigung geöffnet, 15 Prozent der neuen Soldaten kommen aus dem Bezirk Suhl, also werde es auch wegen der Heimfahrt weniger problematische Fragen geben. Alles in allem: Keine besonderen Vorkommnisse, gute Stimmung, die Genossen könnten sich in den Gesprächen mit den Soldaten auf politische Grundfragen konzentrieren, Beschwerden und heikle Fragen seien nicht zu erwarten ...

Der Erste geht zu den Reservisten, die für ein Vierteljahr gezogen worden sind.

Obwohl die Kaserne neu gebaut ist, riecht es in den Soldatenunterkünften so, wie es schon während meiner Dienstzeit 1960 bei der Armee roch: nach Bohnerwachs, Gewehröl und verschwitzter Unterwäsche. Den Reservisten, die gerade von der Ausbildung zurückkommen, befiehlt der UvD: »Einrücken zur Politaussprache.«

Murrend traben sie in das Klubzimmer; eigentlich hätten sie Putz- und Flickstunde, von der Politaussprache wußten sie nichts ... Stiefelscharren und Stühlerücken als stummer Protest. Einige setzen sich hinter die Ziehharmonika-Trennwand des Zimmers und versuchen dort abzuruhen.

Der Erste sagt, daß er Delegierter des XI. Parteitages war. Zu den Beschlüssen, die dort gefaßt wurden, die Hand zu heben, das sei eine Sache gewesen, aber nun müsse man die Hände rühren, und das sei schwerer. Beispielsweise suchten in Salzungen 600 Familien eine Wohnung, man müßte bauen, bauen und nochmals bauen. Versprochen sei versprochen. Aber in einigen Dörfern des Kreises gebe es noch keine stabile Wasserversorgung, die Ikarus-Busse des Kreises seien schon 14,7 Jahre alt, 30 Prozent der Schienenwege nur noch Langsamfahrstrecken, einige Straßen ähnelten Motor-Cross-Kursen, man brauche also auch dafür viel Geld. Doch 600 Wohnungen bauen und gleichzeitig auch alles andere erledigen, das schaffe man nicht, also müsse man überlegen, sparen, umverteilen. Einige Worte wolle er noch zur Landwirtschaft im Kreis sagen, denn er wisse, daß der Soldat mit dem Bauch marschiere ... 29750 Hektar landwirtschaftliche Nutzfläche. In jeder Woche müßten 400 Schweine und 220 Rinder geschlachtet und 70000 Liter Milch zu Emmentaler Käse verarbeitet werden. Der Käse sei nicht immer so gut, wie er sein sollte. Die Holländer beispielsweise fütterten ihren Käsemilch-Kühen nur hochwertige Eiweißkonzentrate, wir dagegen Silage. Aber dafür produziere man im Kreis Bad Salzungen die berühmte Thüringer Wurst in höchster Qualität, und ihnen werde sie wahrscheinlich so gut schmecken wie sonst nirgendwo ...

An dieser Stelle wird HDF von Lachen und Gemurmel unterbrochen; ein junger Reservist ruft dazwischen: »Schauen Sie sich beim Abendbrot die drei Scheiben mal an, die sind so dünn, als hätten die Küchenbullen sie unter dem Mikroskop geschnitten!«

Das könne er sich nicht vorstellen, sagt HDF, also an ein paar Wurstscheiben sollte es doch wahrlich nicht fehlen.

Er holt sein Notizbüchlein aus der Tasche.

Die ersten Schläfer lugen hinter der Schiebewand hervor.

»Weshalb hat man uns von Magdeburg hierhergeholt, aber aus Salzungen ist keiner im Bataillon? Im Ernstfall verteidigt man doch das Stück Land – das man kennt – seine Heimat – besser als eine fremde Gegend.«

HDF: »Ist für dich Heimat nur dort, wo du für deinen Fußballverein schreist?«

Ein Reservist aus dem Kaltwalzwerk Hettstedt: »Mein Meister hat nur mit dem Kopf geschüttelt, als ich – ein wichtiger Facharbeiter – nun zum dritten Mal zur Reserve gezogen wurde. Andere, bei denen, wenn sie fehlen, nicht gleich die Walzstraße stillsteht, sind noch nicht ein einziges Mal geholt worden.«

HDF: »Mit der Wehrgerechtigkeit beim Reservedienst verhält es sich manchmal leider noch so wie mit der Gerechtigkeit bei der Wohnungsvergabe.«

Über die Frage eines sehr dicken Reservisten lachen die anderen wie über einen guten Witz: »Weshalb gibt es in der Stadt so wenig Gaststätten, wo unsereiner ein ordentliches Essen bekommt?«

HDF versucht darauf ernst zu antworten; er sagt, daß moderne Küchen fehlen, weil beispielsweise viele Großbratpfannen exportiert werden müßten. Es genüge nicht mehr, eine Gaststätte wie früher als Schwarzbau – heute nenne man es »Initiativbau« – hochzumauern, dann hätte man immer noch keine Kücheneinrichtung, und die könne man nur langfristig bestellen. Es liefe jetzt alles planmäßiger, also müßte man auch geduldiger warten.

Zum Schluß steht ein Reservist auf und sagt, niemand habe bisher die schlimmste Angelegenheit vorgetragen, aber wahrscheinlich seien es alle leid und müde, immer wieder darüber zu reden, außerdem sei es beschämend. Seit Wochen gebe es kein warmes Wasser, und die Abflüsse im

Waschraum seien verstopft. Die Klempner unter ihnen hätten sich bereiterklärt, die Abflüsse und die Warmwasserleitung selber in Ordnung zu bringen, aber die Offiziere ihres Bataillons wären dafür taub ...

Als HDF sich verabschiedet, sagt er, daß die Genossen des Bataillons die Sache mit dem warmen Wasser unter Parteikontrolle nehmen müssen und daß er sich selbst überzeugen wolle, ob die Wurstrationen größer werden.

Einer der Reservisten ruft ihm hinterher: »Aber kommen Sie unangemeldet, sonst gibt es Wurstscheiben, von denen Sie die Maulsperre kriegen!«

Der Erste während der Auswertung: »Manches ist ja schlimmer als bei Preußens. Kein Wasser zum Waschen! Wir haben Wassersorgen im Kreis. Dort kämpfen wir um Millionen Mark Investitionen für den Leitungsbau, aber hier läuft genug Wasser, doch es gibt kein warmes, und die Abflüsse sind verstopft ... Ich verlange, daß ihr in der Leitung sofort über diese Probleme sprecht. Genossen, das ist doch nicht nur eine Frage der Hygiene, das ist eine Frage des Vertrauens der Soldaten zu den Offizieren, wenn ihr so wollt, also doch eine Frage der Hygiene, nämlich der Sauberkeit der Beziehungen.«

Auf dem Weg in die Kreisleitung sagt mir HDF, daß er sich während seiner Armeezeit in Prora auch wochenlang kein warmes Wasser ins Gesicht schütten konnte, aber nur um sich daran zu gewöhnen, denn im Ernstfall würde ja auch keine transportable Dusche hinterherfahren. Hier jedoch handele es sich mitnichten um Abhärtung, sondern darum, daß die Offiziere sich nicht um die Sorgen ihrer Soldaten kümmern ...

Sich nicht um die Sorgen der Leute kümmern, darum geht es auch in der Sekretärsberatung, als ich HDF zum zweiten Mal schreien höre. (Schreien ist nicht der richtige Ausdruck; weil er sonst sehr ruhig spricht, erreicht er schon Wirkung, wenn er laut und scharf spricht.) Die Vertreterin vom Genossen Kulosa (HDF hat ihn zur Kur schicken lassen) berichtet, daß die Partei Informationen über die Zustände im Feierabendheim erhalten habe. Die Informanten hätten berichtet, daß die Zustände katastrophal seien. Beispielsweise, so hätten die Informanten berichtet, gäbe es schlechtes Essen, die Betreuung sei lieblos, die Leitungsarbeit undemokratisch ... Sie hätte auch Informationen erhalten, daß das zehnjährige Jubiläum des Heimes nur mit geladenen Gästen gefeiert worden wäre. Kein Insasse – sie sagt wirklich »Insasse« wäre dabeigewesen ...

HDF reibt sich die Schläfen mit beiden Fäusten, so als müsse er sich die Worte aus dem Kopf herauspressen. »So eine verdammte Schweinerei. Vor einem halben Jahr waren wir erst dort, haben die Leitung verändert, eine gemeinsame Parteigruppe von Mitarbeitern und Patienten gebildet, alle Fragen besprochen ... und nun schon wieder ... Der Kreisarzt soll sich stehenden Fußes erkundigen, mich noch heute peinlichst genau informieren ... Er soll sofort bestrafen, die Konsequenzen ziehen ... Bei unseren alten Leuten, Genossen, da hört der Spaß auf ...«

Er hält einen Moment inne, schaut auf seine Uhr und sagt plötzlich sehr ruhig: »Ich habe noch Zeit bis zur nächsten Sitzung. Will mich selbst überzeugen, ich fahre ins Feierabendheim.« Als der Persönliche zum Telefon greift, sagt HDF: »Nein, rufe vorher nicht an, ich will unangemeldet kommen.«

Während der Fahrt informiert mich HDF über das Feierabendheim.

260 ältere Bürger wohnen dort, 180 davon sind Pflegefälle, 40 leichte Pflegefälle, und nur 40 kommen noch ohne Hilfe aus. Außerdem werden in diesem Heim 25 Kinder mit schwersten Hirnschäden betreut, Kinder, die teilweise schon dreißig Jahre alt sind, aber noch wie Babys gewickelt, gefüttert, gebadet und getragen werden müssen.

Der Idealismus der Frauen, die auf dieser Kinderstation

arbeiten, sei nicht mit Geld zu bezahlen. Bei wem die Einstellung dazu nicht von innen heraus komme, vom Herzen, der könne diese Arbeit nicht durchstehen. Man müsse sich aufopfern können.

Dann mehr zu sich als zu mir: »Und wir können nun mal nicht anordnen: Genosse, opfere dich auf für diese Kinder, für die es keine Hoffnung mehr gibt! Die Partei kann auch nicht Mitgefühl, Hilfsbereitschaft und Solidarität durch einen Beschluß anordnen – wir können nur den Glauben an den Menschen lehren.«

Das Salzunger Feierabendheim unterscheidet sich von den angrenzenden Neubaublocks (HDF wohnt eine Querstraße entfernt) dadurch, daß viele Frauen und Männer stundenlang aus den Fenstern schauen. Sie haben sich Kissen auf die Fensterbretter gelegt ...

Die Leiterin der Zentralen Heimverwaltung, eine junge, aber schon füllige Frau, begrüßt den Ersten, der sich nicht angemeldet hat, ohne Aufregung, bestellt Kaffee in der Küche, bittet uns in ihr Arbeitszimmer. An den Wänden hängen sehr viele, schwarz-weißen Grafiken ähnelnde Fotos: Bäume, einzelne alte Bäume. Nur Bäume.

HDF geht zuerst wie die Katze um den heißen Brei herum, er wolle schauen, was sich verändert habe seit dem letzten Besuch, welche Sorgen und Probleme ... Als die Leiterin darauf nicht sofort antwortet, sagt er, daß es Beschwerden gebe: erstens die Feier, zweitens das Essen, drittens die Betreuung ...

Die Leiterin scheint nicht überrascht zu sein. Sie sagt empört, das habe sie geahnt. Ja, bei dem Gratulationsempfang um 10 Uhr sei kein Heimbewohner dabeigewesen. Sie haben sich das genau überlegt, denn wen auch immer sie von den Heimbewohnern eingeladen hätten, die übrigen würden es nicht verstanden haben. »Dafür gab es für alle Heimbewohner ein festliches Mittagessen, nachmittags Kaffee, Kuchen und Musik und abends ein Bankett.«

HDF: »Was ist für euch ein festliches Mittagessen?«

»Suppe, Thüringer Klöße, Rouladen und Kompott. – Zu den anderen Anschuldigungen: Wir haben einen Heimausschuß gebildet, der regelmäßig mit uns berät. Im Moment regt er sich zwar meist nur, wenn das Fleisch zu fett ist, aber das übrige entwickelt sich noch. Es gibt einen Friseursalon im Haus und einen Salon für Fußpflege. Wir wollen ein Kaffee einrichten. Einige der Heimbewohner schreiben ein Buch mit Kindergeschichten, andere sticken Wandläufer, gestalten Wandzeitungen von ihren Geburtstagsfeiern, Kulturpläne hängen überall aus ... Aber schauen Sie sich selber um, und reden Sie mit den Leuten!«

HDF ist erleichtert und verunsichert, er will noch wissen, ob ein Plan existiert, welches Heimleitungsmitglied in welcher Woche mit welchen Heimbewohnern über welche Probleme spricht.

»Nein, solch einen Plan haben wir nicht.«

Der Erste besteht auf diesem Plan.

Die Leiterin: »Das wäre bürokratischer Blödsinn! Wir reden jeden Tag mit den Leuten, wir sind Sonnabend und Sonntag hier, ich habe selbst als Schwester auf Station gearbeitet. Nein, einen Plan dafür brauchen wir nicht!«

Auf der Treppe begrüßt eine weißhaarige Frau mit Krückstock den Ersten, lehnt den Stock an die Wand, umarmt ihn flüchtig, so als ob sie etwas Verbotenes tut. Er müßte sich noch an ihren Mann erinnern, früher Arbeiter im Kaltwalzwerk, der sei vor vier Jahren doch bei ihm gewesen, als die Kinder nach Berlin zogen und sie hilflos waren.

»Vor einem Jahr ist er gestorben.« Tränen. Und Entschuldigung. Und nochmals Dank, daß er, der Herr Fritschler, geholfen habe.

Ich frage die Leiterin, wieviel die alten Leute für Essen, Miete und Betreuung zahlen.

»120 Mark im Monat.«

Im zweiten Stock klopfen wir wahllos an die Tür eines der Zimmer. Zwei Frauen sitzen am Tisch. Sie essen gemeinsam einen Napfkuchen und trinken Bohnenkaffee. HDF fragt die Frauen, wie es ihnen im Heim gefalle. (Die Leiterin ist draußen geblieben.) »Na, gucken Sie doch«, sagt die eine Frau, »schon nach dem Mittagessen Kuchen und Bohnenkaffee, es geht uns gut.« – »Nur die Suppen, die Suppen, da fehlt die Würze«, sagt die andere.

»Und die Feier zum 10. Geburtstag des Heimes?«

»Da war die Suppe gut!« Und außerdem seien die Köchinnen und Schwestern an diesem Tag besonders bemüht gewesen. »Musik und abends eine Tafel, wie bei feinen Leuten ...«

HDF und ich schauen uns an.

Wahrscheinlich denken wir das gleiche über Informationen von Informanten.

Die gläserne Flügeltür zur Kinderstation hat viele Sprünge. Es sieht aus, als hätte sie jemand einschlagen wollen, denn von innen ist die Tür mit einer dicken Kette verschlossen. Wir stehen vor einem Käfig oder wie vor einem ... ich scheue mich, das Wort auszusprechen, aber die Leiterin sagt: »Ja, wie im Gefängnis. Wir müssen die Kinder einschließen, denn einige können laufen ...«

Eine alte Frau im weißen Kittel schließt auf, läßt uns hinein. »Schwester Else, vierundsiebzig Jahre alt, aber immer noch eine der arbeitsamsten Pflegerinnen«, sagt die Leiterin. Sie führt uns in ein Zimmer, in dem Kinder liegen, die nie aufstehen werden. Zuerst sucht mein Blick Vertrautes, er findet ordentlich gestapelte modische Plüsch- und Strickpullover auf der Kommode, am Kopfende der Betten bunte Bilder, auf den Nachttischen und Betten Teddybären und Kuscheltiere. Und dann sehe ich knochendürre Ärmchen, Gesichter, die nur mit einer Grimasse auf Schwester Elses Stimme reagieren, schiefe Münder, die tierähnliche Laute herauspressen. Die Schwester sagt: »Schauen Sie, er ist fünfundzwanzig Jahre alt, aber man muß ihn aus dem Bett heben. Heben Sie ihn mal hoch, er ist sehr schwer.« Ein großer Wasserkopf. Sie schlägt das Deckbett zurück. Anstelle von Beinen nur kurze abgewinkelte Knochen mit Haut. Ich kann ihn nicht anfassen.

Ein Mädchen ist mit Binden an das Bett gefesselt. »Sie schlägt sich sonst den Kopf an der Wand blutig«, sagt Schwester Else. Obwohl die Wand an ihrem Bett mehrmals weiß übermalt worden ist, sieht man dunkle Flecken.

Ein Kind zieht sich den Kopf an den Haaren in die Höhe, als es Schwester Else hört.

Im hintersten Bett gelingt einem Kind sogar ein Lächeln. »Das ist unsere kleine Friedenstaube«, sagt Schwester Else, »sie heißt mit Nachnamen Daube.«

Eines der Kinder liegt seitlich gekrümmt im Bett, es wächst Tag für Tag enger zusammen, unaufhaltsam.

Ich bin froh, als Schwester Else mit uns aus dem Zimmer herausgeht. Die jungen Schwestern auf dem Flur der Kinderstation schaue ich an, als wären sie Engelsgestalten ...

In einem der Zimmer wäscht und wickelt ein Pfleger ein Kind, das schon über zwanzig Jahre alt ist.

»Er ist der einzige Mann auf der Station«, sagt Schwester Else, »aber er ist fürsorglich wie eine Mutter.« Mühsam versucht er, das schluckgestörte Kind, das sich grunzend wehrt, zu füttern.

Der Mann dreht sich um und nickt dem Ersten freundlich zu. Er ist der Parteisekretär des Heimes.

HDF fragt den etwa Vierzigjährigen, ob er diese Arbeit immer machen wird.

Solange Leben in diesen Wesen sei, müsse man helfen. Er streichelt eines der Kinder, und es ändert die Tonlage der Laute. »Ein Zeichen für Freude«, sagt der Parteisekretär.

Dann wäscht er das nächste Kind ...

Vor dem Haus sagt HDF: »Gut, daß wir hier waren.«

Ich frage: »Und wenn du keine Zeit gehabt hättest, um dich selbst zu informieren?«

Als wir uns verabschieden, sage ich, daß wir einmal Zeit haben müßten, um in Ruhe miteinander reden zu können.

Heute nicht, sagt er, heute müsse er die Planzahlen vom Alfi-Werk Fischbach studieren, er könne morgen im Betrieb nicht nur allgemein reden. Aber vielleicht am Mittwoch. Am Mittwoch wolle er nachmittags laufen, wenn ich möchte, könne ich mitrennen. Nicht weit, nur 10 oder 12 Kilometer.

Schwester Else Schulz, 74,
Feierabendheim Bad Salzungen

Ich habe immer beherzigt, was mir als Konfirmationsspruch auf den Weg gegeben wurde: »Ob du wanderst im finsteren Tal, fürchte dich nicht.« Ich glaube, das galt mehr für mein Leben und nicht so sehr, wenn ich wirklich in stockfinsterer Nacht unterwegs war. Manche Leute fragen mich, wenn ich früh um 5 Uhr weggehe und dann eine Stunde bis hoch zum Feierabendheim nach Allendorf tappe: »Hast du keine Angst, Else, so mutterseelenallein?«

Ich bin am 13. Dezember 1912 geboren. Mein Vater war Maurer und hat uns das Haus in Kloster gebaut, in dem ich heute allein wohne. Meine Mutter war eine Vollwaise, mußte als Kind von Almosen leben. Sie arbeitete in einem Pflegeheim in Hildburghausen, später in der Pension Zimmermann in Bad Salzungen. Meine drei Schwestern sind im Krieg geboren, die zweitälteste 1914 und die Zwillinge 1917. Mutter ging hamstern, damit wir nicht verhungerten, und ich mußte die Zwillinge großziehen. Als ich zehn war, schickte mich die Mutter als Kindermädchen zu einem

Tüncher, dessen Frau in Immelborn in der Fabrik arbeiten wollte. Der Mann ist übrigens hier im Feierabendheim gestorben. Ich mußte bei ihnen nicht nur das Kind, sondern am Wochenende auch die Kühe hüten. Dafür bekam ich Brot und Suppe. Besser erging es mir, als ich die Kinder unseres Lehrers beaufsichtigen durfte. Nach der Schule brauchte ich nur die Treppe hinaufzusteigen, denn er wohnte mit seiner Frau und den zwei Kindern, eins vier Monate und eins 16 Monate, direkt über dem Klassenzimmer. Ich bekam reichlich zu essen, und wenn der Lehrer und seine Frau abends weggingen, schlief ich in ihrer Wohnung.

Der Lehrer stand mir bei, als die Reichswehr die Politischen in unserem Dorf Kloster holen wollte. Mein Vater war auch ein Politischer. Und als die Reichswehr den sozialdemokratischen Minister Eyermann, den Eyermann Richard, holen wollte, sein Bruder Max ist übrigens auch hier im Feierabendheim gestorben, da hat ihn mein Vater gewarnt. Manche Leute sagten hämisch: »Und deinen Vater werden sie auch noch holen.« Aber der Lehrer tröstete mich, ich solle mich nicht ängstigen. Ich blieb als Kindermädchen bei ihm, als ich die Schule beendet hatte. Sie gaben mir sechs Mark im Monat und die Kleidung. Für sechs Mark konnte man sich 12 Brote kaufen oder 10 Tafeln Schokolade. Jeden Monat wartete die Mutter auf meine sechs Mark, denn wir bauten ein Häuschen und hatten nur Schulden. Wir pflückten Heidelbeeren und Himbeeren, die trugen wir in die Stadt – von dem Geld bezahlten wir das Haus Mark für Mark. Einmal wollte ich der Mutter eine Freude machen, und ich habe ihr in der Salzunger Bahnhofstraße bei Kuno für meine sechs Mark Kleiderstoff gekauft. Sie hat vor Kummer darüber geweint.

Mit fünfzehn bin ich zu »Jung und Dittmann« gegangen, das ist heute das Kaltwalzwerk. Obwohl ich klein und klapperdürr wie ein Gespenst war, arbeitete ich im Akkord von früh um sechs bis viertel drei – ohne Mittag, nur eine Frühstückspause. Vier Jahre habe ich das ausgehalten ... Meinen Mann habe ich noch bei »Jung und Dittmann« kennengelernt. Er war Werkzeugmacher und arbeitete später als Lehrausbilder. Mit neunzehn habe ich mich verlobt, und mit einundzwanzig haben wir geheiratet. 1936 wurde unser erster Sohn geboren. Weil mein Mann Ausbilder war, reklamierte man ihn in den ersten Kriegsjahren, doch als er kaum noch Lehrjungen hatte, die er ausbilden konnte, holte man ihn auch. Das war zu der Zeit, als eine meiner Zwillingsschwestern heiraten wollte. Ich mußte mit ihr aufs Gericht, denn ein Dr. Krüger aus Meiningen, der sich mit Erbforschung beschäftigte, hatte in einem rassistischen Gutachten behauptet, es bestände die Gefahr, daß die Kinder meiner Schwester blöd geboren würden. Ich habe es damals geschafft, daß sie heiraten durfte – und das Kind ist heute Leiterin in der Fröbel-Kinderkrippe.

Mein Mann war Polizist in Allenstein in Ostpreußen, und nachdem unser zweiter Sohn geboren worden war, besuchte ich ihn dort. Ich sah, wie die Feldgendarmen eine Polin mit einem kleinen Kind zur Polizeistation brachten. Die Frau heulte zum Gotterbarmen, sie besaß keinen Ausweis, und wer keinen Ausweis hatte, wurde ins Lager gebracht. Mein Mann gab ihr heimlich einen Ausweis, und die Frau kniete vor mir wie vor einer Madonna, küßte mir die Hände und sagte immer wieder: »Ich wünsche Ihnen goldene Hände ... ich wünsche Ihnen goldene Hände ...« So etwas Gutes hat mir nie wieder ein Mensch gesagt. Die letzte Post, die ich von meinem Mann erhielt, war ein Luftbrief, abgestempelt am 6. März 1945 in Danzig ... Ich wohnte nach dem Krieg neben der Eisenbahn. Wenn ein Zug einfuhr und ich Stiefelschritte auf der Straße hörte, dachte ich: Jetzt kommt er. Noch heute höre ich manchmal im Schlaf schwere Stiefelschritte ... Auch die Männer meiner drei Schwestern kehrten nicht zurück. Einer fiel in

Frankreich, einer in Stalingrad, und einer lernte im Krieg eine andere Frau kennen. Wir vier Mütter blieben allein mit acht Kindern. Unser Vater war ein todsterbenskranker Mann, schon im ersten Krieg hatte er bei Verdun eine Gelbkreuz-Gasvergiftung, nun noch einen Oberschenkelschuß – er ist bald danach gestorben. Um nicht zu verhungern, ging ich, die Schwächste von uns, in den Wald zum Harzreißen und Harzschröpfen. Dafür bekam ich 300 Gramm Buttermarken.

Wie ich damals die Furcht überwunden habe, weiß ich nicht mehr, ich weiß nur noch, wann es war. 1953 brachten die Bauern von Kloster ihre Kinder zum ersten Mal in einen Erntekindergarten. Und mich fragte der Bürgermeister, ob ich die Kinder betreuen würde. So kehrte ich zu der Arbeit zurück, mit der ich schon als Sechsjährige begonnen hatte. 1954 ging ich dann in die Polizei-Kinderkrippe und übernahm dort die Nachtwache, das wollte niemand machen. Über 20 Säuglinge betreute ich, und einmal in der Woche fuhr ich abends zur Kinderschwesternschule nach Meiningen – einen freien Tag gab es dafür nicht. Und als eines Tages gefragt wurde, wer im Krankenhaus arbeiten möchte, habe ich mich gemeldet. Damals mußte mein Junge operiert werden – Blinddarm. Als er nackt auf dem OP-Tisch lag – die Ärzte und Schwestern kannten mich –, habe ich mich sehr geschämt, denn er war nur Haut und Knochen. Bestimmt dachten die Kollegen, daß ich eine schlechte Mutter wäre, aber ich habe beiden Kindern 24 Monate die Brust gegeben, mehr hatte ich nicht. Ein Jahr lang arbeitete ich auf der Isolierstation, und dann war ich siebzehneinhalb Jahre in der HNO-Abteilung bei Dr. Vogt. 10 Tage Qualifizierung in Erfurt, das war alles, das andere guckte ich mir mit den Augen ab, ich konnte sogar Narkosen geben. Vor 9 Jahren wurde unsere HNO-Abteilung renoviert, und weil im neuen Feierabendheim dringend Schwestern gebraucht wurden, ging ich zur Aushilfe ins Heim. Ich dachte, wirst ja in einem Jahr selber Rentner. Und nun arbeite ich schon wieder fast zehn Jahre hier oben.

Wegen des Geldes müßte ich es nicht mehr machen, ich kriege die Mindestrente und noch 45 Mark für meinen Mann, er hat ja immer geklebt. Ich leiste mir auch jeden Tag ein Gläschen Sekt, das helle Bier unserer Klosterbrauerei kann man nicht trinken, das ist dünner als Wasser, und gute Kleidung kaufe ich mir auch. Mit der Arbeit aufhören? Die hirngeschädigten Kinder, die hier liegen, die erkennen mich schon am Schritt. Ich verstehe ihre Sprache, ihre Zeichen. Manchmal, wenn sie keinen Stuhlgang haben, schwillt der Bauch an und drückt die Blase ab. Aber sie können nichts sagen, sie jammern nur, dann muß man ihre Laute verstehen, sonst ist es zu spät. Den jungen Schwestern, die auf dieser Station anfangen, denen muß man diese Zeichen erst deuten helfen. Manche, die von der Schwesternschule kommt, erträgt das Elend nicht, die hört auf. Doch wenn eine junge Schwester erst einmal die Zeichen der Kinder als Hilferufe versteht, bleibt sie. Einige von ihnen fahren täglich von Stadtlengsfeld hierher, sie sind 12 Stunden unterwegs. Und manche müssen sich abends beim Tanz von dem Leid, das sie hier sehen, ablenken.

Ich arbeite auch noch sonnabends und sonntags, aber Nachtschichten mache ich keine mehr. Spätabends sitze ich, in eine Decke gewickelt, in meinem nun schon altersschwachen Häuschen, in dem es durch alle Ritzen zieht, und sehe oben in Allendorf die Lichter im Feierabendheim, das heißt, ich sehe nur die Lichter unserer Station. Ich weiß dann genau, jetzt badet die Nachtschwester die Kinder, jetzt windelt sie den fünfundzwanzigjährigen Marko. Wenn die Lichter in den Zimmern der Kinder ausgehen und nur noch das Fenster im Schwesternzimmer leuchtet, gehe ich schlafen ...

Manchmal lese ich im Bett noch die Sprüche in meinem Poesiealbum: »Und wenn du denkst, es geht nicht mehr, kommt irgendwo ein Lichtlein her.« – Oder: »Wer nichts für andere tut, tut nichts für sich ...«

DIENSTAG, 18. NOVEMBER
Schöne Träume

Bevor wir in das Aluminiumwerk Fischbach fahren, versucht der Persönliche wieder vergeblich, den Generaldirektor Lesser wegen der Exportsteigerung in Immelborn an das Telefon zu bekommen. Lesser ist unterwegs. Und HDF flucht, weil er übermorgen nach Immelborn will und immer noch keine Informationen hat.

Im Auto liest er die heutige Bezirkspresse. Bisher beste Getreideernte in der LPG Sonneberg ... Binnenfischer des Bezirkes erhöhten Speisefischangebot ... Attraktive, weil produktive Dörfer ... Am Computer – aus Lust und Erfordernis ... Gut auf den Winter vorbereitet ... Nachruf des ZK der SED für Prof. Hans Koch ... Kohlebestellungen auf Monatsbasis haben sich bewährt ... Biete 12 m² Spaltklinker, blau, lasiert. Suche gleiches in beige oder braun ... Trabant 601, Baujahr 1967 für 7500 Mark zu verkaufen ... 3 Eisenbahnschienen, 5 m lang, je 90 Mark ...

Hinter Urnshausen legt er die Zeitung zur Seite und schaut andächtig aus dem Fenster. Die kahlköpfigen Rhönhügel tragen weiße wallende Nebelbärte, und auf ihrem grauen Herbstmantel leuchten rote Knöpfe von Hagebutten und blaue von Schlehen. »In die Schlehen muß erst der Frost 'rein, dann kann man sie mit Korn ansetzen«, sagt der Erste. Er möchte jetzt aussteigen, tief Luft holen, durch den Wald laufen. Aber auch wenn er stundenlang durch den Wald rennen würde, könne er nicht abschalten, da überlege er, was er morgen dem Genossen Mosché, dem ehemaligen Direktor vom Glaswerk, sagen solle oder dem Kreisleitungsmitglied, dessen Tochter ...

Er zeigt mir an einem der sonst baumlosen Hügel eine Fichtenschonung.

»Sie sieht aus wie der grüne Hemdkragen eines alten Oberförsters«, sage ich.

»Du siehst die Fichten und denkst an den Hemdkragen eines alten Oberförsters. Ich sehe die Schonung und denke an Weihnachtsbäume. Und wenn ich an Weihnachtsbäume denke, dann denke ich an die Weihnachtsversorgung, und wenn ich an die Weihnachtsversorgung denke, dann denke ich an Salzstangen ...«

»Ißt du gern Salzstangen?«

»Nein, lieber esse ich Pommes frites, überhaupt esse ich am liebsten Pommes frites. Aber Weihnachten wollen die Leute abends vor dem Fernseher sitzen, Wein trinken und Salzstangen knabbern. Die Hälfte aller Salzstangen für die DDR wird bei uns in der Liebensteiner Keksfabrik gebakken. Aber die neue Salzstangen-Linie hat ihre Mucken. Gestern hatten sie die Maschine zum x-ten Mal auseinandergerissen und zusammengebaut. Sie lief genau 27 Minuten, dann krachte es wieder. Und wenn hinten wirklich Salzstangen herauskommen, fehlen den 12 Verpackerinnen die Kartons. (Stell dir vor, wie viele Arbeiterinnen wir einsparen könnten, wenn wir einen Verpackungsroboter entwickeln würden.) Glücklicherweise war der Parteisekretär der Keksfabrik mit dem vom Stern-Radio Sonneberg zusammen auf der Parteischule, und weil Sternradio vorerst genügend Kartons hat, kriegen die Liebensteiner welche aus Sonneberg. Doch nun weigert sich der Handel, die Salzstangen in den großen RFT-Kartons abzunehmen. Aber wenn es Weihnachten keine Salzstangen zu kaufen gibt, fragt niemand von den für die Versorgung Verantwortlichen in Berlin, ob die Maschine gestreikt hat, ob der Handel die großen Kartons abnimmt oder nicht, da fragt man nur: Wo werden Salzstangen hergestellt? In Bad Liebenstein! Zu welchem Kreis gehört Bad Liebenstein? Zu Bad Salzungen! Und was denkt sich der 1. Kreissekretär von Bad Salzungen ... zu Weihnachten keine Salzstangen! ... Er soll sofort ...«

HDF stöhnt. »Wäre ich Revierförster geworden, könnte ich pünktlich meine Weihnachtsbäume liefern ...«

Vor Dermbach verzweigen sich viele schmale Forstwege. Wanderwege. Laufwege. »Morgen rennen wir«, sagt HDF, »auch der liebe Gott mußte bei seiner Arbeit mal 'ne Pause machen. Aber der hat natürlich viel geleistet, beispielsweise an einem Tag alle Bäume, Sträucher und Gräser angepflanzt auf der Erde ... Wenn wir heute zurückkommen, was werden wir dann geschafft haben? Wir werden froh sein, wenn wir die Fischbacher überzeugen und ermutigen können, daß sie 1987 ohne zusätzliche Arbeitskräfte mehr Pfannen und Töpfe herstellen.«

Denn sogar in der Rhön, früher eine Arme-Leute-Gegend und Reservoir für billige Arbeitskräfte, gebe es keine freien Kapazitäten mehr. Jahrelang hatten sich die Fischbacher daran gewöhnt, die Produktion zu steigern, indem neue Leute eingestellt worden seien. Heute sitze man mit fast einer Million im Schuldenkeller und müsse ohne fremde Hilfe hinausklettern.

Betriebsdirektor Bernd Radtke und Parteisekretär Wilhelm Buch warten am Werktor.

»Wenn ihr keinen Kaffee wollt, können wir gleich in die Produktionsbereiche gehen.«

HDF will keinen Kaffee.

Wir laufen an einem mit Vogelmiere und Zinnkraut bewachsenen Schrotthaufen vorbei. Der Erste zieht die Stirn in Falten, und der Betriebsdirektor sagt: »Eine Dreckecke muß man immer haben, ohne die geht es nicht.«

(Ich erinnere mich, daß HDF gestern während der Beratung mit den Sekretären sehr unzufrieden von seinem Wochenendspaziergang in Bad Salzungen berichtet hatte. Sein Notizbuch habe nicht ausgereicht, um alle Dreckecken aufzuschreiben, kaum ein Bürgersteig sei gekehrt worden. Als Kind habe er jeden Sonnabend vor dem Haus fegen müssen, bevor er zum Fußball durfte.)

Neben dem Küchenanbau der Aluwerker (»mit Duschmöglichkeit für das Personal«, sagt Wilhelm, der Parteisekretär) liegt ein Haufen mit Ziegelstücken, Zementtüten und Bewehrungsdraht.

Als vor der ersten Werkhalle auch noch Aluabfälle im Wege stehen, knurrt der Erste: »Du hast gesagt, man braucht *eine* Dreckecke, Genosse, *eine*!«

»Wir müssen rund 3000 verschiedene Materialpositionen lagern, viele davon im Freien.«

»Aber wenn die Leitung Unordnung bei der Materiallagerung duldet, werden die Arbeiter euch auch nicht respektieren, wenn ihr Arbeitsdisziplin verlangt.«

In der Produktionshalle werden scheppernd und hämmernd und kreischend Aluminiumscheiben von drei miteinander verbundenen Maschinen gepreßt, tiefgezogen und planiert, bis sie die Form von Töpfen annehmen. Ein Techniker und eine komplizierte Elektronik steuern die Maschinen. Noch vor einem Jahr wurden die Bratgeräte-Grundformen von drei Arbeitern an drei Maschinen hergestellt. Die elektronische Steuerung haben die Fischbacher vorsorglich auf Schienen gesetzt, damit man sie herausziehen kann, wenn sie defekt ist. Dann müssen drei Arbeiter inzwischen dreischichtig im Kreis herumrennen und die Maschinen mit der Hand bedienen. Zum Sandstrahlen, Emaillieren, Brennen, Griffe anschrauben und Verpacken müssen die Bratpfannen, Töpfe, Tiegel und Kannen noch mit der Hand weitergereicht werden. Ein fleißiges, flinkes Gretel schiebt sie nach dem Lackieren Stück für Stück in den Ofen hinein, und eine Frau, die Aschenputtel an Schnelligkeit übertrifft, schraubt die Griffe an. Sie muß

4 000 in jeder Schicht schaffen. Da bleibt keine Zeit, sich zwischendurch schnell nach Bananen oder Tomaten anzustellen.

Als nächstes möchte HDF den Ratiomittelbau sehen, denn man müsse doch endlich alle Arbeitsgänge so miteinander verbinden, daß die Aluscheiben am Anfang der Linie eingelegt werden und am Ende die automatisch verpackten Bratgeräte herauskommen.

In der Werkstatt halten nur zwei Kollegen die Stellung, die anderen werden zur Zeit geschult. Unter den Bohrmaschinen, Fräsen und Drehbänken liegen keine Eisenspäne, der Fußboden ist nicht ölverschmiert, die Werkzeugschränke sind eingeräumt wie für eine Ausstellung. Einen kleinen Frühstücksraum haben sie sich eingerichtet, und im Waschraum hängen akkurat wie bei den sieben Zwergen Waschlappen über jedem Becken, sogar Rasierwasser und Spray stehen vor den blankgeputzten Spiegeln.

HDF fragt den Werkzeugmacher, ob es möglich wäre, einen Roboter zu entwickeln, der die lackierten Bratgeräte in den Brennofen schiebt.

»Mechanisch wäre das kein Problem für uns«, sagt der Arbeiter, »aber der müßte mit einer Elektronik gekoppelt sein, damit er auch Lackfehler erkennt und diese Bratgeräte vor dem Brennen aussortiert. Dafür brauchten wir einen Elektronikspezialisten.«

»Und das Anschrauben der Griffe?«

»Experten haben uns bestätigt, daß zur Zeit noch kein Roboter so schnell arbeitet wie diese Frauen«, sagt der Parteisekretär.

»Man müßte höchstens eine völlig andere Technologie entwickeln, vielleicht Nieten anstelle von Schrauben«, sagt der Ratiomittelbauer.

Wie viele der im Betrieb eingesetzten Roboter zur Zeit arbeiten, will HDF wissen.

»Sechs laufen«, sagt der Arbeiter, »vier funktionieren noch nicht.«

»Aber für die Kreisbilanz habt ihr alle gemeldet«, sagt HDF, »möchte bloß wissen, wie viele Leichen wir täglich mitzählen.«

Dann folgt die Besichtigung des neugebauten Heizhauses. Jahrelang habe nur der Heizer beim Kohleschippen geschwitzt, und in den Werkhallen und Büroräumen hätten die Kollegen gefroren. Auf Partei- und Gewerkschaftsversammlungen sei das Problem immer wieder diskutiert und anstelle der alten schwachen nun die neue Heizung gebaut worden. Dazu Duschräume ...

Nach dem Mittagessen, es gab ein gut gewürztes Gulasch, Auswertungsgespräch im Zimmer des Betriebsdirektors. Gesprochen wird nicht mehr über Dreckecken, auch nicht mehr über gemeldete und nicht arbeitende Roboter. HDF stellt immer nur die eine Frage: Wie könnte man die Produktion so verketten, daß die lackierten Bratgeräte nicht mehr von Hand in den Ofen geschoben werden müssen, daß nicht mehr Frauen die Griffe anschrauben und die Töpfe verpacken, sondern daß es Maschinen für sie übernehmen? Dann könnte der Plan nicht nur erfüllt, sondern auch erhöht werden ...

Aber so viel sie darüber reden, die drei drehen sich letztendlich im Kreis. Der Generaldirektor in Karl-Marx-Stadt hat den Plan der Industriellen Warenproduktion (IWP) für seinen Fischbacher Betrieb erhöhen lassen. Damit dieser Plan erfüllt werden könnte, müßte man neue Technologien entwickeln, also neue Ratiomittel bauen. Aber für den Bau neuer Maschinen hat er den Fischbachern nur 100 000 Mark gewährt. HDF kommentiert: »Dafür können die sich in der Ratiomittelabteilung paar neue Waschlappen im Ex kaufen und aus ihrer Frühstücksbude eine gute Stube machen, aber keinen intelligenten Roboter entwickeln, der den Brennofen beschickt und vorher die Bratgeräte mit Farbfehlern aussortiert.«

Um die Fischbacher nicht ganz und gar mutlos zu machen, hatte der Generaldirektor für die Produktionssteigerung den Arbeitskräfteplan erhöht.

Aber Arbeitskräfte gibt es keine ...

Man könnte singen: »Wenn der Topf aber nu' ein Loch hat ...«

Ich höre auf mitzuschreiben, male ein großes Fragezeichen in mein Notizbuch.

HDF sieht es und erklärt mir, wahrscheinlich habe das Kombinat so hohe Steigerungsraten bekommen, daß man sie nicht mit der Produktion von Kühlschränken und Waschmaschinen abfangen konnte. Also mußte man verteilen, die Fischbacher erhielten einen höheren Plan ... Nicht, daß der Generaldirektor sich keine Gedanken um seinen Betrieb in der Rhön mache, aber das Hemd sei allemal näher als die Hose. Wenn er im DKK Scharfenstein bei Kühlschränken den Plan nicht erfülle, werde er das vom Karl-Marx-Städter Ersten jeden Tag zu hören bekommen ... die paar Millionen dagegen hier in der Rhön ... Aber wir im Kreis können sie natürlich nicht mit Pfeifenschnitzen aufholen.

Die drei einigen sich: Den erhöhten Plan mit zusätzlichen Arbeitskräften erfüllen zu wollen ist eine Illusion. Sie werden gemeinsam mit dem Generaldirektor beraten, um die Mittel für den Ratiobau zu erhöhen und eventuell ein Verkettungssystem zu entwickeln ...

Einen guten Konstrukteur brauchten sie dafür, sagt der Betriebsdirektor.

HDF rät ihnen, zusammen mit der Gemeinde Wohnungen zu bauen, die Gegend sei doch idyllisch, da kämen auch gute Konstrukteure ...

Beschwerde des Betriebsdirektors: Nicht einmal im Kreis würde die Zulieferung klappen. Sie könnten Tausende Bratgeräte, jedes Gerät für 53 Mark, nicht fertigstellen, weil die Nachbarn aus Dermbach die Beschlagteile, pro Stück 35 Pfennige, nicht auslieferten. Ganz zu schweigen von den Gläsern aus dem Rhönglaswerk ...

»Der Direktor vom Glaswerk ist abgesetzt, morgen früh werde ich mit ihm sprechen«, sagt der Erste.

»Abgesetzt? Der Mann hat jahrelang gewühlt; er hat sich keine Pause gegönnt – und nun abgesetzt?«

»Der Dermbacher hat zu wenig perspektivisch gedacht, das war vielleicht sein größter Fehler«, sagt HDF.

Der Betriebsdirektor: »Perspektivisch denken! Was müßte ich machen, um perspektivisch zu denken? Mich darum kümmern, daß mit der TH Ilmenau oder der Akademie langfristige Forschungspläne für Roboter, die unsere Bratgeräte produzieren, sowie für neue Technologien zur Befestigung der Griffe und für neue Bratgeräte abgeschlossen werden. Und weißt du, was ich dazu brauche?«

HDF: »Geld!«

Der Betriebsdirektor: »Nein, drei Monate Zeit, ohne daß du von mir jede Woche Berichte, Planerfüllungsstände, Maßnahmepläne und so weiter haben willst. Drei Monate, in denen ich nicht für den Tag arbeiten muß, sondern perspektivisch arbeiten könnte ...«

HDF: »Die Zeit kannst du bekommen ... wenn du den Plan erfüllt hast!«

Der Betriebsdirektor: »Ja – wenn! Aber wegen der Planerfüllung dürfte ich heute eigentlich gar nicht hier sitzen, sondern müßte im Land umherfahren und Gummiringe besorgen.«

HDF: »Wozu brauchst du Gummiringe?«

Der Betriebsdirektor: »Weil wir eine Bratpfanne entwickelt haben, deren Wrasenschieber entweder überhaupt keinen Dampf herausläßt oder der klappert oder undicht ist. Mit einem Gummi dazwischen funktioniert es. Aber so schnell kriegen wir doch keinen Kooperationspartner; also muß ich irgendwo passende Gummiringe organisieren. 30000 Geräte hängen dran!«

HDF: »Und weshalb schickst du nicht deinen Direktor für Materialwirtschaft?«

Der Betriebsdirektor: »Weil der schon beim Pförtner abgewiesen würde, wenn er sagt, er wolle etwas, das nicht geplant sei. Da mußt du heute selber fahren, sonst bewegt sich nichts ...«

»Also bewege, Genosse«, sagt HDF.

Bei der Verabschiedung vor dem Werktor spricht er noch einmal über die Perspektive. »Guckt doch ein bißchen weiter ... Wir haben in Barchfeld das große neue Kartoffellagerhaus. Erst wollten wir dort Kartoffelkloßmasse herstellen, da hat der Handel nicht mitgezogen. Aber wenn wir dort Pommes frites machen würden, stellt euch vor – Pommes frites – und ihr dazu den Fritiertopf ... Oder Pflaumenmus. Oben in Reinhardts erntet keiner die große Pflaumenplantage ab, da könnten wir jede Menge Pflaumenmus herstellen. Und ihr entwickelt einen Schnellkochtopf mit einer besonderen Vorrichtung, so daß die Leute in paar Minuten Pflaumenmus oder Marmelade selber machen könnten, so was ist jetzt sehr beliebt ... Und wir verkaufen in einer Geschenkpackung je ein Glas Pflaumenmus und einen Schnellkochtopf ... Ihr müßt den Kopf mal aus der Alltagsarbeit herausheben und nach vorn gukken ...«

Ein aufgeregter Kollege stört die Verabschiedung, informiert den Betriebsdirektor, daß wegen der Grippewelle ... Ausfälle in der Produktion ... Man brauche sofort Aushilfskräfte, entweder aus der Verwaltung oder ...

Bernd Radtke sagt: »Also vorerst nichts mit Pflaumenmus, Genosse 1. Kreissekretär.«

Der Betriebsdirektor, der Parteisekretär und der Erste lachen sich an wie drei Lausbuben, die beim Apfelklauen in Nachbars Garten erwischt worden sind.

Wilhelm Buch, 48, Parteisekretär im VEB Aluminiumwerk Fischbach

Er hat Schmied gelernt und ist immer Arbeiter geblieben. Zuerst war er 17 Jahre Lokführer im Kalibetrieb Dorndorf und danach Parteiarbeiter, Stellvertretender Parteisekretär in Dorndorf, dann Bezirksparteischule, und als er die beendet hatte, sagten die Genossen der Bezirksleitung: Du gehst nicht zurück nach Dorndorf, wir brauchen einen Parteisekretär in Fischbach. Er weigerte sich. Da faßte das Sekretariat der Bezirksleitung einen Beschluß. Und Parteibeschlüssen kann man sich nicht verweigern, das hatte er gerade auf der Bezirksparteischule gelernt.

Die Genossen trösteten: »Nur drei Jahre, dann hast du in Fischbach das Gröbste erledigt.« Nach den ersten drei Jahren sagten sie: »Im Moment geht es nicht, erst mußt du noch dieses und jenes Problem lösen, in zwei Jahren hast du es geschafft.« Zwei Jahre später sagten die Genossen: »Nein, nicht kurz vor den Parteiwahlen ...«

Zu Hause ist er in Dorndorf, dort hat er Familie und Haus. Er fährt täglich mit seinem Auto in aller Herrgottsfrühe 25 Kilometer von Dorndorf nach Fischbach und abends 25 Kilometer zurück. »Man schindet wie viele andere den ganzen Tag, und fährt man im tiefsten Winter nach Hause, kann es passieren, daß mitten auf der Fernverkehrsstraße ein riesiger Eisberg thront. Endlich, am dritten Tag rücken vier Arbeiter vom Straßendienst an, doch abends ist der Eisberg immer noch an der gleichen Stelle, sie haben ihn nicht weggehackt, sondern nur ein Schild davorgestellt: ›30 km/h Geschwindigkeitsbegrenzung‹ ... Wir lassen noch viel zu viel Schlamperei durchgehen. Der Erste sagt zwar, wenn man ihm aufzählt, was alles noch nicht geht: ›Genosse, ich will von dir nicht wissen, was nicht geht und weshalb, ich will wissen, wie es trotzdem geht!‹ Aber er hat nicht recht, man muß auch darüber sprechen, warum es nicht geht. Wie soll man sonst die Ursachen finden, und die muß man kennen, um Mißstände zu überwinden. Und ich selber frage mich oft: Weshalb, Wilhelm, stellst du dich im Betrieb nicht vor die Genossen und erklärst ihnen: So und so ist die Situation bei der Planerfüllung, gelinde gesagt – beschissen, und der und der ist verantwortlich dafür. Und der Genosse X hier unten bei uns und der Genosse Y dort oben sind für die Schlamperei bestraft worden. Und nun müssen wir alle zusammen in die Hände spucken und den Karren wieder herausziehen aus dem Schlamassel!

Aber wahrscheinlich kann man solche Reden nicht halten.

Unsere Kollegen haben auf der letzten Gewerkschaftsversammlung gesagt: ›Wir arbeiten am Sonnabend nicht mehr, um Planrückstände aufzuholen, die durch sogenannte Disproportionen und Disziplinlosigkeit bei der Planung und Materialbeschaffung entstanden sind. Da soll erst der Schuldige ermittelt werden und sich dann – wer es auch sei – vor dem Betriebskollektiv verantworten …‹

Aber wie kann die Betriebsleitung diese Forderung in die Tat umsetzen, und kann sie es überhaupt? Nimm das letzte Beispiel. Wir haben 50000 Fritiertöpfe – und die sind begehrt, deswegen kriege ich Briefe aus der ganzen DDR –, also 50000 Fritiertöpfe haben wir auf der Messe vertraglich gebunden, größtenteils für den Export. Aber wir erhalten – obwohl die 50000 im Kombinatsplan fixiert sind – nur 20000 Fritiersiebe aus Crottendorf, die werden dort aus Importdraht hergestellt. 30000 Siebe sind einem anderen Kombinatsbetrieb zugeteilt worden. Nun können wir zwar die Vertragsstrafen einklagen, aber davon erfüllen wir weder unseren Exportplan noch die IWP – also müssen wir, um die Produktion trotz der 30000 fehlenden Fritiertöpfe zu bringen, umstellen, etwas anderes produzieren. Das kostet wertvolle Zeit, Zeit, die die Arbeiter durch Sonderschichten wieder aufholen müssen.

Nun finde mal den Schuldigen für diese Geschichte, jeder wird versuchen die Verantwortung auf einen anderen zu schieben.

Oder soll ich in der Parteiversammlung aufstehen und über das Aluminium sprechen, über das Aluminium, ohne das wir keinen einzigen Topf herstellen können, so wie der Bäcker ohne Mehl kein Brot backen kann. Aber das Mehl wird pünktlich geliefert. Soll ich also sagen: Genossen, viele Jahre hatten wir durch die festen Preise im RGW einen großen Vorteil, wir bekamen das Aluminium zu einem konstanten Preis, der unter dem des kapitalistischen Marktes lag. Wir konnten also in Ruhe planen und billig produzieren. Gegenwärtig werden die Preise für Grundstoffe, die jahrelang auf den kapitalistischen Märkten gestiegen sind, bis unter die Förderkosten gedrückt, um die Entwicklungsländer wieder unter die Knute zu zwingen. Man zahlt noch runde 4 Mark für ein Kilo Aluminium, wir jedoch zahlen fast 16 Mark für jedes Kilo, das wir aus dem RGW, aus Ungarn, bekommen. Trotz dieses teuren Grundmaterials müssen wir aber auf den Weltmärkten konkurrenzfähig bleiben. Bislang haben wir das geschafft, obwohl die Italiener den Markt mit billigem Aluminiumgeschirr überschwemmen. Doch nur wegen unserer Qualität. Unsere Qualität, Genossen, das ist unsere Chance! Darüber sollten wir reden, nicht über die Aluminiumpreise, darüber habe ich nur gesprochen, damit ihr wißt, wie lebenswichtig die Frage der Qualität für uns ist ... Auch im Inland wird es schwerer, unsere Bratgeräte abzusetzen. Wer kauft sich eine beschichtete Alupfanne für über 20 Mark, wenn er auch eine Pfanne für 2 Mark bekommt? Und das Argument, man könne mit unseren Pfannen Energie einsparen, das zieht eventuell noch im Westen, wo die Strompreise immer höher werden. Aber hier mit 8 Pfennigen pro Kilowattstunde, na ja, das macht bei 100 gebratenen Eiern vielleicht 5 Pfennige aus ...

Mehr und besser und billiger produzieren, das ist nötig, da sind wir uns einig. Aber wie motivieren wir das? Eine Tagesproduktion zusätzlich als Kampfziel bei der Plandiskussion; dann die Auswertung der Rede des Genossen Honecker vor den 1. Kreissekretären – noch eine Tagesproduktion zusätzlich, danach der FDGB-Bundeskongreß – noch eine Tagesproduktion zusätzlich ... Da kommt aber auch der 70. Jahrestag der Oktoberrevolution, und keiner weiß, ob vielleicht wieder ein Kosmonaut aus der DDR in den Weltraum fliegt ... Doch jedes Kilo Aluminium, das wir kriegen, ist genau auf den Plan bilanziert, nicht auf Jahrestage, Reden usw., das heißt, wir bekommen vom Außenhandel kein Gramm zusätzlich für die drei zusätzlichen Tagesproduktionen. Nun geht das bei uns trotzdem, wir haben nämlich eine Materialreserve von etwa 90 Tagen. Aber was machen die Waschmaschinenhersteller in Schwarzenberg, wenn sie 5000 Waschautomaten über den Plan bringen sollen? Dazu brauchen sie 5000 zusätzliche Motoren, aber im Motorenwerk sind alle bis auf den letzten – genau wie die Fritiersiebe in Crottendorf – schon ausbilanziert. Doch die Verpflichtung der Waschmaschinenhersteller muß auf alle Fälle realisiert werden, also bekommt ein Betrieb 3000 Motoren weniger, als er im Plan hat, und ein anderer 2000. Bestenfalls senkt man ihnen den Plan ab, auf alle Fälle steht dann nichts von ihnen auf den Titelseiten der Zeitungen, dafür aber über die 5000 zusätzlichen Waschautomaten zu Ehren des ... Müßten wir im Wettbewerb nicht darum wetteifern, wer den Plan erfüllt und dabei möglichst viel Zeit, Material und Arbeitskräfte einspart, anstatt für spektakuläre zusätzliche IWP alle Bilanzen durcheinanderzubringen?

Ich weiß nicht, ob man solch eine Rede einmal halten sollte.

Oder so eine: Genossen, ihr wißt, uns fehlt im Betrieb ein Bereichsleiter in der Produktion. Aber kein junger Genosse ist bereit, diese Verantwortung zu übernehmen, keiner sagt: Ich versuche es, ich kämpfe mich durch! Jeder, den wir fragen, zieht den Kopf ein und verschwindet schnell wieder in seinem Schneckenhaus, erkundet ab und an mit den Fühlern die Lage und wartet – sein Geld kriegt er ja auch so. Und wenn die Jahrespläne aufgestellt werden, da gibt es bei uns im Betrieb Leiter, die möglichst niedrige Ziele anvisieren. Immer getreu dem Motto: Weil die gebrachte Leistung groß sein muß, versuche ich den Plan klein zu halten. Dafür werden sie einmal kritisiert, aber danach sind sie immer Wettbewerbssieger! Lieber einmal richtig abgekämmt werden, als immerzu Schläge bekommen! Normales menschliches Schutzverhalten. Mir sind die lieber, die sich bis zum Letzten ausreizen, sich vielleicht sogar überreizen.

Wir behaupten sehr oft: Wir sind 120 Kommunisten im Betrieb! Aber wir fragen selten: Wer von den 120 handelt wie ein Kommunist? Denn kein Genosse sagt: Ich versuche es als Bereichsleiter! Genausowenig kommt ein Genosse und sagt: Ich möchte mich qualifizieren, damit ich den Umform-Roboter selbst reparieren kann und wir nicht tagelang auf einen Monteur warten müssen! Ich erinnere mich daran, wie wir in Dorndorf die ersten Traktoren bekamen und später sogar Bagger. Mensch, waren die Kollegen stolz, die darauf arbeiten durften. Nächtelang haben sie die Bedienungsanleitungen studiert. Und liebevoll schrieben sie an ihren Traktor ›Elli‹ und an den Bagger ›Max‹, und wenn sie von ihnen sprachen, redeten sie von Elli und Max.

Ich verlange ja nicht, daß einer heute an den Roboter ›Alexander‹ schreibt, aber ...«

Den folgenden Satz hat der Parteisekretär nicht gesagt, den habe ich am Ende unseres Gespräches formuliert: Vielleicht wäre es gut, man hätte manche geredete Rede nicht geredet und dafür manche ungeredete Rede geredet.

Ungleicher Lauf

Die Afrikaner sagen zwar sinngemäß: »Wenn der Häuptling hinkt, hinken auch seine Berater«, und wahrscheinlich gilt das genauso für die gegenteilige Gangart, trotzdem habe ich heute morgen Turnschuhe und Trainingsanzug in einen Beutel verstaut und stelle ihn in der Kreisleitung vorerst unauffällig unter den Schreibtisch.

Um acht Uhr empfängt der Erste das Kreisleitungsmitglied, dessen Tochter ...

Die ledergepolsterte Tür schließt er, Telefongespräche werden schon im Vorzimmer erledigt. Als HDF nach einer Stunde die Tür wieder öffnet, sieht er sehr müde aus. Das habe ich zu dieser Zeit noch nie bei ihm bemerkt.

Er bittet Herbert Schwarz, Kaffee zu kochen. In 15 Minuten soll das Gespräch mit Horst Mosché, dem abberufenen und noch krank geschriebenen Betriebsleiter des Glaswerkes Dermbach, beginnen.

HDF sagt zu mir: »Komm rein, wir trinken vorher noch einen Kaffee.«

Das Telefon klingelt. Seine Frau ruft an. Er möge an den Wasserhahn denken. Und außerdem ständen nur noch 10 Flaschen Bier zu Hause. Für das Bier sei er verantwortlich.

Der Kaffee ist noch zu heiß.

»Er hat seine Tochter in unserem Sinn erzogen, sie war sogar Freundschaftsrats-Vorsitzende, immer eine gute Schülerin. Und dann die erste Liebe. Und ihr erster Freund war einer, der amerikanische Fahnen aus dem Fenster hängt. Und da kannst du als Vater agitieren, kannst sogar bitten, denk mal an mich, ich bin Genosse, Mitglied der Kreisleitung ... Und dann müssen die in U-Haft, es war ja eine ganze Gruppe, weißt du, wie sehr einem das weh tut ... Und der Vater, der Genosse, der kriegt anonyme Telefonanrufe: ›Geschieht euch recht, daß es euch nun selber erwischt.‹ – Nein, ich habe noch nichts entschieden, ich werde vorher noch mit dem Zweiten darüber sprechen ... Wenn ich könnte, wie ich wollte ... Aber er ist doch nicht irgendein Genosse, er vertritt die Kreisparteiorganisation ... Für mich war es ein Gespräch von einer Stunde, für ihn vielleicht ein ganzes Leben ... Weißt du, ich kriege lieber jeden Tag Dresche wegen Nichterfüllung des Planes ...«

Mit Horst Mosché kommt Helga Kleinschmidt. Der abberufene Leiter des Glaswerkes ist über fünfzig, er versucht ruhig zu sprechen, aber er schwitzt dabei, wischt sich immer wieder den Schweiß von der Stirn, ist hochrot im Gesicht. Ja, es werde ihm schwerfallen, im Glaswerk aufzuhören, er sei doch mit dem Betrieb wie verheiratet gewesen, 16 Jahre. Aber wenn schon geschieden, er versucht einen Witz, dann bitte er, nicht weiterhin als zweiter oder dritter Ersatz- oder Exmann nebenher laufen zu müssen, dann möchte er endgültig Schluß machen. In einem anderen Betrieb neu anfangen!

Horst Mosché gehört zu den Nomenklaturkadern des Kreises, erste Leitungsebene, von der Partei ausgesuchte und bestätigte Kader. Wahrscheinlich könnte der Erste jetzt sagen: Genosse Mosché, du bist krank, nicht mehr kräftig genug, den Aufgaben als Leiter des Glaswerkes nicht mehr gewachsen, die Zeit hat dich überholt, du gehst ab 1. Januar als Meister in die Hütte! Du weißt, dort brauchen wir erfahrene Leute. Betrachte das als Parteiauftrag!

HDF fragt: »Horst, was schlägst du vor, hast du dich schon umgeschaut nach einer anderen Tätigkeit?«

»Vielleicht Sekretär beim Rat der Stadt in Dermbach?«

Da habe er aber genausoviel Streß wie vordem, sagt HDF.

»Oder die Rhönbrauerei, vielleicht könnte ich die Rhönbrauerei übernehmen, dort wird ein Leiter gesucht?«

Helga Kleinschmidt gibt zu bedenken, daß die Rhön-brauerei in den nächsten Jahren neue Gärreaktoren und einen Pasteuriseur bekommt und Delikat-Spitzenbier her-stellen muß ... »Da wirst du sofort wieder ins tiefste und unruhigste Wasser geschmissen.« Und HDF rät: »Konsul-tiere erst deinen Arzt, frage ihn, was du dir zumuten kannst.« Dann sagt er beiläufig: »Wir waren gestern in Fischbach, die brauchen dringend einen Bereichsleiter, was meinst du dazu?«

Horst Mosché schüttelt den Kopf. Um Himmels willen, jahrelang habe der Bernd Radtke ihn verflucht, weil die Kannengläser nicht termingerecht geliefert wurden, nein, dorthin nicht.

HDF: »Hast recht. Also – erhol dich noch. Wir setzen inzwischen den neuen Betriebsleiter im Glaswerk offiziell ein – und dann reden wir noch einmal miteinander.«

Er legt ihm die Hände auf die Schulter. »Und geh jetzt viel spazieren, der Herbst ist schön.«

»In den 16 Jahren als Betriebsleiter hatte ich keine Zeit, ich kenne kaum noch einen der Wanderwege um Derm-bach.«

Über das Geld, das an den einzelnen Posten dranhängt, fällt in dem Gespräch mit Nomenklaturkader Horst Mo-sché kein Wort ...

Danach ein unangemeldetes Gespräch. Die Frau eines Ortsparteisekretärs bitten den Ersten um seine Hilfe. Ihr Mann – dem er aber bitte nicht erzählen soll, daß sie hier war – sei doch schon so viele Jahre ehrenamtlicher Partei-sekretär, aber die Wohnung sei zu klein, sie könnten ein Haus kaufen, doch dazu brauchten sie eine Wohnung in Bad Salzungen, vielleicht daß mit seiner Unterstüt-zung ...

HDF sagt: »Ich kann nicht helfen, in Salzungen fehlen rund 600 Wohnungen.«

Als die Frau sich enttäuscht verabschiedet hat, frage ich,

ob es endgültig ist, daß 1987 nur in Merkers komplex gebaut wird.

Endgültig noch nicht, er habe alle seine Bedenken und die Bedenken des Ratsvorsitzenden noch einmal schriftlich formuliert ...

Das Telefon klingelt. Es meldet sich, HDF hat es dreimal vergeblich versucht, der Generaldirektor der Glaswerke Ilmenau.

Nein, sagt der, es sei unmöglich, keine Investitionen für die Glashütte in Dermbach, für 87 sei alles verplant ...

Da erzählt HDF, wie der Arbeiter die Ärmel hochkrempelte, ihm die geschwollenen Gelenke zeigte ...

Der Generaldirektor sagt, daß er einverstanden sei, sich Mitte Dezember mit HDF in der Glashütte zu treffen, um nach Möglichkeiten zu suchen ...

Am Mittag gibt es Sauerkraut und Bratklops. HDF ruft über drei Tische hinweg: »Schlag dir den Bauch nicht so voll, sonst kannst du heute nachmittag nicht laufen.« Alle grienen. Einige, so deute ich jedenfalls ihre Mienen, lächeln spöttisch, andere mitleidig.

Nach dem obligatorischen Verdauungskaffee studiert der Erste Vorlagen für die Sekretariatssitzung. Eine sogenannte operative Sitzung, sagt HDF, das Sekretariat werde Probleme der Stadt Bad Salzungen beraten und zwar an Ort und Stelle, im Stadtzentrum, in den Wohngebieten, so konkret wie nur möglich.

Aber der Bericht der Stadtparteileitung scheint unkonkret zu sein, denn HDF liest, streicht und schreibt.

Liest: »... ist erreicht worden, daß alle Parteien und Massenorganisationen der Stadt bewußt an der Umsetzung der Beschlüsse des XI. Parteitages mitarbeiten.« Streicht. Und schreibt: »Wie machen sie das?« Liest: »Ein Ergebnis ist die höhere Bereitschaft der Genossen zum konstruktiven Dialog mit dem Menschen.« Streicht. Und schreibt: »Sind Genossen keine Menschen? Was unterscheidet ein

Gespräch von einem konstruktiven Dialog?« Liest: » Herzen und Hirne der Menschen im guten Beispiel voran ...« Und sagt: »Ich mag heute nicht mehr ... Hast du dein Laufzeug schon hier?«

Um 15 Uhr verabschieden wir uns beim Pförtner.

Sonnenschein im November.

Sein Trainingsanzug ist schon ausgeblichen. Er gehört zur Sorte der weiten Baumwollanzüge, wie sie jahrelang auch den Soldaten zugeteilt wurden. Dazu trägt HDF eine hellblaue Radrennfahrer-Mütze. Ich hatte HDF im gelben auffallenden Jogginganzug oder einem Trainingsanzug Marke DDR-Olympiamannschaft erwartet.

Wir laufen durch das Neubauviertel. An der Bushaltestelle rufen einige Kinder im Sprechchor: »Tempo! Tempo!« Und ich Schwergewicht versuche locker und leichtfüßig wie ein Profi zu laufen. Es geht am Kasernentor vorbei – dahinter beginnt das abgesperrte Armee-Übungsgelände. Weite, spärlich bewachsene Wiesenflächen, hügelig. Vor dem Eingang zum Übungsgelände steht ein Posten. HDF zückt im Vorbeilaufen eine Ausweiskarte.

Neben dem Übungsgelände steht eine lange Reihe Garagen. HDF erzählt: »Die Garagenbesitzer sind nie erfaßt worden. Vor manchen Toren wachsen schon Brennesseln. Keiner kannte die Eigentümer, und als die Stadt die Besitzer ermitteln wollte, hängte man an jede Garage einen Anschlag, auf dem stand, daß der 1. Sekretär der SED-Kreisleitung angewiesen habe, sich zu melden, ansonsten Ordnungsstrafe. Bloß gut, daß ich so ein breites Kreuz habe, da kann man sich prächtig dahinter verstecken.«

Ich bin froh, daß er redet. Wenn er redet, denke ich, wird er nicht so schnell rennen. Während meiner Studentenzeit bin ich für die HSG Leipzig über 800 und 1500 Meter gestartet, später bin ich auch ab und an im Wald gerannt, aber davon kann ich konditionell nicht mehr zehren, nur die Psychologie des Wettkämpfers funktioniert noch:

sich nicht abhängen lassen! Ich versuche an dem ersten Hügel gleichmäßig zu atmen, aber der Gegenwind läßt mich schnaufen. Wir überholen einen Trupp Soldaten mit ihrem Zugführer, einem nicht viel älteren Unterleutnant. HDF: »Erinnerst du dich, bei der Auswertung des Agit-Einsatzes hat ein Ratsmitglied berichtet, wie er den Soldaten auf eine Frage mühevoll erklärt habe, weshalb die Offiziere Alkohol kriegen, aber die Soldaten nicht: es könnte ein Unglück passieren, und wenn Alarm ausgelöst würde, der Soldat aber getrunken hätte ...

Als Soldat hätte ich gefragt: Offiziere werden beim Alarm wohl nicht gebraucht? Dabei ist die Antwort doch sehr einfach: Ihr dient 18 Monate, aber die Offiziere meist 120 Monate − das ist der wichtigste Unterschied. Daß sie deshalb auch was trinken dürfen und ihr nicht − das ist der allergeringste Unterschied. Man darf die Demokratie nicht übertreiben!«

Ich kann vor Anstrengung, obwohl ich, möchte, nichts entgegnen. Aber den Diskussionsgegner durch Tempoverschärfen beim Waldlauf am Widerspruch zu hindern, ist auf alle Fälle fairer, als ihn in der Versammlung zurechtzuweisen: »Du bist also gegen die Beschlüsse ... Genosse.«

Auch kurz vor der höchsten Stelle des langgestreckten Hügels läuft HDF noch gleichmäßig und ohne sichtbare Anstrengung. Er war schon beim Rennsteiglauf dabei, den beendete er allerdings mit einer Fersenabsplitterung ...

Auf der anderen Seite geht es den Hügel hinunter bis zum kleinen Dorf »Übelroda«. LPG »Lenin«, Milchviehanlage. HDF sagt: »Der Stall sah schlimmer aus, als der Ort sich nennt. Die Jauche lief auf die Straße. Brennesseln und Schutthaufen. Einen Monat lang habe ich mir das angeschaut, wenn ich hier vorbeirannte. Dann bestellte ich mir den LPG-Vorsitzenden und den Zuständigen vom Rat des Kreises. Eine Woche später war Ordnung.«

Ich sage: »Du müßtest deine Strecke jede Woche verändern und immer größere Entfernungen laufen!«

Heute natürlich nicht, wir könnten endlich umkehren, vier Kilometer hin und vier Kilometer zurück, das reicht. Aber HDF trabt durch Übelroda und weiter auf Feldwegen zum Waldrand. Als er an den Feldecken in der Wintersaat tiefe Radspuren entdeckt – wahrscheinlich »Abkürzungswege« von Armeefahrzeugen –, schimpft er wie ein Rohrspatz. Wir müßten eigentlich jeden bestrafen, der die Arbeit anderer mißachtet. Da vergammeln Ziegelsteine auf den Baustellen, aber die Steine haben Arbeiter mühsam gebrannt, und in den Kaufhallen lasse man Möhren verfaulen, aber die hatten Bäuerinnen gesät, auf den Knien liegend, gejätet …

Wenn er flucht, rennt er schneller. Endlich der beruhigende Wald. Wir laufen zwischen jungen Fichten und Buchen auf einem schmalen, mit Gras bewachsenen Weg. Moospolster und verblühtes Heidekraut. Aber der Erste macht auch hier keine Rast, zeigt mir nur im Vorbeilaufen, wo Steinpilze zu finden sind und wo Preiselbeeren wachsen. Dann, völlig ohne Zusammenhang: »Erinnere mich morgen an das alte Haus in Barchfeld.«

»Was für ein altes Haus?«

»Ich hatte in Barchfeld zur Volkswahl gesprochen. Danach brachten mich drei alte Damen zu einem halbverfallenen Häuschen in ihrer Nachbarschaft. Eingeschlagene Fenster und Türen, Matratzen auf den morschen Dielen, dazwischen Scherben und leere Flaschen. Es sollte schon seit Monaten abgerissen werden, aber nichts geschah, da versammelten sich jeden Abend die besoffenen Assis darin. Und ich habe den alten Damen versprochen, mich darum zu kümmern. Vor zwei Monaten stand das Haus allerdings immer noch, und inzwischen hätte ich es fast vergessen.«

Nach einer dreiviertel Stunde laufen wir zurück. HDF redet jetzt nicht mehr, er rennt schneller. Endlich, an einem Steilhang, geht er im Schritt. Er philosophiert: »Das wichtigste, man muß immer in Bewegung bleiben. Wenn der Körper träge ist, wird man auch geistig unbeweglich.«

Mitten auf dem Übungsgelände bin ich fast am Ende meiner Kräfte. Ich will HDF sagen: Ich kann nicht mehr. Aber da rennt vor uns ein Zug Soldaten in voller Montur, mit Stiefeln und Stahlhelm, Sturmgepäck und Spaten. Die Unteroffiziere ziehen einige erschöpfte Soldaten am Koppel hinter sich her. Endlich biegen sie ab. Das Neubauviertel, in dem HDF wohnt, ist schon zu sehen, vielleicht 1500 Meter entfernt. Wahrscheinlich wird er nun noch einmal anziehen. Wenn man mit einem Neuen läuft, richtet man sich zuerst nach dessen Tempo. Und auf dem letzten Kilometer zeigt man ihm dann, wer der Chef auf der Strecke ist. Das habe ich früher so gemacht, und das wird bestimmt auch der Erste tun, schließlich ist er der Erste. Ich beiße die Zähne zusammen, versuche Schritt zu halten, und an den Hügeln beschleunige ich sogar, denn wenn man an der Steigung langsam wird, einem Schnelligkeit und die Kraft dort verlassen, bleibt man stehen wie ein Spielzeugauto mit abgelaufenem Schwungradantrieb ...

In der Stadt kann ich kaum noch die Beine heben, aber er hat es auf dem letzten Kilometer nicht geschafft, mir davonzulaufen, denke ich stolz. Auf der Treppe stütze ich mich wie ein alter Mann am Geländer. Seine Frau öffnet. Eine große, sehr schöne Frau. Sie begrüßt mich, sagt, daß sie Ingrid heißt. Dann schaut sie ihren Mann erstaunt an und fragt: »Sonst bist du klatschnaß und heute kein Tropfen auf der Stirn, ihr seid wohl nur spazierengegangen?«

Ich dusche sehr lange. Danach schaue ich mich im Bad um. Vor der Wanne liegt eine Matte mit der Aufschrift »Strakonice«. Nirgendwo sehe ich Lux-Seife, »4711« oder andere Westkosmetik.

Als ich ihn danach frage, sagt er, sauber werde er mit unserer Seife genauso ... Aber einen Kilometerzähler – man baue in der BRD einen winzigen Kilometerzähler, der zähle auf den Meter genau, wie weit man gerannt sei. Wenn wir so ein Ding importieren oder, noch besser, selbst bauen könnten ...

Die Hausfrau serviert belegte Brote. Wir essen in einem kleinen Zimmer, das der Erste zu einem Arbeitsraum umfunktioniert hat. Das rote Telefon und die Klassiker stehen hier. In der guten Stube dagegen dekorieren an die hundert Minibücher die Schrankwand. Er sei kein Sammler, sagt HDF, aber Minibücher wären wahrscheinlich das Standardgeschenk für Funktionäre. Außer den Büchern füllen Unmengen von Gläsern die freien Plätze in der Stube. An den Wänden hängen ein Schaffell und eine gedrechselte neumodische auf alt gemachte Tabakspfeife mit Porzellankopf. Ein Hirsch röhrt darauf.

Die Hausfrau bringt Rhönpils und mahnt ihn: »Denke daran, das Bier ist morgen alle.« Und zu mir: »Da habe ich zwei Männer im Haus, aber der Wasserhahn tropft seit Monaten, die Wohnstube müßte tapeziert werden, der Lichtschalter funktioniert nur, wenn er Lust hat ...«

Das Fernsehen schaltet er nicht ein. Wenn Besuch da sei, sehe man nicht fern, nur wenn die Fußball-Nationalmannschaft spiele ...

»Als wir in Altenburg zum Standesamt liefen, Ingrids Eltern hinterher, bin ich vor dem Eingang stehengeblieben«, erzählt HDF. »Sie bekamen einen gehörigen Schreck, denn so zuverlässig wie heute war ich damals noch nicht – also ich blieb stehen und fragte meine Zukünftige: ›Darf ich, wenn wir verheiratet sind, jeden Sonntag weiterhin Fußball spielen?‹ Sie nickte ganz verstört. Aber wahrscheinlich hätte ich sie fragen sollen: ›Würdest du mich auch heiraten, wenn ich Funktionär werde, kaum zu Hause bin, du die Kinder allein großziehen mußt?‹ Aber wer sollte das damals ahnen ...«

Was er nicht ahnte, liest sich in seiner Kaderentwicklung

so: FDJ-Instrukteur in Hildburghausen. Jugendhochschule. I. Sekretär der FDJ-Kreisleitung Hildburghausen. Parteihochschule. Diplomgesellschaftswissenschaftler. I. Sekretär der FDJ-Bezirksleitung Suhl. 2. Sekretär der SED-Kreisleitung Schmalkalden. Und dann Erster in Bad Salzungen.

»Und wie geht es weiter?«

»Ingrid sagt manchmal spaßhaft, wir sollten endlich seßhaft werden, ich müßte dazu bei der Arbeit immer nur so gut sein, daß man mich nicht befördert, aber auch nicht so schlecht, daß man mich absetzt. Dann könnte ich das bis sechzig machen, und verdienen würde ich ja nicht schlecht.

Mal ernsthaft, ich möchte nicht unbedingt höher klettern, sondern noch einige Jahre hier im Kreis arbeiten. Ich gehöre nicht zu den Leitern, die mit viel Getöse etwas einrühren, und, noch bevor der Kuchen gebacken ist, wieder verschwinden. Ich möchte erleben, daß die Genossen in einigen Jahren sagen: Du hast ordentlich gearbeitet. Oder aber, daß man noch zur Rechenschaft gezogen werden kann, denn manche Fehlentscheidungen werden erst sehr spät sichtbar.«

Ich, der Genosse Schriftsteller, erlebe in diesen Wochen vor Jahresende Parteiarbeit oft wie eine Feuerwehraktion: In dem und dem Betrieb den Plan noch erfüllen, fünf oder sechs Wohnungen noch fertigstellen, sich um fehlende Anoraks in der Jugendmode und um die Schlüsseltechnologie im Kaltwalzwerk kümmern. Aber in all diesen Problemen stecke die große Strategie, das Ziel der Parteiarbeit: Die Menschen sollen sich in diesem Lande wohl fühlen ... Nur das lohne die Mühe.

An manchen Tagen müsse er sich abends in den Sessel setzen. Fernsehen aus, Akten zur Seite, ein Bier ... und dann sinniere er, was herausgekommen sei in den letzten Monaten. Zum Beispiel wäre der »Thüringer Hof«, die Gaststätte im Salzunger Neubaugebiet, wahrscheinlich ein Jahrhundertbau geworden, wenn die Partei nicht ständig gedrängelt und gemahnt, agitiert und überzeugt hätte. Und dann müßte man heute noch bis in die Altstadt laufen, wollte man ein Bier trinken ... Die 150 Quadratmeter große Verkaufsstelle in Merkers, das Therapieschwimmbecken in Bad Liebenstein, die zwölf neuen Schulräume in Dermbach, der Jugendklub in Allendorf, das Club-Kino in Salzungen ... Alles sei in den letzten drei Monaten fertig geworden ...

Und wenn wir beide im nächsten Jahr wieder liefen, könnte er mir wahrscheinlich erzählen, daß die meisten Probleme, über die sie sich jetzt den Kopf heiß reden, erledigt wären, aber neue ...

Kurz vor 22 Uhr sagt HDF: »Sei mir nicht böse, wenn ich dich jetzt rausschmeiße, ich muß noch die Vorlagen für die Sekretariatssitzung am Freitag durcharbeiten, morgen abend ist keine Zeit, morgen tagt das ZK ...«

Er bringt mich bis auf die Straße, zeigt mir, in welcher Richtung ich das Neubauviertel am schnellsten durchquere. »Wenn du flink gehst, bist du in 40 Minuten am Leninplatz.«

Wahrscheinlich hätte ich als Erster kraft meines Amtes ein Auto bestellt oder ein Taxi gerufen.

Ich versuche abzukürzen, doch im Tal des Neubaugebietes fließt ein Bach. Ich suche in der Dunkelheit ein Brett und balanciere darauf über das Wasser.

Ingrid Fritschler, 46, die Frau des Ersten

Schon der erste Besuch bei Hans-Dieter in Hildburghausen, er war damals FDJ-Instrukteur, hätte mich stutzig machen müssen. Ich war zweiundzwanzig und, wie man so sagt, ein schüchternes Mädchen vom Lande, noch nicht weit gereist. Um Hans-Dieter zu sehen, war ich von Altenburg bis nach Hildburghausen fast einen Tag lang unterwegs. Als ich endlich auf dem fremden Bahnhof stand, war mein Hans-Dieter nirgendwo zu sehen. Er hatte nur einen jüngeren Bruder geschickt, und der sagte, Hans-Dieter wäre zur Zeit unabkömmlich in der Kreisleitung.

Das hätte mir eine Warnung sein müssen, aber wer achtet darauf, wenn er verliebt ist ...

Kennengelernt haben wir uns an der Ostsee, in Binz, im »Schuppen«. Das war eine Tanzgaststätte, eigentlich für Armee verboten. Hans-Dieter diente damals in Prora, und ich arbeitete in der Kammgarnspinnerei Altenburg. Der Betrieb besaß in Binz ein Urlaubsquartier. Am Strand traf ich einen Jungen aus meinem Heimatdorf, der war auch in Prora Soldat, lud mich in den »Schuppen« ein und sagte: »Bringe deine Freundinnen mit, ich organisiere noch paar Soldaten.« Wir trafen uns abends, aber weil die Jungs von der Armee an der Bar keinen Alkohol bekamen, sagte mein Bekannter: »Hol du was, wir bezahlen!« Das hat Hans-Dieter mir danach immer vorgehalten. »Da kommt ein schönes Mädel, bringt was zu trinken, Mensch, denk ich, die is' in Ordnung, und als ich ausgetrunken habe, sammelt sie das Geld ein!«

Er brachte mich nach Hause, aber da war weiter nichts, früher waren wir nicht so schnell wie die jungen Leute heute ... Wir haben nur geredet, und reden konnte er. Groß und kräftig war er nicht, er hat bei der Kraftsportgruppe der Armee immer nur obenauf gestanden – aber reden konnte er, was der alles erzählt hat, wie sie 100 Kilometer in stockdunkler Nacht irgendwohin gefahren und ohne Essen abgesetzt wurden und unentdeckt wieder zur Kaserne zurückfinden mußten. »Da finde ich dich auch, ich besuche dich mal unten in deinem Dorf«, sagte er. Dann schrieb er ab und an, und als er mich wirklich das erste Mal besuchen wollte, ist er nicht bis zu uns gekommen. Er traf einige Kumpels im Zug ... und viel verträgt der Hans-Dieter ja heute noch nicht.

Er schrieb tröstend, daß er am Heiligen Abend zu mir käme! Bei uns zu Hause gab es am Heiligen Abend immer Kartoffelsalat und Bockwurst. Danach ging die Familie zum Krippenspiel in die Kirche. Schließlich versammelten wir uns unter dem Tannenbaum, sangen Weihnachtslieder und beschenkten uns. Als der Zug längst wieder abgefahren war, warteten wir immer noch auf ihn. Er war auf dem falschen Bahnhof ausgestiegen und klopfte erst spät nachts an die Tür. Meine Mutter hat ihm zum Schlafen das Sofa in der Stube gerichtet ...

Ich bin im März 1941 in Boderitz, einem Dorf bei Altenburg, geboren. Im gleichen Jahr ist mein Vater gefallen, er hat mich nie gesehen. Um die Kinder und sich nach dem Krieg durchzubringen, hat die Mutter für die Leute im Dorf genäht. Manchmal bekam sie dafür eine Tüte Mehl, davon machte sie einen Brotaufstrich, den wir Fett nannten: Mehlschwitze mit gebratenen Zwiebeln und Majoran. Wir Kinder mußten Ähren lesen; die Körner drehten wir durch, und Mutter kochte eine Suppe. Später haben wir aus Zuckerrüben Sirup gekocht. Wir waren bescheiden, und wir konnten uns noch freuen, beispielsweise über den ersten Lutscher.

Worüber freuen wir uns heute, ich meine, so eine Freude, bei der das Herz lacht. Freuen wir uns über einen Farbfernseher? Nein, der gehört doch dazu. Macht unser Überfluß die Freude kaputt? Aber arm sein, nur damit die Kinder wieder das Sich-Freuen-Können lernen?

Als wir ein Vierteljahr nach Dianes Geburt heirateten, haben wir von einem Lohn zum anderen Lohn gelebt. Am 2. Januar 1966 bin ich nach Hildburghausen gezogen. Diane ließ ich noch bei meiner Mutter, aber das war wohl falsch, denn dort in Hildburghausen war ich plötzlich mutterseelenallein. Ich hätte nie gedacht, daß ich so sehr an meiner Arbeit hängen würde. Zehn Jahre habe ich als Spinnerin gearbeitet, und nun stand ich da wie eine Ungelernte, versuchte es mit der Näherei. In Altenburg haben mich die Kollegen geachtet, ich war eine gute Facharbeiterin, schon als Lehrling die Beste, ließ selten einen Faden abreißen.

In Hildburghausen jedoch war ich ein Niemand. Hans-Dieter hingegen hatte hier seine Schulfreunde, seinen Fußball, seine Arbeit – er hatte alles –, nur keine Zeit für die Familie. Und dann ging er zur Jugendhochschule, und ich saß allein mit dem Kind zu Hause und heulte manchmal wie ein Schloßhund. Ich hatte mir so viel vom Leben erhofft, schlecht sah ich nicht aus ... Einige Male packte ich schon den Koffer und wollte wieder nach Hause fahren.

Nach der Geburt von Sandro – da war Hans-Dieter schon 1. Sekretär der FDJ-Kreisleitung – hat er mir eine Arbeit vermittelt. Das war das einzige Mal, daß er mir etwas vermittelt hat: Werkstattschreiberin im Schraubenwerk. Und dann schickte man den Hans-Dieter nach Berlin, erst drei Jahre zur Parteihochschule und anschließend noch ein Jahr zur Vorbereitung der Weltfestspiele. Da war ich mit zwei Kindern wieder allein ...

Dann die acht Jahre in Suhl, das waren gute Jahre. Da haben wir uns eingerichtet, und ich konnte sogar als Lohnrechnerin im Fajas arbeiten. Aber an einem Vormittag, ich weiß noch, ich lag mit Grippe im Bett, kam Hans-Dieter nach Hause. Ich staunte, denn er gehört nicht zu den Männern, die sich für ihre Frauen umbringen, wenn die mal krank sind. Er war auch gar nicht gekommen, um mich zu fragen, ob das Fieber gesunken sei, sondern um mir zu sagen, daß die Partei ihn als Ersten nach Bad Salzungen schicken wolle.

Und hier nun, irgend etwas mußte ich ja machen, arbeitete ich zuerst im Kaltwalzwerk in der Abteilung Ordnung und Sicherheit. Ich mußte seitenlange Berichte abtippen, aber was andere in vier Stunden schafften, das schrieb ich mühsam in zwei Tagen. Jetzt bin ich in der Arbeiterversorgung und rechne Essenmarken ab.

Manchmal denke ich, daß ich in der Kammgarnspinnerei in Altenburg vielleicht glücklicher wäre. Ich würde vornan stehen in der Mehrmaschinen-Bedienung, vielleicht würde ich ausgezeichnet werden ...

Der Umzug von Suhl nach Salzungen war noch schwerer als der von Boderitz nach Hildburghausen. Damals war ich ein Niemand unter Fremden, aber hier wurde ich ein besonderer Jemand unter Fremden. Das erste Mal mußte ich repräsentieren. Und bei Empfängen gucken die Leute schon mal, was für eine das ist, die Frau vom Ersten. Aber ich bin nichts anderes und lebe nicht anders. Ich stehe frühmorgens als erste kurz vor fünf Uhr auf. Nach mir geht Sandro ins Bad. Um 5.30 Uhr muß ich weg, da fährt der Bus. Zur gleichen Zeit steht Hans-Dieter auf. Er trinkt im Stehen in der Küche eine Tasse Milch mit Trink-Fix. Ich esse meist früh einen Happen, dafür trinke ich mittags im Betrieb nur einen Kaffee. Schön ist es, wenn Hans-Dieter am Sonnabend früh nicht sagt: Ich muß gleich wieder weg! Dann frühstücken wir in aller Ruhe. Manchmal kommt er freitags schon am Nachmittag nach Hause. Ich habe dann meist frische Wurst und Kuchen eingekauft, dann gibt's Kaffee und Abendbrot in einem ... Besondere Gewohnheiten haben wir nicht. Wir frühstücken nicht wie Intellektuelle im Bett und stehen dann erst mittags auf ...

Ich tanze gern, aber Hans-Dieter ist die ganze Woche unterwegs, da will er wenigstens am Sonntag seine Ruhe. Soll ich ihn da drängeln: Komm, wir gehen aus! Ich habe mir auch abgewöhnt, an Wochentagen vorwurfsvoll zu jammern: »Du kommst heute abend ja wieder so spät.« Schließlich war er nicht in der Kneipe! Ich kann es schon nicht mehr hören, wenn Frauen wehklagen, daß ihre Männer einmal spät von einer Versammlung zurückkommen. Manchmal sage ich ihm: Die Frau eines Arbeiters ist besser dran, wenn der Feierabend hat, dann hat er auch Feierabend und Zeit für die Familie. Aber bei uns ... Und dann denken manche noch, na ja, die Fritschlern, die hat's gut, die kriegt doch alles! Natürlich könnte ich, wenn alle Welt schon frische Gurken ißt, zu Hans-Dieter sagen: Besorg doch auch welche! Aber das macht er nicht. Wenn ein Handwerker zum GHG fährt und kommt dort mit einer Stiege Pfirsiche raus, da ist das seine Sache, da sagt keiner was. Doch wehe, der 1. Kreissekretär würde mit einer Stiege aus dem GHG kommen, das wäre wie ein Lauffeuer rum in der Stadt ...

Und als es mal eine Zeitlang wenig Butter gab und die Leute wie die Rohrspatzen schimpften, da aß mein Hans-Dieter eben wortlos Margarine, obwohl er die für den Tod nicht mag.

Was die Einkauferei und die Dinge des Alltags betrifft, das bleibt wirklich alles an mir hängen. Manchmal lasse ich dann Luft ab, schimpfe, daß er die tägliche Kleinarbeit nicht mehr kennt, ihm würde ja in seinem Büro alles mundgerecht serviert: Zeitungen, Post, Telefonanrufe, Zuarbeiten ... Aber dann entschuldige ich mich sofort im Stillen, denn der Vorwurf ist ungerecht, er tut's ja nicht aus Bequemlichkeit. Zu Hause, wenn er Aufwaschdienst hat, wäscht er auch auf, und Hemd und Hose legt er auch dann noch ordentlich zusammen, wenn er mal beschwipst ist. Und manchmal, wenn er aus Suhl kommt, sitzt er wortlos im Sessel, eine halbe Stunde oder länger. Auch Schläge muß er meist ohne Murren einstecken.

Als ich Hans-Dieter heiratete, ahnte ich nicht, was in der Ehe auf mich zukommt, daß ich nie die Handelnde bin, sondern immer nur auf das Handeln anderer reagieren muß. Ich ängstige mich oft, ob seine Kraft für seine Arbeit ausreichen wird. Er rennt zwar, aber fast jedes zweite Jahr wird er operiert. Abends sitzt er vor seiner dicken Mappe und arbeitet, und ich werde schon vom Zuschauen müde. Da frage ich mich, wovon ich müde werde, und dann gehe ich ins Bett, und er sitzt immer noch. Wenn ich in der Badewanne sehe, daß ihm die Haare wieder bündelweise ausgegangen sind, dann weiß ich, daß er wieder große Sorgen hat.

Und wenn Hans-Dieter einen Orden bekommt, sitze ich im Festkleid hinter ihm.

DONNERSTAG, 20. NOVEMBER
Heilige Kühe

Wir werden heute in das Immelborner Hartmetallwerk fahren, ohne zu wissen, weshalb der Export für die hierzulande dringend benötigten Werkzeuge auf 150 Prozent gesteigert werden soll, denn Generaldirektor Lesser hat sich nicht gemeldet, und den Minister kann der Erste jetzt nicht anrufen, der sitzt in der 3. Tagung des ZK ... HDF erkundigt sich im Vorzimmer, ob für die Auswertung der 3. Tagung das Übliche eingeleitet worden sei. Die Bezirksleitung wolle die Stellungnahmen per Fernschreiben am Sonnabend oder Sonntag haben. Manche Patrioten hätten die Stellungnahme ja sowieso schon fertig: »... begrüßen die Ausführungen des Genossen ... auf der 3. Tagung ... weiter voran auf dem bewährten Kurs des XI. Parteitages ... Einheit von Wirtschafts- und Sozialpolitik ... verpflichten uns, die IWP vorfristig ...«

Ich frage den Ersten, ob er annimmt, daß schlechter gewählt würde, wenn am Wahltag nicht Hunderte begrüßende Stellungnahmen an den Kreis geschickt würden, und daß in den Betrieben schlechter gearbeitet würde, wenn nicht am Tag nach dem Plenum jede fünfte Brigade eine Stellungnahme schreiben müßte.

Der Zweite sagt: »Gearbeitet und gewählt würde nicht schlechter.«

»Aber?«

»Je weniger Stellungnahmen, um so schlechter das Bewußtsein im Kreis ... Denken manche!«

HDF mischt sich nicht ein. Er war heute früh schon beim Zahndoktor. Wurzel abschleifen. Sondermaßnahme!

Ich frage, ob er Angst vor dem Zahnarzt habe.

Er sagt: »Sehe ich wie ein Held aus?«

Im Auto erläutert er mir das Programm für Immelborn. Vorgesehen sind Gespräche mit Parteisekretär und Betriebsleiter, außerdem eine Diskussion mit den Agitatoren des Betriebes ... Agitation, das sei für ihn nicht nur Reden, zur Agitation gehöre auch Zuhören-Können. Wie sonst könne der Agitator wissen, worüber die Kollegen, die er agitieren solle, sprechen? Außerdem sei Agitation nicht Überreden, sondern Überzeugen, denn Überreden hätte den gleichen Effekt, als ob man ein Loch im Wasserkessel mit Wachs flicken würde. Im Moment sei er zwar dicht, aber sobald man ihn auf das Feuer stelle ...

Bei diesem Vergleich erinnert sich der Erste an den undichten Wasserhahn zu Hause, er bittet den Fahrer, eine Dichtung zu kaufen. Aber nur eine Dichtung, mahnt er, keinen kompletten Hahn, den habe man ihm schon in Salzungen andrehen wollen.

Im Betrieb geht HDF mit dem Parteisekretär zum Betriebsleiter. Mir zeigt Helmut Dell, einer der Agitatoren und stellvertretender Meister, wie aus Pulver Hartmetall geformt wird.

Wolframtrioxyd, das Ursprungspulver, ist gelb, und ich stelle mir vor, wie schön all die Hartmetallplättchen für Meißel und Drehstähle aussähen. Aber die leuchtende Schönheit taugt nicht für die nötige Gebrauchshärte, und deshalb wird in riesigen Tunnelöfen das Gelb, der Sauerstoff, verbrannt. Heraus kommt reines, aber unansehnlich graues Wolfram, das in großen Trommeln mit Spezialruß gemischt wird. Alle, die an diesen rotierenden Ungetümen arbeiten müssen, verwandeln sich beim Füllen der Trommeln in rußschwarze Schornsteinfeger.

In der BRD nähmen sie für diese Dreckarbeit nur Türken, erklärt mir Helmut Dell. Die Arbeiter im Mischraum hätten verlangt, daß eine neue Technologie für das Füllen und Mischen entwickelt werde, auch wenn sie, betriebswirtschaftlich gesehen, uneffektiv sei. Zur Parteiwahlversammlung wollen sie deshalb den Genossen Hans-Dieter Fritschler einladen, der solle ihre Forderung unterstützen ...

Das nun schwarze Pulver wird zuerst zu Kugeln gerollt, die sich, in Öfen gebrannt, mit Kohlenstoff anreichern. Danach wird es wieder gemahlen und mit Paraffin gemischt. Dieses Pulver transportiert man dann in Milchkannen (!) an den Ort seiner Verformung, in den Pressenraum. Dort sitzen Frauen an vorsintflutlichen Pressenungetümen, wiegen das Pulver wie Apothekerinnen milligrammgenau ab, füllen es portionsweise mit Kaffeelöffelchen in winzige Löcher des Pressentisches, drücken mit beiden Händen den Auslöser, bis der zentnerschwere Stempel heruntersaust und das Pulver zu Rundstiften, Sägezähnen, Gleitlagern oder Hartmetallplättchen verdichtet.

Im gleichen Raum, in dem die Frauen mit Apothekerwaage, Löffelchen, Fingerspitzengefühl und Ellenbogendruck beispielsweise 100 Rundstifte in 65 Minuten pressen müssen, stehen zwei computergesteuerte, plexiglasverkleidete Maschinen, die all das automatisch und ungleich schneller tun und die sogar den Ausschuß akkurat aussortieren. Technischer Höchststand aus der BRD.

»Aber es sind eben erst zwei Maschinen«, sagt Dell. Mehr könne man sich noch nicht leisten, und deshalb müssen die Frauen weiterhin an den alten Pressen sitzen.

Im Fegefeuer von Sinteröfen wird den Hartmetallen dann das Paraffin wieder herausgebrannt. In großen Metallkisten – wahrscheinlich sind sie einige Zentner schwer – zerren Arbeiter die Bohrplättchen dann zum Schleifen und Beschriften. Diese Art des Transportes, die vor der Erfindung des Rades üblich gewesen sein muß, hatte ich schon im Mischraum gesehen. »Es fehlen Gabelstapler, wir haben seit Jahren keine neuen bekommen«, schimpft der Agitator Dell. Aber eine automatische Anlage zum Schleifen von Wendelplatten haben sie erhalten, entwickelt von den Meuselwitzer Maschinenbauern. Zur Zeit laufe sie am Tag jedoch kaum fünf Stunden, sagt Dell. Aber wenn sie laufe, schaffe sie minimale Toleranzen wie keine andere vergleichbare Maschine. Die Meuselwitzer beschimpfen, weil die Anlage zur Zeit noch mehr stände als arbeite? Nein, es habe viel Mut dazu gehört, so eine Maschine, die noch nirgends auf der Welt gebaut wird, zu konstruieren … Aber durch Berichte aus Zeitung und Fernsehen informiert, bildeten wir uns ein, daß in der DDR ein Automatisierungsvorhaben sofort wie ein geölter Blitz laufen müßte …

Zum Schluß zeigt mir Helmut Dell die Isostatikabteilung, wo die Werkzeuge in Stahlmänteln mit rund 1000 atü heiß in Argongas oder kalt in einer milchig-weißen Öl-Wasser-Brühe superhart nachverdichtet werden. Sobald die Stahlmäntel porös werden – und das ist bei 1000 atü nicht selten –, müssen neue importiert werden, doch die Genehmigung dafür bleibe oft Monate aus … Neulich habe die Isostatik deshalb zwei Monate gestanden, da könnten sie im Mischraum, an den Pressen und beim Schleifen arbeiten wie die Heftelmacher, aber trotzdem werde der Plan nicht sortimentsgerecht erfüllt.

Er sagt weise: Es dauert eben seine Zeit, bis aus Pulver, das einem durch die Finger rinnt, Metalle entstehen, die Stahl schneiden können.

Von der Exportsteigerung weiß Helmut Dell nichts. Diese Zahlen kämen von oben, was solle man im Mischraum darüber diskutieren. »Wir reden nur über Sachen, von denen wir was verstehen. Das mit den Planzahlen und ihren Veränderungen begreift doch kaum der Betriebsdirektor.«

Im Zimmer des Parteisekretärs geht es schon um Planzahlen. Der Betriebsdirektor Rudolph – er hat die Statur eines Boxers – mustert mich ungewöhnlich neugierig und schaut mich immer wieder an, während er HDF die Situation im Betrieb erläutert.

Bis Mai haben sie gut im Rennen gelegen, doch nach der Havarie in der Isostatik sei ihre Verpflichtung, der 3 Tage IWP-Vorsprung, immer weiter geschrumpft. Kombinate und Kreisleitung mahnten jede Woche, daß die IWP, einschließlich der drei Tage, unter allen Umständen zu bringen sei. Unter allen Umständen, denn der Kreis hätte sich zu drei Tagen verpflichtet. Um die IWP zu halten, habe es nur noch die Möglichkeit gegeben, große Teile mit hohem Materialwert zu pressen. Aber die Maschinenbaubetriebe brauchten vor allem kleine Wendeschneidplatten, Plättchen für Bohrer und Meißel – Pfennigartikel, mit denen die IWP immer weiter gesunken sei ...

Der Betriebsdirektor fragt mich unvermittelt: »Scherzer heißt du? Mit Vornamen Landolf?«

Ich nicke.

Wahrscheinlich habe er damals falsch entschieden, es nicht verantworten wollen, daß die IWP-Erfüllung abgebaut wird. Er habe deshalb ...

»Sag mal«, er hört mitten im Satz auf, »bist du nicht der Scherzer Landolf aus Lohmen? Der als Kind im Uttewalder Grund vom Felsen gestürzt ist? Ich trug dich doch damals nach Hause. Ihr habt über uns gewohnt, der Rudolph-Kaufmann, der Lebensmittelhändler, war mein Vater.«

Ich erinnere mich. Hans-Jörg Rudolph, der, wie man im Dorf sagte, mißratene Sohn, der Vagabund, der Abenteurer, der mit sechzehn von zu Hause weglief und nie zurückkam, weil er kein Krämer werden und auch nicht am Sonntag mit den Eltern in die Kirche gehen wollte ...

Er war es auch, der mich am 17. Juni – Mutter heulte, weil Vater in Potsdam-Babelsberg Staat und Recht studierte – tröstete: ›Deinem Vater passiert nichts, die Russen haben doch Panzer.‹

Lange wurde im Dorf noch über den aus der Art geschlagenen Hans-Jörg geredet. Er sei an die Küste gegangen, auf die Werft, später zur Armee ...

Und nun hier Betriebsdirektor?

Ja, er habe noch studiert, dann viele Jahre den Kombinatsbetrieb in Sebnitz geleitet, und vor zwei Jahren sei er sozusagen über Nacht hierher kommandiert worden ...

»Immer noch ein Abenteurer?«

Er lacht. Ein Partisan – Partisan sei wohl das treffendere Wort.

»Die Entscheidung, auf Teufel komm raus die IWP zu bringen, ist falsch.« Und zu HDF: »Sag doch zu mir, pfeif erst mal auf den IWP-Vorsprung, produziere das, was die Maschinenbaubetriebe brauchen, auch wenn es weniger IWP bringt! Wir stehen das zusammen durch.«

Aber die IWP, diese heilige Kuh! Am Jahresende beginne dann der Papierkampf um das nachträgliche Absenken des Planes, möglichst so, daß die drei Tage IWP-Vorsprung wieder herauskommen. Das erinnere ihn immer an einen 100-Meter-Lauf, den man klar verloren habe, aber in dem man sich nachträglich zum Sieger erklären lassen wolle, weil man nachweisen könnte, daß einen auf der Aschenbahn ein Grasbüschel behindert hätte. Und das mache nicht nur er. Manche Leiter konzentrieren sich mehr auf den Kampf um die Absenkung des Planes als auf den Kampf um die Planerfüllung. Denn die Arbeiter, so die Argumentation, sollten am Jahresende nicht für unreale Pläne, Ausfälle und Materialschwierigkeiten durch weniger Prämie büßen. Aber vielleicht sollten sie es merken, dann würden sie sich nämlich aufregen, auch über unreale Pläne, Ausfälle, über nicht geliefertes Material ...

Hans-Jörg Rudolph entschuldigt sich, er habe heute keine Zeit, um in Ruhe über diese Fragen zu reden, in zwei

Stunden müsse er zu schwierigen Vertragsverhandlungen in die BRD fahren.

... 150 Prozent Exportsteigerung, nicht abgestimmt mit dem Bedarf hierzulande, vom Kombinat wahrscheinlich nur gleichmäßig mit der Schöpfkelle verteilt, weil der Stammbetrieb die vom Ministerium zu sehr gesalzene Exportsuppe nicht allein auslöffeln könne, das sei natürlich keine Lösung. »Aber sagen wir mal, ich würde versuchen, Verträge für teure Gleitkerne oder kaltgepreßte Wellen abzuschließen. In unserer Isostatik haben wir beispielsweise eine 1,20 Meter lange, 85 mm dicke Welle aus Hartmetall gepreßt. Die mußten wir vordem für eine viertel Million in den USA kaufen ... Wenn wir es schaffen, ein paar Millionen Mark Devisen zusätzlich zu erwirtschaften, könnten wir dafür noch einige dieser Hochleistungspressen in der BRD und Gabelstapler kaufen ... Alles in Eigenverantwortung! Ich könnte mich also nicht mit fehlenden Ministeriums-Freigaben für Gabelstapler und mit vom Kombinat nicht rechtzeitig gekauften Isostatik-Mänteln entschuldigen ... Ich müßte es allein entscheiden und allein verantworten. Und wenn es dann mit der Planerfüllung nicht klappt, dann hat es wirklich nur an uns, an der Betriebsleitung, an mir, dem Betriebsdirektor, gelegen, nicht am Kampfrichter!«

HDF fragt: »Nimmst du einen Fahrer mit?«

Nein, er fahre allein, er sei zu Verhandlungen bis nach Jugoslawien selber gefahren, habe – wenn es brandeilig war – auch schon im Auto geschlafen ...

Als wir zum Treff der Agitatoren gehen, sagt der Erste: »Das ist noch ein Kämpfer, dem ist es egal, ob ihn die Leute mögen oder nicht. Er setzt meist durch, was durchgesetzt werden muß.«

Helmut Dell spricht als erster der Agitatoren. Wegen der fehlenden Gabelstapler könne man in einigen Abteilungen nicht pünktlich mit der Arbeit beginnen. Und wenn er dann mit dem »ND« in der Hand agitieren wollte, würden ihn die Kollegen aus der Meisterbude hinausjagen. »Bring uns einen Gabelstapler, damit wir arbeiten können, dann brauchst du nicht mehr zu agitieren!« Er habe übrigens einige Kollegen im Mischraum gefragt, ob wir das Geld im Staatssäckel für Ehekredite und ähnliche Vergünstigungen oder für neue Gabelstapler verwenden sollten. Die meisten, auch junge Kollegen, haben für Gabelstapler gesprochen, damit sie wieder arbeiten könnten, wie es sich für Arbeiter gehörte.

Ein anderer Agitator fragt, wer sich denn noch Gedanken darüber mache, wieviel Strom, Wasser, Brot und Kartoffeln wir hierzulande vergeuden, daß wir Brot sogar an Haseküh verfüttern, weil es so billig ist. Vielleicht wäre es für die Gesellschaft besser, die Preise für Brot, Strom, Wasser, Kohlen usw. nicht mehr zu stützen! Dann würden wieder alle lernen sparsam zu sein. Und den Rentnern könnte man dafür einen Ausgleich zahlen.

Der nächste Agitator berichtet, daß sie in der Brigade über die Vergiftung des Rheins gesprochen haben. Einhellige Meinung: Der Profit ist im Kapitalismus wichtiger als die saubere Umwelt! Aber da sei ein Kollege aus Barchfeld aufgestanden, der habe aufgezählt, welche Gifte aus der Galvanik in die Vorfluter fließen. Jetzt sei die neue Halle für die Ölpumpenkette eingerichtet, aber die Abwässeranlage werde erst nach dem Produktionsbeginn gebaut ... Die Produktion von Ölpumpenketten, diese IWP müsse unter allen Umständen kommen, habe ihm der Betriebsdirektor gesagt, da könne man nicht warten, bis die Kläranlage ... Und der Barchfelder Kollege fragte mich: »Welcher Leiter, der vor die Entscheidung gestellt wird, die IWP zu bringen, aber dafür die Umwelt weiter zu belasten oder die Produktion so lange zu stoppen, bis meinethalben eine Kläranlage gebaut ist, würde sich gegen die IWP entscheiden?«

Der Agitator schaut HDF an. Und der Erste sagt: »Ich würde mich auch zuerst für die IWP entscheiden. Denn wenn wir die nicht bringen, haben wir auch kein Geld, um Kläranlagen zu bauen.«

Von diesem salomonischen Urteil abgesehen, sagt HDF während des Agitatorentreffs kaum ein Wort. Auf dem Weg zum Auto frage ich ihn: »Du warst heute so schweigsam?«

Ja, sagt er, man müsse manchmal auch nur zuhören können.

Peter steht auf dem Parkplatz. Er hatte in allen Fachgeschäften nachgefragt. Dichtungen für Wasserhähne habe es nicht gegeben, nur komplette Hähne. »Entweder du baust dir die Dichtung aus, oder wir montieren einen neuen Hahn. Kostenpunkt 12,40 Mark.«

HDF will protestieren, der Hahn sei noch in Ordnung, entgegnet dann aber nichts, nimmt den Hahn und sagt: »Also erfüllen wir die IWP bei Wasserhähnen.«

Helmut Dell, 32, stellvertretender Meister im Mischraum des VEB Hartmetallwerk Immelborn, Held der Arbeit

Wieviel am Helden dranhängt? Genau 30 Minuten. Ich war damals Leiter der Jugendbrigade, die alle Kollegen im Bezirk aufgefordert hatte, 30 Minuten Arbeitszeit einzusparen. Wir haben es vorgemacht.

Hier im Dorf gucken die Leute auf jedes und jeden. Hier kann man in der Woche nicht fünfmal fremdgehen oder in der Kneipe liegen, hier gilt das Vorbild noch etwas.

Ich stürmte viele Jahre als Rechtsaußen in der DDR-Liga bei Kali Werra Tiefenort. Am Montag konnten alle im Bezirk in der Zeitung lesen, ob der Dell und die anderen am Sonntag eine gute oder schlechte Leistung gebracht haben. Stell dir vor, das würden wir auch mit der Arbeit von Brigaden, Ingenieurkollektiven, Betriebsleitungen und Stadträten so halten.

Wir Genossen müssen ehrlicher sein … untereinander.

1974 fing ich als Schichtarbeiter an. Gelernt hatte ich Zerspaner, aber im Mischraum hier fehlten Arbeiter, die etwas vom Metall verstanden. Man hatte Bierbrauer und Langholzfahrer eingestellt.

Ich züchte Zwerghühner. Bin DDR-Sieger.

1979 gründeten wir im Mischraum eine Jugendbrigade. Sie war lange Zeit die beste im Betrieb. Wir erhielten Auszeichnungen in Suhl und Berlin.

Die Bezirkszeitung schrieb, daß wir Immelborner die Schlüsseltechnologien schon heute meistern. Der Beweis seien zwei computergesteuerte Hochleistungspressen, die die Arbeitsproduktivität überdurchschnittlich erhöhen. Jeder, der das las, dachte stolz, daß diese Pressen auf unserem Mist gewachsen sind.

Was am Heldentitel dranhängt? Ehrlichkeit und mehr arbeiten als reden. Wir haben die 30 Minuten nicht aufgeschrieben, sondern wirklich eingespart.

Ich mußte mich entscheiden zwischen Meister im Betrieb oder Liga-Fußballer bei Kali. Ich bin zur Meisterschule gegangen.

Ich erhole mich am liebsten im Wald, mutterseelenallein und in aller Herrgottsfrühe.

Wir haben selbst so wenig Drehstähle, daß manche Kollegen aus unserer Werkstatt Drehstähle klauen, die wir exportieren wollen.

Über Probleme zu schweigen, die einem nicht angenehm sind, das ist auch eine Art Lüge. Man kann schwindeln, ohne ein Wort zu sagen.

Wenn ich die Fenster in unserem Haus streiche, muß ich alles selbst bezahlen. In den Neubaublocks, die mit dem von uns erarbeiteten Geld gebaut worden sind, erhalten die

Bewohner Farbe kostenlos und obendrein für die Pinselei 5 Mark pro Stunde.

Warum schreiben wir nicht: Die zwei neuen Hochleistungspressen stammen aus der BRD und sind Weltspitze. Das ist zwar Reklame für die BRD-Technik, aber dann verstehen alle, daß die Dinger keine Minute stehen dürfen, damit die Devisen, die wir dafür bezahlt haben, möglichst schnell wieder hereingeholt werden.

Als Agitator muß man frei sprechen können. Wenn ich nur vom Blatt ablese, brauche ich bei meinen Kollegen gar nicht erst den Mund aufzumachen.

Von den 37 Mitgliedern unserer Jugendbrigade sind mittlerweile nur noch sieben unter fünfundzwanzig, aber wir wollen nicht wieder auseinandergehen. Seit 10 Jahren arbeiten wir gut zusammen.

Was am Titel Held der Arbeit dranhängt? Arbeit. Und das Geld? Mein Geld steckt in unserem Haus, das wir ausgebaut haben. Ich habe keine Neubauwohnung geschenkt bekommen. An so einer Neubauwohnung hängt – wenn du alles zusammenzählst – noch mehr dran als am Helden der Arbeit.

FREITAG, 21. NOVEMBER
Einsichtige Kripo

Vor dem ersten Fleischerladen der Ernst-Thälmann-Straße steht mit weißer Kreide auf schwarzer Tafel, daß heute »Weißwürste nach bayrischer Art« verkauft werden. Der zweite Fleischer dieser Straße verspricht sogar »Weißwürste nach original bayrischer Art«, und der Bäcker bietet »Lebkuchen Nürnberger Art« an. Noch vor einigen Jahren hatten übereifrige Salzunger Handelsfunktionäre für die bayrische Weißwurst und die Nürnberger Lebkuchen neue Namen erfinden wollen, schließlich lebe man hier in der Deutschen Demokratischen Republik und nicht im Freistaat Bayern.

Bayern ist 30 Kilometer entfernt. Luftlinie. Sonst ist es sehr, sehr viel weiter ...

Für den heutigen Freitag hat die Nationale Front in der Kreisstadt einen »Tag der massenpolitischen Arbeit« organisiert. HDF kann mir nicht erklären, ob an solch einem Tag eine Masse Politik gemacht werden soll, oder ob die Masse Politik macht ... Auf alle Fälle Beratung des Sekretariats der Kreisleitung mit der Parteileitung vom Rat der Stadt. Besuche und Gespräche der leitenden Funktionäre in den einzelnen Wohngebieten, abends Familiengespräche.

HDF, der Ratsvorsitzende Eberhard Stumpf und der Bürgermeister inspizieren zusammen mit Bauleuten und Wirtschaftsexperten die Innenstadt. Die erste Baustelle gegenüber dem Rathaus ist fast 100 Meter lang. Dicke massive Betonwände und Platten, die zur Straßenseite offen sind, das künftige Erdgeschoß für ... HDF sagt »Wohnungen«, der Bürgermeister sagt »Kaufhaus«. Baustopp seit vier Wochen! Eberhard Stumpf nennt mir die genaue Bezeichnung: »Rekonstruktionswohnungen Rathausstraße 1-9 mit Unterlagerung.« Ich vermute: »Ein Kaufhaus mit Wohnungen drüber?« Eberhard Stumpf grient, das Wort Kaufhaus solle ich sofort vergessen, ein Kaufhaus hätten sie nie in den Bezirksplan hineinbekommen.

Also Wohnungen mit Unterlagerung – über die »Unterlagerung« ist man sich mit dem Bezirk einig, aber nicht über die Anzahl der Wohnungen. »Mindestens zwei Stockwerke für 18 WE«, sagen die Suhler. Die Salzunger fordern: »Nur ein Stockwerk mit 11 WE!«

Falls wirklich 18 Wohnungen daraufgesetzt werden müßten, könnte man nur dreistöckig bauen, sagt Eberhard Stumpf. Der Erste und der Bürgermeister versuchen sich die Höhe vorzustellen. Von dem Kirchturm dahinter werde dann kaum noch die Spitze zu sehen sein.

Wegen der Kirche sei ihm nicht bange, sagt HDF, obwohl sie die Salzunger Kirche nicht unbedingt zumauern müßten, wenn sogar in Berlin-Marzahn eine neue gebaut werde. »Aber was werden die Salzunger in 50 Jahren zu ihrem Markt sagen, wenn keiner mehr weiß, daß es Zeiten der Wohnungsnot gab?« Doch das Wohnungsbauprogramm sei beschlossen, und wenn die Partei gesagt habe, bis 1990, dann könne man im Bezirk Suhl nicht sagen bis 1991. Also müsse man die drei Stockwerke auf dem Markt bauen …

Da stellt sich eine junge Frau, von Beruf Architektin, vor die Gruppe und sagt sehr laut: »Ich brauche auch dringend eine Wohnung, wie dringend, will ich Ihnen gar nicht erst sagen, Genosse Fritschler. Aber nur wegen meiner und sechs anderer Wohnungen möchte ich nicht verlangen, daß hier ein dreistöckiger Klotz hingesetzt wird, der wie ein Elefant im Sandkasten auf dem Marktplatz hockt. Dann lieber noch ein paar Jahre auf eine Wohnung warten. Man sollte das in der Zeitung diskutieren. Oder baut in Merkers einen Block weniger, dann könnten wir hier auf diesen Gulliver verzichten.«

HDF unterbricht sie grob. Das mit Merkers sei noch nicht endgültig. Und was solle man in der Zeitung diskutieren, da der Parteitag klipp und klar beschlossen habe: Wohnungsbau, Wohnungsbau und nochmals Wohnungsbau. »Wir werden noch eine Runde mit dem Bezirk drehen, vielleicht akzeptieren sie die 11 WE …«

Als wir weitergehen, frage ich HDF: »Weshalb baut ihr nicht ein Kaufhaus, Verzeihung, eine Unterlagerung, ohne Wohnungen?«

»Dafür gibt es keine Genehmigung.«

»Und weshalb baut ihr dann nicht kleine originalgetreue Wohnhäuser in die Lücke?«

»Weil wir in der Kreisstadt kein großes Kaufhaus haben.«

»War das Projekt noch nicht fertig, ehe ihr anfingt zu bauen, oder weshalb erst jetzt diese Grundsatzdiskussion und der Baustopp?«

Das könne er mir nicht in einem Satz erklären, vielleicht nächste Woche, wenn wir mehr Zeit hätten …

Die HO-Speisegaststätte »Fortschritt«, die wegen Baufälligkeit gesperrt werden mußte, schauen wir uns von hinten an. Der Lehm bröckelt zwischen dem Weidengeflecht der Wände. Die Nachbarhäuser sind schon abgerissen. Wenn eine Wand fiel, stürzten gleich mehrere Häuser ein.

Der vielleicht fünfundzwanzigjährige Kreisbaudirektor Böse sagt: »Wir hätten die Altstadt eher sanieren müssen, schon vor 15 Jahren.«

Eberhard Stumpf: »Wie hättest du vor 15 Jahren damit anfangen wollen, da hast du doch auf der Schulbank noch das 1 × 1 gelernt.« Und einer aus der Runde ergänzt, daß wir nie die »Geldscheiße« hatten.

Auch heute noch nicht.

Dann wird beraten, wie die Speisegaststätte neu gebaut werden kann, ohne daß sie neu gebaut wird. Es gibt vom Bezirk kein Geld für einen Gaststätten-Neubau, nur eine »Renovierung« könnte planmäßig eingeordnet werden. Aber wenn man einen 10er Nagel zum Zwecke der Renovierung in die Balken schlagen wollte, würde der Küchentrakt vom »Fortschritt« wahrscheinlich einstürzen.

Vorschlag der Bauleute: Von hinten »renovieren«, ein Stück abreißen (von der Straße aus sieht man das nicht), ein Stück aufbauen, wieder ein Stück abreißen, aufbauen – so lange, bis nur noch die vordere Fassade stände, und die müßte dann in aller Eile abgerissen und neu gemauert werden. Und die neue Gaststätte wäre fertig, ohne daß sie im Plan als Neubau erscheinen müßte.

HDF zweifelt an der technischen Möglichkeit, außerdem sei ein kurzer Beschiß allemal möglich, aber so viele Monate Angst, daß keiner hinter die Fassade schaue, das werde der Rat nicht durchstehen. Lieber die Karten auf den Tisch!

Ich begreife, daß wir sehr viel über die grandiosen Möglichkeiten unserer Gesellschaft wissen. Doch was wissen wir von den Zwängen, den ökonomischen beispielsweise? Unsere Forderungen allerdings bemessen wir an den verkündeten Möglichkeiten, nicht an den verschwiegenen Zwängen …

Nun folgt die Besichtigung der Silge und des Nappenplatzes, des alten Zentrums der Salzunger Salinengewerke.

Salzungen, die Stadt der salzhaltigen Quellen, die heute nur noch zu Heilzwecken genutzt werden, besaß schon im 8. Jahrhundert ein Salzwerk, eine Saline. Das unansehnliche, erdrote Salz wurde jahrhundertelang in Siedehäusern und Pfannstätten, den Nappen, gesotten. In den Nappen, ein Chronist nennt sie »finstere Löcher unter der Erde, die meist mit Strohsäcken gedeckt waren«, verkochten die Salzknechte die Sole zu Salz. Bis zum 17. Jahrhundert standen die stinkenden, rußigen Nappen außerhalb der Stadtmauern … Die Besitzer der Nappen wohnten in den großen Bürgerhäusern am Markt, die Salzknechte bauten ihre Hütten in der Silge.

In der Silge sind manche holz- oder lehmverkleideten Häuschen wahrhaftig auf 2,50 Meter Breite zusammengequetscht. Sie stützen einander wie verwundete Soldaten nach der Schlacht. Die Fenster sind oft nur so groß, daß neugierige Hausfrauen lediglich die Köpfe hindurchzwängen können, aber meist geht das nicht, denn vor den Fenstern hängen Blumenkästen. In einigen blühen auch jetzt noch Geranien.

Der Bürgermeister erklärt dem Ersten, daß Teile der Silge abgerissen werden. Man wolle hier die Umgehungsstraße der F 62 bauen, also auf mindestens 30 Meter Breite alles wegreißen; rund 40 Wohnungseinheiten müssen dann »freigelenkt« werden.

Eberhard Stumpf gibt zu bedenken: »Dann haben wir hinter dem Nappenplatz zwar eine Straße, aber keine Stadt mehr. Könnte die Umgehungsstraße nicht auf der anderen Seite übers freie Feld geführt werden?«

HDF, der wahrlich kein Riese von Wuchs ist, muß sich bücken, als er durch eine der Türen in so ein Abrißhaus hineingeht. Er kommt sofort wieder aus der fensterlosen, dielenknarrenden Höhle heraus und sagt nachdenklich: »Wir rekonstruieren die schönen Bürgerhäuser am Markt, aber wenn wir die Silge abreißen, weiß in 50 Jahren niemand mehr, wie die Arbeiter, die Salzknechte, jahrhundertelang gelebt haben. Ich meine, wir sollten nicht die Armut erhalten, aber vielleicht den Baustil, das Viertel als Ganzes.«

Ein etwa achtzigjähriger Mann kniet auf dem Kopfsteinpflaster und kehrt vor seinem ordentlich gestrichenen Holzhaus mit dem Handfeger sorgfältig die Asche zusammen, die die Müllfahrer verschüttet haben.

Es ist hundekalt, und seit einer Stunde regnet es.

Am Nappenplatz sind einige Häuser schon renoviert. HDF kritisiert, daß es viel zu langsam vorangehe, und der Kreisbaudirektor entgegnet, daß sie zu wenig Bauleute haben, weil etliche in Berlin eingesetzt seien. Wir schauen uns eines der Häuser an, das zur Zeit von unten nach oben saniert wird. Im obersten Geschoß – schräge Dachwände, die Balken nicht verkleidet – entsteht aus dem Bodenraum eine 3-Zimmer-Wohnung. HDF fragt den Bürgermeister, ob dafür schon ein Mieter benannt worden sei. Wenn nicht, vielleicht könnte er dann tauschen mit seiner Wohnung oben im Neubaugebiet Allendorf, denn die sollte nur ein Provisorium für ein Jahr sein, inzwischen seien es schon vier Jahre geworden ...

Der Bürgermeister, sichtlich erfreut (obwohl der Erste

dann gleich neben dem Rathaus wohnt!), sagt: »1987 soll die Wohnung fertig werden, schau dir die Pläne an, vielleicht muß man noch etwas verändern?«

HDF taxiert die Zimmer. Das mit der schrägen Wand sei ein gutes Arbeitszimmer ... nein, verändern müsse man nichts.

Nach dem Rundgang bittet der Bürgermeister zum Mittagessen in den »Ratskeller«, kündigt »Steak nach Art des Hauses« an.

Doch HDF lehnt ab, er müsse noch einmal in die Kreisleitung.

In der Kreisleitung gibt es Salzkartoffeln, Salzgurken und versalzene Klops.

Vor der nachmittäglichen Auswertung des Stadtrundganges hetze ich noch zum Fleischer, hole mir Weißwürste nach original bayrischer Art. 1 Kilo für 9 Mark ... An der Tür zum Privatfleischer treffe ich den Bürgermeister. Er hält in der einen Hand einen Wassereimer, halb gefüllt mit Thüringer hausgemachtem Gehackten, das er einwecken will, und in der anderen Hand einen Brief, den er wahrscheinlich von der Frau bekommen hat, die mit geröteten Augen neben ihm steht und sich immer wieder in ein blauweiß-kariertes Taschentuch schneuzt. Das sei ein Attest vom Kreisarzt, sagt sie. Seit zwei Jahren sei sie allein, pflegebedürftig, die geschiedene Tochter wolle zu ihr ziehen, aber dann brauche sie eine 2-Zimmer-Wohnung ... Der Bürgermeister beruhigt, verspricht, sich persönlich darum zu kümmern, nächste Woche solle sie zum Sprechtag kommen ...

Als sie gegangen ist, sagt er mit verzweifeltem Aufstöhnen: »Kannst du dir vorstellen, daß sich gleich gegenüber in Fladungen oder Gersfeld ein bayrischer oder hessischer Amtskollege die Haare ausraufen möchte, weil Hunderte Bürger seiner Stadt Wohnungssorgen haben, und daß er sich im Innersten des Herzens verantwortlich fühlt für die,

die täglich schwer arbeiten? Wahrscheinlich interessiert ihn das einen feuchten Kehricht, denn die Leute seines Standes haben eine Wohnung. Aber unsereiner hier in diesem Land möchte mitheulen, wenn man nicht sofort helfen kann ...«

Auf dem Weg zum Rathaus erklärt er mir, wie man Weißwürste nach original bayrischer Art zubereitet. Auf keinen Fall kochen, nur ziehen lassen! Und bayrischen süßen Senf dazu, den gäbe es in der ČSSR ...

Während der Auswertung im Rathaus überfliegt der Erste im heutigen »ND« den aktuellen Bericht vom 3. Plenum des ZK. Wenn er umblättert, sieht man ihn nicht. Er liest, streicht an, hört den Diskussionssprechern zu, macht sich Notizen.

Nach einer halben Stunde fragt HDF, ohne dabei aufzuschauen, ob es noch Diskussionen gäbe. »Das ist offensichtlich nicht der Fall.« Diese Floskel, die ich in den 14 Tagen noch nie von ihm gehört habe, funktioniert wie überall sonst, keiner meldet sich mehr zu Wort.

Er habe ein bißchen im Plenum gelesen, eine der Aussagen passe wie maßgeschneidert zu dem Anliegen des heutigen Tages der massenpolitischen Arbeit: Die Bürger sollen sich wohlfühlen in unserem Land! Und zum Wohlfühlen, denke er, gehören nicht nur Brot, Butter, Fleisch und Fusel, sondern vor allem Wohnungen, Kinderkrippen, Altersheime ... Und nicht immer müßten es Neubauten sein, man sollte sich beispielsweise bei der Einweisungspolitik mehr Gedanken machen. Die Schulen und Kindergärten in den Neubaugebieten seien zuerst Jahre überfüllt, danach seien sie kaum noch ausgelastet, weil man nur junge Eheleute in die Neubauviertel geschickt habe. Dabei sei der Komfort dort für ältere Bürger mindestens genauso wichtig ... Und die jungen Leute sollten mit Hilfe der Betriebe in der Altstadt Eigenheime bauen, damit die Lücken verschwänden. Man könne die Altstadt nicht wie ein von Karies geschädigtes Gebiß vergammeln lassen, nur weil man Angst vor dem Zahnarzt habe und auf ein künstliches, vom Staat gespendetes Gebiß hoffe ... 17 Häuser der Innenstadt rekonstruiere man zur Zeit, acht seien fertig. Aber kein Grund zum Jubeln, sondern zum Weiterdenken. Man dürfe nicht nur hurra schreien wie seinerzeit über die vielen jungen Ehen, die Ehekredite, die neuen Wohnungen für junge Paare. Über all diesem Jubel sei die Scheidungsrate im Kreis auf Rekordhöhe geklettert. Nun müsse man einige Kollegen in das zum Kreis Meiningen gehörende Plattenwerk Walldorf delegieren, damit man zusätzlich Platten für ein Ledigenwohnheim, besser gesagt für ein Geschiedenen-Wohnheim erhalten könne. Oder die Garagengemeinschaft im Neubaugebiet. Dort hatten alle sehr schnell gearbeitet, zumindest so lange, bis das Auto eines jeden im Trockenen stand. Aber dann ging nichts mehr, dann war für die Autobesitzer die Messe gelaufen und gesungen. Drumherum wollte keiner etwas machen ... Also mußten wir agitieren! Ich meine, es ist ein großer Irrtum, wenn ein Genosse denkt, daß er sich erst mal ausruhen kann, wenn wieder was geschafft ist. So weit zum Plenum.«

Vorgeschlagen wird auf dieser Auswertung: Bis zum 40. Jahrestag der DDR werden alle Gebäude um den Marktplatz herum rekonstruiert ... Zur Rekonstruktion der Innenstadt wird ein Parteiaktiv gebildet ... Alle Häuser der Altstadt werden nach Eigentumsform und Bauzustand geordnet, damit künftig ganze Straßenzüge gleichzeitig erneuert werden können ...

Um 16 Uhr ist Feierabend. Für Freitag ein guter Arbeitsschluß. HDF gähnt. Nein, für ihn noch kein Feierabend, um 19 Uhr das Familiengespräch, außerdem habe das Wehrkreiskommando zum ersten Mal den »Bestentitel« erhalten. Er könne zwar auch ein Glückwunschschreiben schicken. »Aber die Genossen werden erwarten, daß ich persönlich gratuliere.«

Um 18.30 Uhr laufe ich mit dem Ersten hinauf in das Neubaugebiet. Entsprechend dem Einsatzplan der Nationalen Front soll der Genosse 1.Kreissekretär um 19 Uhr in der Allendestraße 48 sprechen. 18 Familien wohnen in diesem Haus.

HDF, der sich eine halbe Stunde Notizen für das Gespräch gemacht hat, bezweifelt, daß die Frauen ihre kleinen Kinder schon um 19 Uhr im Bett haben.

Die Haustür steht offen. Aber einen Gemeinschaftsraum finden wir nicht. HDF vergleicht die Hausnummer mit der Adresse in seinem Vokabelheft. Es stimmt: Allendestraße 48.

Während wir noch suchen, hasten eine junge Frau und ein Mann auf uns zu: der Vorsitzende des Wohngebietsausschusses und eine Kollegin vom Rat der Stadt, die mit dem Ersten das Familiengespräch bestreiten sollen. Nein, ein politisches Gespräch mit allen Familien des Hauses sei es nicht. Man habe nur die Familie Heusing verständigt.

HDF sagt nichts. Wir klingeln. Die Hausfrau öffnet. Dann begrüßt uns der Mann. HDF stutzt. »Arbeitest du nicht im VPKA bei der Kripo?«

Der Mann nickt.

Der Erste sagt: »Und dich soll ich agitieren?«

Die Frau hat schon »Canei« und Gläser auf den Tisch gestellt. »Also setzen wir uns und agitieren die Kripo«, sagt der Erste. Genosse Heusing ist Hausvertrauensmann, und der WBA-Vorsitzende will ihn für seinen Ausschuß gewinnen. Das ist der eigentliche Grund für den Besuch heute, der zu dem geforderten Familiengespräch umfunktioniert wurde ...

Ilka, die junge Kreisredakteurin, kommt, um mit Bild und Text über eines der Familiengespräche am »Tag der massenpolitischen Arbeit« zu berichten. Nun steht es schon 5:2 gegen Genossen Heusing ...

Das Familiengespräch:

Mülltonnenprobleme. Lärm beim Jugendtanz. Die gut funktionierende Nachbarschaftshilfe. Der Brunnen im Neubaugebiet, der gegen den Willen der Bürger doch aufgestellt wurde. Der verwahrloste·Kinderspielplatz mit den Holzfiguren eines bekannten Künstlers. Die private Flaschenbierhandlung, neben der die Männer in Bürgerinitiative ein Holzpissoir zusammengenagelt haben. Die Bürger, die Blumen aus ihrem Garten für das Neubaugebiet mitbringen. Die Probleme mit dem Knüllpapier. Die Pflege der Grünanlagen. Die »Einsicht« des Genossen Heusing, im Wohnbezirksausschuß mitzuarbeiten. »Wenn ich mich heute weigere, tanze ich morgen beim Ersten an!«

Bevor wir uns verabschieden, fragt der Erste die Redakteurin, was sie über das Gespräch schreiben wolle, denn ein Foto vom Genossen Kriminalpolizisten könne man ja nicht veröffentlichen.

Der junge WBA-Vorsitzende schlägt vor, daß sich die Bewohner der Allendestraße 48 verpflichten, um den Titel »Vorbildliche Hausgemeinschaft« zu kämpfen. Das ließe sich schnell noch organisieren.

HDF wehrt ab, man könne die Leute nicht vergewaltigen, nur damit was Positives in der Presse stände ...

Der Perlwein ist nicht ausgetrunken. HDF entschuldigt sich, er sei kein Weintrinker.

Auf dem Heimweg schimpft er über den verdammten »Abhakeformalismus«.

**Zeitungsbericht der Kreisredakteurin
über das Familiengespräch,
das der 1. Sekretär der Kreisleitung der SED,
Genosse Hans-Dieter Fritschler, am »Tag der
politischen Massenarbeit« im Neubaugebiet
Salzungen-Allendorf führte**

»Bei der Familie Heusing in der Salvador-Allende-Straße 48 im Neubaugebiet Allendorf hat sich heute abend Besuch angesagt. Am Tisch der gemütlichen Sitzecke haben der 1. Sekretär der Kreisleitung der SED, Hans-Dieter Fritschler, der Vorsitzende des Wohnbezirksausschusses der Nationalen Front des Wohnbezirkes 17, Wolfgang Possegga, und Christel Geißler vom Rat der Stadt Bad Salzungen Platz genommen.

Bernd Heusing, Hausvertrauensmann in diesem Eingang, erzählt über seine Hausgemeinschaft, von gemeinsamen Arbeitseinsätzen, von der gut funktionierenden Nachbarschaftshilfe, von der Pflege der Grünanlagen vor dem Hauseingang. Hier wollen die Hausbewohner im kommenden Frühjahr eine schmucke Rasenfläche schaffen. Doch der Blick der Heusings und der Familien in der Salvador-Allende-Straße 48 geht über den eigenen Hauseingang hinaus. Groß ist das Interesse dafür, wie das gesamte Wohngebiet sein Gesicht verändern wird. Besonders am Herzen liegt den Bürgern die Gestaltung des Wohngrüns.

Hans-Dieter Fritschler kann darüber berichten, daß nach der Übergabe des Jugendklubs 1987 auch alle Außenanlagen im Wohnbezirk 16 fertiggestellt werden. Am Ende des Familiengesprächs hat Wolfgang Possegga für seinen Wohnbezirksausschuß einen neuen Mitstreiter in Bernd Heusing gefunden.«

(Daß 1987 auch alle Außenanlagen im Neubaugebiet 16 fertiggestellt werden sollen, darüber hatte der Erste kein Wort gesagt! L. S.)

MONTAG, 24. NOVEMBER
Aufsässiger Kartoffelkönig

Um neun Uhr will HDF nach Tiefenort fahren. Die Berg-
arbeitergemeinde wird 1987 ihr 850. Jubiläum feiern.

Vor der Abfahrt erkundigt er sich bei Jürgen Riese, ob
die Redner für die Kreisleitungssitzung am 6.12. schon vorbereitet seien. Den Persönlichen fragt er, ob dieser alle Ma-
terialien des Plenums studiert habe. Der nickt. Am Freitag
abend Plenum gelesen, am Sonnabend Plenum gelesen.
Am Sonntag vormittag Plenum gelesen. Am Nachmittag
habe er nicht mehr studieren können, da habe er, wie immer in solchen Situationen, im »Winnetou« weitergelesen.
Von mir will der Erste wissen, ob ich mich bei meiner
Heimfahrt in Barchfeld nach dem alten Haus erkundigt
habe, das abgerissen werden sollte ... Ich entschuldige
mich, ich hätte es wegen der vielen Probleme, die ich hier
täglich verstehen müsse, vergessen. Er grient.

Im Auto blättert HDF in einem seiner alten Vokabel-
hefte, findet auch die Notizen von seinem Frühjahrsbesuch
in Tiefenort. »Vorrang: Kinderkrippe! Außerdem: Fassaden verputzen. 850-Minuten-Bewegung auslösen. Neues
Gebäude für Fleischverarbeitung. Brückengeländer in Unterrohn. Sauberkeit der Stallanlagen. Pflasterung Steingraben. Marktbrunnen. Salzgraben reinigen ...«

In Tiefenort, so erzählt mir der Erste, wohne auch der
sogenannte »Kartoffelkönig« des Kreises. Werner Schäfer,
Vorsitzender der LPG Pflanzenproduktion. Einer, von dem
manche sagen, daß er ein bißchen Schwejk wäre, andere,
daß er gegen das Neue wäre, im Grunde seines Herzens
noch heute gegen die Trennung in LPG Pflanzenproduktion und LPG Tierproduktion ... Bei der Kartoffelbestel-
lung könne der Kreis drängeln und drohen, der Schäfer
richte sich nicht nach den zentralen Terminen, sondern,
wie er sage, nach Wind und Regen. Aber er habe trotzdem

die besten Kartoffelernten. Doch Reden zu halten, dazu könne ihn kaum einer bewegen, und wenn, dann nie länger als für zehn Minuten ...

Wahrscheinlich träfen wir den Werner Schäfer heute. Ohne die finanzielle Hilfe seiner LPG könne die Kinderkrippe in Tiefenort nicht weitergebaut werden. Aber der Schäfer sei ein schwerer Brocken ... »Einmal hatten wir im Kreis angeordnet, daß die Genossenschaften Sonnabend und Sonntag arbeiten. Im Bezirksmaßstab befanden wir uns auf einem Platz sehr weit hinten. Alle LPG machten mit, nur der Schäfer brummelte, ›am Wochenende müssen unsere Frauen auch mal in den Kochtopf gucken‹, und legte den Hörer auf. Am dritten Wochenende hatte er es dann satt, sich mit dem Kreis zu streiten, er meldete, daß 50 LPG-Mitglieder auf den Acker gehen. Wir fuhren nach Tiefenort, um uns das anzugucken, und fanden die seltensten Pilze, aber keinen Bauern auf dem Feld. In der ›Sakristei‹, in seiner Stammkneipe, saß der Schäfer nicht. Er war zu Hause und trank seinen Sonntagskaffee und lud uns herzlich dazu ein. Keinen Schritt über seine Schwelle, habe ich gesagt. ›Solange du deine Einstellung zur Wochenendarbeit nicht änderst, kannst du deinen Kaffee allein trinken!‹«

Und dabei sei es bis heute geblieben!

In Unterrohn, einem Ortsteil von Tiefenort, wartet Eberhard Stumpf auf uns. Am Dorfeingang stinkt es. Gülle läuft auf die Straße. Ein Dunghaufen breit und liederlich, als hätten die Wildschweine drin gewühlt. Brennesseln und Schutt, zerfallene Zäune ... Ein 80er Jungrinderstall. HDF schimpft, daß jetzt Schluß sei mit dieser Sauerei. Unterrohn sei schließlich das erste sozialistische Dorf des Bezirkes gewesen.

Saubergemacht haben die Einwohner inzwischen ihr Dorfflüßchen, den Salzgraben. Das Wasser schmeckt wirklich salzig; es kommt vom Kalkwerk Oberrohn.

So, als sei es für den Ersten inszeniert, wird ausgerechnet heute auch das Brückengeländer repariert. Vier Arbeiter stehen am Geländer, und einer von ihnen säubert es mit einem Sandstrahlgebläse.

HDF fragt, als wäre er nicht von hier: »Weshalb arbeitet nur einer, und drei stehen daneben?«

Eberhard Stumpf sagt: »Einer arbeitet, und der zweite kontrolliert. Der dritte kontrolliert, daß der zweite kontrolliert, und der vierte kontrolliert, daß der dritte kontrolliert, was der zweite kontrolliert.« Das sei zwar nicht repräsentativ für das Verhältnis von schöpferisch arbeitenden Werktätigen und kontrollierenden Werktätigen in unserem Land, aber ungefähr stimme es ...

Von Unterrohn nach Tiefenort können wir nur im Schritt fahren, der Steingraben ist noch nicht gepflastert.

In Tiefenort begrüßt uns die Vertreterin der schon lange kranken Bürgermeisterin, sie hat um ihre Ablösung gebeten. Die Vertreterin, die diesen Posten auch nicht behalten möchte, berichtet, daß zur Vorbereitung der 850-Jahr-Feier schon 42 Fassaden verputzt worden seien. Aber jetzt, nachdem das Laub gefallen sei, könne man die übrigen Schandflecken sehen. Am baufälligsten seien die Gebäude vom Handel und von gesellschaftlichen Organen. Man habe mit dem Bau des Marktbrunnens begonnen, einige Gehwege erneuert, die Kinderkrippe mit der halben Kapazität am 7. Oktober eröffnet. Es werde zwar weiter an der Krippe gearbeitet, aber nun sei das Geld endgültig verbraucht. Alle schauen den Ratsvorsitzenden vom Kreis an, doch Eberhard Stumpf schüttelt den Kopf. Er habe kein Geld mehr, sie sollen es von den Betrieben im Territorium eintreiben.

Das Drehbuch für den Umzug sei fertig, Verträge über Kostüme abgeschlossen. Ein Abwasserpumpwerk, das vor jeder Wahl schnell versprochen worden sei, sei immer noch nicht im Plan und bei jedem Hochwasser die Keller überflutet.

Eberhard Stumpf und HDF schlagen vor, eine eigene Baubrigade im Dorf zu gründen, mit jedem Handwerker des Ortes persönlich über seinen Jubiläumsbeitrag zu sprechen, nicht auf den Segen von oben zu warten, sondern selbst zu handeln. Man solle Leute abstellen, die nur für das Jubiläum verantwortlich sind. Außerdem müsse man die Kinderkrippe mit aller Kraft zu Ende bauen, die Tiefenorter Genossenschaften und Betriebe dafür zur Kasse bitten.

Auf dem Weg zum Mittagessen nimmt HDF den Ratsvorsitzenden zur Seite. »Wir müssen einen neuen Bürgermeister für die Tiefenorter finden, allein schaffen sie es nicht. Das Bauproblem, dazu die 850-Jahrfeier ... Was meinst du zu Genossen Ambrosi, dem Bürgermeister von Merkers?«

Eberhard Stumpf: »Der soll im Dezember auf der Bürgermeisterkonferenz in Suhl sprechen, außerdem wird Merkers in Berlin ausgezeichnet.«

HDF: »Und danach kann er in Tiefenort anfangen. Die halbe Republik wird zur Vorbereitung der 750-Jahr-Feier nach Berlin delegiert, da werden wir doch wenigstens einen zur Vorbereitung der 850-Jahr-Feier nach Tiefenort schicken können.«

Eberhard Stumpf sagt, der Ambrosi wohne zwar in Tiefenort, aber solle man ihn aus Merkers, dem Kalizentrum, wegnehmen?

In der »Erholung« gibt es Rouladen, Rotkraut, Thüringer Klöße und Eis. Als wir das Eis löffeln, tappt ein kleiner stämmiger Mann durch den Gastraum. Er geht schwerfällig, als trüge er schweres Schuhwerk und als suche er unsicher einen Platz.

Eberhard Stumpf schubst HDF an. HDF lacht, und dann rufen beide zusammen, daß alle Gäste hochgucken: »Werner, so reich wie eure LPG ist in Tiefenort niemand. Deshalb haben wir für dich einen Vertrag mit der Gemeinde abgeschlossen. Du sollst 100 000 Mark für die Kinderkrippe spendieren, das ist für euch doch ein Klacks.«

Werner Schäfer, der »Kartoffelkönig«, sagt nichts, lächelt verlegen, setzt sich und trinkt ein Bier.

Beim Rundgang durch das Dorf schließt er sich uns an, läuft in der letzten Reihe, hört nur zu, sagt nichts.

Auf dem Weg zur Kinderkrippe erzählt mir der Erste von den Mühen dieses Baus. Es war ein alter Fleischerladen, der ohne geplante Baukapazität, mit einer Feierabendbrigade und Geld vom Kreis umgebaut werden sollte. Mitten in den Arbeiten stellte sich heraus, daß die Sache so kompliziert war, daß keine Feierabend-, sondern eine betriebliche Baubrigade eingesetzt werden mußte. Aber die Brigaden waren alle verplant, man hätte ein Jahr warten müssen. »Da entschieden wir uns gegen den Plan und haben eine Brigade von einer Baustelle der Reichsbahn abgezogen. Wenn es um Kinder und alte Leute geht, kann man schon mal gegen die Gesetze verstoßen!«

Der »Kartoffelkönig« läuft jetzt neben HDF und Eberhard Stumpf. Er sagt beiläufig, so als sei es die unwichtigste Sache der Welt: »Was meint ihr: sollte unsere LPG in Tiefenort ein Kulturhaus bauen. 400 Plätze. Tanzsaal. Vielleicht 1988 oder 1989?«

Während er spricht, schaut er auf seine Schuhspitzen.

HDF sagt: »Wenn du die 100 000 Mark für die Kinderkrippe bezahlst, genehmigt dir der Eberhard den Bau bestimmt.«

Und Eberhard Stumpf nickt.

Werner Schäfer läßt sich wieder in die letzte Reihe abdrängen.

Im ersten Stock der Kinderkrippe arbeiten die Zimmerleute. Als sie unsere Delegation sehen, ruft einer: »Mensch, so viele Hammer ham mer gar nicht, daß wir jedem einen geben können.«

Im Küchentrakt der Kinderkrippe befinden sich noch die Originalfliesen mit Schweineköpfen und Rindern an den Wänden ... Sonst erinnert nichts mehr an die Fleischerei. Mittagsruhe. Die Kinder schlafen. Die Krippenleiterin hält einen großen Strauß gelber Federastern in der Hand. »Genosse Fritschler, wir alle, die hier arbeiten, und auch die Eltern der Kinder möchten Ihnen danken. Ohne Ihre Hilfe wäre es damals wohl nicht weitergegangen mit unserer Kinderkrippe.«

Ich freue mich, als hätte ich die Blumen bekommen.

Als wir auf dem Rückweg den neu gemauerten Brunnen auf dem Markt begutachteten (eine nackte Frau sollte als Brunnenfigur noch darauf, aber die Tiefenorter wollten ihn ohne Nackte), kommt eine Frau zu HDF und sagt: »Drükken Sie die Daumen, daß wenigstens hier immer das Wasser läuft. Wir haben im Sommer nur nachts von eins bis vier Wasser, dann müssen wir, egal, ob um 6 Uhr die Schicht beginnt, aufstehen, Wäsche waschen, die Kinder baden!«

Ein Abgeordneter, der uns begleitet hat, bestätigt es. Er wohne in diesem Ortsteil, sie füllen nachts immer einige Eimer Wasser für den Tag. Das sei kein Problem, aber die Kinder nachts wecken ...

HDF schaut Eberhard Stumpf an, der zuckt mit den Schultern. Es sei einmal die Rede gewesen von einer Wasserfalleitung herunter von der Krayenburg, aber nichts im Plan.

»Versuch das unbedingt 1987 noch einzuordnen!«

Am Nachmittag wird, wie der Erste sagt, »eine große Runde gedreht«. Der Betriebsdirektor vom Kalibetrieb, Ratsmitglieder vom Kreis, Genossenschaftsvorsitzende, Handelsleute ...

Es wird genau festgelegt, bis wann HO und Konsum ihre Verkaufsstellen verputzt haben, der Sportplatz des Kalibetriebes verschönt wird ... Im Frühjahr kündigt der Erste eine neue Kontrolle an. Sein Abschlußsatz: »Und denkt immer daran, die Hauptstadt Berlin und Tiefenort feiern im gleichen Jahr, nur daß Tiefenort den Berlinern schon 100 Jahre voraus ist.«

Werner Schäfer fragt, ob der Erste noch ein Stündchen Zeit hätte. Er möchte ihm die Bauvorhaben im Naherholungsgebiet Weißendietz zeigen. Zeit hat HDF keine, aber er nickt.

Die Stallgebäude, Scheunen und Wohnhäuser des alten Gutes Weißendietz sind noch gut erhalten. Es gehörte einer Baronin, die 1942 starb, und wurde verwaltet von einem Mann, der etwas von der Landwirtschaft verstand, erzählt Werner Schäfer.

Die Tiefenorter LPG hat zusammen mit anderen Betrieben in der Idylle von weiten Wiesen, Mischwäldern, Pferdekoppel, Acker und einsamem Teich am Waldrand Ferienbungalows aufgestellt. Zuerst hätten die Besitzer übereinstimmend gesagt, daß sie in dieser erholsamen Natur kein Sozialgebäude brauchten. Aber nun reiche ihnen die Natur nicht mehr.

Die Baugrube sei schon ausgehoben, aber jetzt müsse das Sozialgebäude in den Plan des Kreises eingeordnet werden ...

HDF sagt: »Komm, wir setzen uns einen Moment auf die Wiese.«

An den Birken leuchten die letzten gelben Blätter.

Sie reden über naturgeschützte Orchideen.

Nach einer halben Stunde sagt der Erste. »Ich habe noch eine Beratung in Salzungen. Und die Blumen, die Blumen, die ich in der Kinderkrippe bekommen habe, müssen ins Wasser ...

Von euch, Werner, sind doch auch Kinder in dieser Krippe, ihr könnt das Haus jetzt nicht halbfertig stehenlassen.«

Auf der Rückfahrt schweigen beide.

Als der Kartoffelkönig sich vom Ersten verabschiedet, sagt er: »Ich rede mit den Leuten, vielleicht 50 000 Mark.«

Und HDF verspricht, sobald er Zeit habe, auf einen Kaffee vorbeizuschauen.

Dann mahnt er den Fahrer zur Eile. Trotzdem kommt er zur Beratung mit den Genossen der Sicherheitsorgane zehn Minuten zu spät.

Werner Schäfer, 56, Vorsitzender der LPG Pflanzenproduktion Tiefenort

Manchmal denke ich, daß die wirtschaftliche Trennung der Genossenschaften in eine LPG Pflanzenproduktion und eine LPG Tierproduktion nicht das Gelbe vom Ei war. Ich weiß, die Beschlüsse! Aber wir hatten auch mal einen Beschluß, der die Rinderoffenställe zum Nonplusultra der Landwirtschaft erklärte – und jeder, der dagegensprach, war nicht nur ein schlechter Bauer, sondern auch ein schlechter DDR-Bürger und obendrein, weil es Rinder-offenställe in der SU gab, kein Freund der Sowjetunion. Dann gab es den Beschluß, möglichst große Ackerflächen zusammenzuschmeißen und Tausender-Ställe zu bauen. Je größer, um so lobenswerter. Und heute wissen wir nicht, wie wir mit dem bißchen Diesel das Futter für die Riesenställe heranfahren und wo wir die Unmengen Gülle hin-schütten sollen; heute würden wir uns über kleinere, wirt-schaftlichere Ställe freuen. Und was die Trennung in Pflanzen- und Tierproduktion betrifft: Wir Pflanzenbauer produzieren das Futter für die Tierproduktion – wobei wir das nicht gern tun, denn damit verdienen wir weniger als mit Tabak, Gemüse und Frühkartoffeln. Also das Futter, sagen wir mal im Wert von einer halben Million Mark, ver-kaufen wir an die Kollegen der anderen Fakultät. Dazu brauchen wir Buchhalter, Rechnungen, Statistiken – den ganzen Bürokram. Die Tierproduktion kauft das Futter – braucht dafür wieder Buchhalter, Rechnungen, Statistiken. Sie füttern das gekaufte Futter an ihre Bullen, die sie, sagen wir mal, für zwei Millionen Mark verkaufen. Wir hatten vorher schon eine halbe Million abgerechnet, die Tierproduktion noch zwei dazu, summa summarum zweieinhalb Millionen. Wären wir eine Genossenschaft geblieben, hätten wir Buchhalter, Rechnungen und Statistiken gespart, so viel Futter produziert, wie unsere, ich sage unsere, Viecher brauchten – aber eben nur 2 Millionen Mark abrechnen können. Und dann würde die LPG Pflanzenproduktion Tiefenort nicht an der Spitze im Kreis stehen können und die LPG Tierproduktion Tiefenort am Ende. Der Bauernhof war immer ein Bauernhof. Zu dem Gut draußen in Weißendietz gehörten rund hundert Hektar Land, Acker wie geschaffen für Kartoffeln, Gemüse und Klee. 55 Kühe standen in den Ställen, und jede Kuh gab jährlich 1500 Liter mehr als heute in unserem Kreis. Und die Kartoffeln – ohne Braunfäule –, allerbeste Güte, obwohl sie die minderwertigen auch in der Salzunger Schnapsbrennerei gut verkaufen konnten. Außerdem ließ der Verwalter Klee und Kartoffeln zur Vermehrung anbauen. In Weißendietz gab es eine Stellmacherei, Pferde, Traktoren, Beregnungsanlagen, sogar einen Pflug mit Seilwinde. Es war ein Mustergut, auch ohne Computer. Vielleicht, weil sie den Boden noch mehr geachtet haben und nur das anbauten, was gut für den Boden war? Sie hatten ihre Dungplatte eingezäunt, und um die Dungplatte herum hingen Blumenkästen. Es stimmt nicht, daß der Schäfer nur rückwärts schaut, gegen Computer und so etwas ist. Aber man müßte dem Computer auch sagen, welcher Wind hier welches Wetter bringt, und dann müßte man ihm noch ein Rheumabein anschrauben ... Wir Tiefenorter waren nie gegen das Neue, ich meine gegen das sinnvolle Neue. Den ersten genossenschaftlichen 400er deckenlastigen Stall im Bezirk haben wir hier in Tiefenort gebaut. Und als der Stall fertig war, haben wir einen Ochsen geschlachtet, das Fleisch mit Alkohol gespritzt und nachts um zwei Uhr begonnen, das Vieh über dem offenen Feuer zu braten. 12 Stunden lang. Und jeden Tag wurde mit dem Rutenbesen um den Stall herum gefegt. Wir haben Pappeln gepflanzt und vor dem Eingang Blumen.

Heute ist der Stall vergammelt, anstelle von Blumen wachsen Brennesseln vor dem Eingang. Vielleicht auch deshalb, weil manche Bauern nicht mehr das Ganze sehen, weil sie zu sehr spezialisiert sind. Was interessieren den Melker die Brennesseln? Brennesseln sind Pflanzen, und für Pflanzen ist die LPG Pflanzenproduktion verantwortlich.

DIENSTAG, 25. NOVEMBER
Unterschiedliche Wahrheiten

HDF ist gestern sehr spät nach Hause gelaufen, und heute morgen schimpft er, daß die Straßenlaternen in Salzungen wohl erst dann repariert würden, wenn sich Dutzende Leute die Beine gebrochen hätten.

Herbert Schwarz will sofort im Namen des 1. Kreissekretärs die verantwortliche Brigade anrufen, aber der Erste sagt: »Muß die Partei sich auch noch darum kümmern? Und wenn die Reparaturbrigade keine Glühbirnen haben sollte, rufen wir im Glühlampenwerk an, und wenn das Glühlampenwerk für den Transport der Glühbirnen kein Auto hat, schicke ich meinen Fahrer ... Gib mir das Ratsmitglied für Örtliche Versorgungswirtschaft, der soll gefälligst ...«

Es könne doch nicht gut sein, daß die Partei sich um Dinge kümmere, für die Mitarbeiter des Staatsapparates bezahlt würden. Und die Eingaben der Bevölkerung an die

Partei, an das ZK und Genossen Honecker, könne man auch nicht nur als gewachsenes Vertrauen der Leute zur Partei bewerten, sondern wohl zuerst als Mißtrauen gegen bestimmte Staatsorgane ...

Am Vormittag referiert HDF vor den Parteisekretären des Kreises über das Plenum. Ich setze mich zu zwei jungen Genossen und einer auffallend sorgfältig frisierten blonden Frau (in der Pause erfahre ich, daß sie Parteisekretär der PGH »Figaro« in Vacha ist). Auch ihre Tischnachbarn stammen aus Vacha. Während HDF den außenpolitischen Teil des Plenums erläutert (»... die Beratung der führenden Staatsmänner in Moskau hat deutlich gezeigt: Jedes Land wählt seinen Weg zum Sozialismus, in jedem Fall aber muß ein attraktiver Sozialismus für die Bürger herauskommen ...«), schreiben die drei fleißig mit, als er über die Erfolge unserer Wirtschaft spricht, packen sie ihre Frühstücksbrote aus, und als er über konkrete Probleme im Kreis berichtet, beginnen sie am Tisch, seine Worte zu kommentieren, sozusagen seiner Wahrheit noch ihre zweite hinzuzufügen.

»... wir haben eine Untersuchung über die technische Intelligenz veranlaßt. Manche Betriebsleiter kannten nicht einmal die Namen ihrer Wissenschaftler, Techniker und Neuerer. Einige junge Hochschulabsolventen arbeiten als Multicar-Fahrer ...«

Kommentar: »Weshalb beauftragt er die Kreisredakteurin nicht, das zu untersuchen, zu beschreiben und die verantwortlichen Betriebsleiter öffentlich zu kritisieren?«

»... wir können über die zusätzlichen Arbeitsstunden, die wir in den Plan 87 hineinschreiben müssen, fluchen und schimpfen, aber wir können zur Zeit nicht anders. Es gibt keine Idealökonomie und schon lange keine ruhige Ökonomie mehr ...«

Kommentar: »Da müßte er mal sehen, wie seelenruhig einige Arbeiter, Gewerkschaftsfunktionäre und Leiter im

Betrieb eine Stunde gemütlich frühstücken, manchmal denkste, jetzt zünden sie gleich 'ne Adventskerze an.«

»… Schaut euch die alten Häuser in der Silge an, dann wißt ihr, was wir noch zu bauen haben. Außerdem wollen wir in Berlin plangleich bleiben …«

Kommentar: »In Berlin plangleich, aber bei uns regnet es inzwischen in die Dachstuben!«

»… die Partei muß sich auch um die Voraussetzungen kümmern, daß die Bauarbeiter ihre Arbeitszeit ausnutzen können …«

Kommentar: »Es wäre nötiger, strenger zu kontrollieren, daß sie die Arbeitszeit auch ausnutzen! Wenn die Maschinen im Betrieb laufen, kann keiner eher Feierabend machen, aber die Bauarbeiter legen um 14 Uhr die Kellen weg!«

»… da lassen Staatsfunktionäre zu, daß Verkaufsstellen öffnen und schließen, wie sie wollen …«

Kommentar: »Jeder Arbeiter hat eine Kiste für den Ausschuß, wo steht die Kiste für den Ausschuß der Leiter?«

»… Genossen, manchmal hören wir jetzt, daß wir nicht so kritisch sind wie die sowjetischen Genossen. Aber wir sagen in unseren Leistungsvergleichen doch genau, was jeder erreicht oder noch nicht erreicht hat. Muß denn extra noch öffentlich gemacht werden, wie schlecht wir als Kreis im Republikmaßstab stehen?«

Kommentar: »Wenn ich weiß, daß es zur Zeit kein Haarspray gibt, weiß ich noch lange nicht, weshalb und wie wir das verändern können.«

»… wir sollten darüber nicht öffentlich reden, aber hier möchte ich es euch sagen: Die DDR hat Nikaraguas Präsidenten Ortega 50 Millionen Dollar mitgegeben. 50 Millionen Dollar, Genossen …«

Kommentar: »Weshalb können wir nicht darüber sprechen. Darüber muß man sprechen!«

Als HDF fordert, daß die Produktion durch Schlüsseltechnologien und Rationalisierung noch effektiver gemacht werden muß, holt der Parteisekretär der PGH Elektro Vacha die Teile einer Steckdose aus der Tasche. Die wolle er heute den Wirtschaftsleuten der Kreisleitung zeigen. »Früher wurden die Schalter und Steckdosen montiert geliefert. Jetzt kriegen wir sie in fast 20 Einzelteilen, das heißt, unsere Elektromonteure, die möglichst viele Reparaturen für die Bevölkerung erledigen sollen, müssen nun erst Dienstleistungen für den Lieferbetrieb verrichten, sie fummeln Schalter und Steckdosen zusammen. Eine Rationalisierung, die nur dem Herstellerbetrieb etwas einbringt; der verkauft sie nämlich zum selben Preis wie die montierten Steckdosen.«

Beifall und Pause.

Ich stelle mich nicht nach Kaffee und belegten Brötchen an, sondern drängle mich in die Nähe des Ersten. Er spricht mit dem Parteisekretär von Merkers. Man bräuchte dringend einen Bürgermeister für Tiefenort, vielleicht daß man den Ambrosi aus Merkers versetzt?

Der Merkerser Parteisekretär sagt: »Der Ambrosi ist das beste Pferd im Stall, der kann sich auch gegen den großen Kalibetrieb behaupten, es wäre jammerschade, wenn er wegginge.«

Nach der Pause referiert der Vorsitzende der Geschichtskommission der Kreisleitung über die Ehrung bedeutender revolutionärer Persönlichkeiten. Er schlägt vor, daß auf dem Salzunger Friedhof ein Ehrenhain für verdienstvolle Revolutionäre des Kreises angelegt werden sollte. Die schon gestorbenen müßten umgebettet, die noch lebenden nach ihrem Ableben dort beerdigt werden ...

Er nennt Namen, die Mitbegründer der KPD in Bad Salzungen: Arthur Fuchs und Martin Luther ...

Martin Luther, Mitbegründer der KPD in Bad Salzungen?

Am Nachbartisch putzt Klaus Martin Luther, der

schmächtige Parteisekretär vom Kabelwerk, seine Nickel-brille. Ich schreibe ihm einen Zettel: »Kennst du diesen Martin Luther?«

Er antwortet: »Es war mein Großvater.«

Am Nachmittag Seminare zu dem Plenum in verschiedenen Gruppen.

HDF berät mit den Parteisekretären der Ortsparteiorganisationen und der Wohnbezirksparteiorganisationen, er bittet sie, Fragen zu stellen und Probleme ihrer Arbeit zu erläutern.

Diskutiert wird über Bürgersteige, Wohnungen für Liga-Fußballer, Wasserleitungen, Gemüseversorgung im Dorfkonsum, Schlaglöcher, Mülldeponien, defekte Straßenlaternen ...

Wieder oben in seinem Zimmer sitzend, stützt der Erste den Kopf mit beiden Händen, schweigt minutenlang. Dann guckt er mich an und sagt: »Vielleicht haben wir als Partei auch selbst Schuld, daß wir uns in so viele Alltagsdinge einmischen müssen ... Oder weshalb wird manches kommunale Problem heute nur dann sofort gelöst, wenn der 1. Kreissekretär anruft? Ich bezweifle manchmal ...«

Beim Wort »Zweifel« unterbreche ich ihn, frage, ob er zweifeln darf. Ich wurde in den Jahren Mitglied der Partei, als in Parteiverfahren behauptet wurde, daß Zweifel keine schöpferische Methode seien, sondern lediglich ein Mittel des Klassengegners, um den Glauben an die Partei und ihre Beschlüsse in Frage zu stellen ...

HDF sagt, ich könnte mir als Schriftsteller Zweifel leisten, vielleicht würde ich sie sogar zum Schreiben brauchen. Er dagegen dürfe keinen Zweifel an den Beschlüssen, Verordnungen und zentralen Weisungen zulassen. Es sei nicht seine Aufgabe zu bezweifeln, sondern Beschlüsse, Verordnungen und zentrale Weisungen durchzusetzen. »Wenn ich alles erst mit Zweifeln im Hinterkopf studiere, bleibt keine Zeit, um etwas durchzusetzen.« Zweifeln – das sei etwas für Philosophen und Dichter, aber nichts für Praktiker ...

Doch über die Frage, was die Mitarbeiter des Staatsapparates zu erledigen hätten und was die Mitarbeiter des Parteiapparates nicht erledigen dürften, darüber wolle er nachdenken, denn die Diskussion heute nachmittag, die hätte er sich eigentlich anders vorgestellt ...

Dann, über die Dinge, die die Partei tun sollte, nachdenkend, sagt der Erste: »Aber die Partei ist für das Volk da, und wenn das Volk Sorgen hat ...«

Klaus Martin Luther, 37, Parteisekretär im VEB Kabelwerk Vacha

»Die Eltern wollten mich nur Klaus nennen, aber der Großvater bestand auf Martin. Als ich achtzehn war – damals lernte ich im Bergwerksmaschinenbetrieb Dietlas die Meß- und Regeltechnik – starb der Großvater. Ich wußte zwar, daß er 1920 die KPD in Bad Salzungen mitgegründet und während des Faschismus eine Dreiergruppe der illegalen Neubauer-Poser-Organisation im jetzigen Hartmetallwerk geleitet hatte, aber davon erzählte der Großvater nie. Er lief mit mir sehr oft stundenlang schweigend durch den Wald und nur, wenn er ein Heilkraut sah, erklärte er mir, gegen welche Krankheiten es hilft. Der Großvater hatte vor dem 1. Weltkrieg Schlosser gelernt, und einige Jahre vor seinem Tod kaufte er mir einen Schraubstock. Er zeigte, wie man feilt, ohne Blasen zu bekommen, und sagte mir damals: Ein guter fleißiger Arbeiter kann auch ein guter Genosse werden, aber ein schlechter, fauler Arbeiter wird nur ein Schwätzer und Karrierist!

Mein größter Fehler bei der Arbeit ist das Unvermögen, Probleme vom Tisch zu wischen und konsequent zu sagen: Das ist nicht mein Bier! Als die Kollegen wegen der

schlechten Versorgung im Werk I und der fehlenden Verkaufsstelle im Werk II schimpften, habe ich die Angelegenheit zuerst an die Gewerkschaft weitergeleitet, doch als sich
dort nichts tat, da habe eben ich durch die ABI in den umliegenden Dörfern untersuchen lassen, ob es nach Feierabend noch Milch und Brot gibt, und habe den Bedarf an
Gemüse und Brötchen ermitteln lassen. Dann haben wir
mit der HO wegen der besseren Versorgung im Betrieb beraten, aber zum Schluß doch nur umverteilt; wir bringen
jetzt einige Raritäten wie Bananen oder grüne Gurken aus
dem Werk I auch in das Werk II. Und nun stehen sie dort
während der Arbeitszeit ebenfalls in der Schlange, aber
eben nicht so lange. Ich stelle mich nie an, denn wenn der
Parteisekretär erst mal steht ... Die Kollegen im Betrieb
haben mich für meinen Einsatz gelobt, aber die Genossen
der Parteileitung kritisieren mich, weil ich der Gewerkschaft die Arbeit abgenommen habe ... Sie haben recht,
denn aus dieser guten Absicht kann sich sehr schnell ein
schädlicher Automatismus entwickeln: Also zuerst macht
es der Parteisekretär, damit es überhaupt einer macht.
Beim nächsten Mal rechnet man schon damit, daß es der
Parteisekretär wieder macht, weil er es ja so ordentlich gemacht und sowieso die große Verantwortung hat. Wenn es
dann doch einmal wieder ein anderer macht, der es gar
nicht mehr gewohnt ist, unterläuft ihm bestimmt ein Fehler. Damit künftig keine Fehler gemacht werden (für die
letztendlich der Parteisekretär verantwortlich ist), erledigt
der alles selbst; aber schon nicht mehr, damit es überhaupt
gemacht wird, sondern um keine Fehler zuzulassen. Dann
hat der Parteisekretär zwar die absolute Kontrolle über alles ... Denkt man. Aber in Wirklichkeit kann man sich mit
so einem Arbeitsstil nicht mehr auf die wichtigsten Dinge
konzentrieren. Beispielsweise auf die Roboter. Zwölf haben
wir der Kombinatsleitung in Berlin gemeldet. Doch wenn
man genau hinschaut, sind von den zwölfen vielleicht sechs

Roboter im Sinne des Erfinders. Ich sage unserem Technischen Direktor, daß wir nicht lügen können, wenn es um die Zukunft geht. Doch er sagt: Klaus Martin, so viel Ehrlichkeit stehen wir dem Kombinat gegenüber nicht durch. Und ich widerspreche nicht, denn es ist nicht nur unser Problem. Im Betrieb meiner Frau haben sie sogar einen Entlader für die Gemüseanlieferung in den Stand eines Roboters erhoben ... Man braucht Mut, um das alles zu verändern. Mit Ehrlichkeit schafft man sich nicht nur Freunde ... Heute wird viel von meinem Großvater geredet, zu seinem Todestag erscheinen Artikel in der Zeitung, Parteischüler schreiben Arbeiten über sein Leben. Vielleicht klingt das geschwollen, aber ich meine es so, wie ich es sage: Es ist für mich eine Ehre, der Enkel des Genossen Martin Luther zu sein, nicht irgendwelcher Vorurteile wegen, sondern weil ich ihm keine Schande machen will. Er hat mir einmal gesagt: Klaus Martin, Erfolge können nur demjenigen in den Kopf steigen, der dort den dafür nötigen Hohlraum hat! Also versuche ich als Parteisekretär immer ehrlich zu sagen, was wir erreicht haben und was noch nicht. Jahrelang feierten die Reservisten in unserem Betrieb bei Bier und Schnaps am 1. März den Ehrentag der NVA. Von Marsch konnte keine Rede sein, aber diese Feier wurde als Reservistenmarsch abgerechnet, abgehakt, weitergemeldet. Deshalb sagte die Parteileitung: Wir müssen ehrlicher sein. Wenn das Marsch heißt, soll auch marschiert werden! Wir organisierten einen 5-Kilometer-Marsch mit Schießen, Auszeichnung und Bier danach. Da wurden wir für das Normale – für das Marschieren – öffentlich belobigt, prämiiert und im Kreis popularisiert, als hätten wir schon Außergewöhnliches geleistet ...

Das Haus der Luthers steht am Ende von Tiefenort. Daneben beginnt schon die Viehtrift der LPG. Vor dem Haus hat Klaus Martin für die Kinder aus sorgfältig geschälten und gestrichenen Baumstämmen eine Blockhütte gebaut, dazu Schaukel und dicke Kletterseile. In der Garage steht ein Liliputmoped mit Beiwagen, eine Luthersche Eigenkonstruktion. Die Räder hat er aus aufgeschweißten Schubkarrenrädern gebastelt. Manchmal brausen sie zu fünft damit in den Wald. Im Garten steht ein Gewächshaus, die Streben sind sorgfältig verschraubt, die Schrauben eingefettet. Auch das Haus hat der Parteisekretär mit der gleichen Sorgfalt verschönt. Parkettfußboden, Holzdecke, große helle Zimmer ...

»Ich müßte erst früh um sieben im Betrieb sein, aber die Arbeiter kommen schon um sechs. Da kann der Parteisekretär nicht erst eine Stunde später erscheinen. Also stehe ich um 4.30 Uhr auf, laufe 45 Minuten bis zum Bahnhof, in der Eisenbahn muß ich aufpassen, daß ich das Umsteigen nicht verschlafe ... Das Leben, oder sagen wir, das Munterwerden fängt bei mir erst im Betrieb an. Ein gutes Frühstück, danach läuft alles ...

Mein Großvater hatte mir einmal gesagt: ›Klaus Martin, wenn du unruhig bist und nicht weißt, wie es weitergeht, oder wenn du keine Kraft mehr hast, dann spannst du einen Vierkantstahl in den Schraubstock ein und feilst ihn bis auf ein zehntel Millimeter genau zylindrisch. Wenn du das fertige Teil nach Stunden in der Hand hältst, wirst du ruhiger sein und wieder daran glauben, daß du schaffst, was du dir vorgenommen hast.‹ Vielleicht ahnte mein Großvater, der Martin Luther, schon unsere Unruhe heute.«

MITTWOCH, 26. NOVEMBER
Eingesparte Ritterrüstung

Man könnte abergläubisch werden, jedes Mal, wenn wir in einen Betrieb fahren, heute in den VEB Kettenfabrik, hat der Erste Zahnschmerzen und seine morgendliche Sonderbehandlung schon hinter sich. Er darf drei Stunden weder essen noch trinken. Nur reden.

Fast täglich wird in der Kreisleitung über die in Barchfeld nicht produzierten Ketten und Speichen gesprochen, denn ohne Ketten und Speichen dreht sich in den Fahrrad-, Roller-, Kinderwagen-, Moped- und Motorradbetrieben der DDR überhaupt nichts. Material und Arbeitskräfte hatten die Barchfelder genug, trotzdem produzierten sie weniger als geplant. Der Betrieb mußte Millionen von Mark an Vertragsstrafen, Strafen für Umweltvergehen und Strafen wegen Zinsüberschreitungen bezahlen. Schließlich konnte er nur noch Konkurs anmelden. Bei uns – sagt HDF – heiße das Stabilisierungsverfahren. Und wir entlassen auch keine Arbeiter, aber der wirtschaftliche Schaden sei der gleiche.

Vor fünf Wochen hatten sie den Kurt Tetschner als Betriebsdirektor nach Barchfeld geschickt. Der Kurt sei ein Durchreißer, aber man könne ihn jetzt nicht allein kämpfen lassen. Nicht alle hatten dafür gesprochen, Kurt Tetschner die Leitung in Barchfeld anzuvertrauen. Der ehemalige Betriebsleiter des Wälzkörperwerkes Bad Liebenstein hatte eine Parteistrafe bekommen und war deshalb in das Wartburg-Werk nach Eisenach versetzt worden. Aber Helga Kleinschmidt – Frauen haben wohl ein besseres Gespür für Kaderfragen – sei eine leidenschaftliche Fürsprecherin gewesen.

Ich frage den Ersten, wie die Misere im Betrieb entstehen konnte.

Der Betrieb sei erst vor einem halben Jahr wieder finanziell eigenverantwortlich geworden. Zuvor hatten sich viele Barchfelder Leiter unter den Flügeln des Kombinats verstecken können. So wäre ihnen nichts passiert, auch wenn sie kiloweise Körner fraßen und lediglich in jeder zweiten Woche ein Ei legten. Und dann die Sauferei im Betrieb, resultierend aus einer miesen Betriebsatmosphäre. Obwohl in Barchfeld die Versuchung zum Trinken besonders groß sei, fast jede Sparte und jeder Verein habe dort eine Kneipe und es gäbe Taubenzüchter, Hundezüchter, Hühnerzüchter, Kaninchenzüchter, Angler, Jäger ... Und für einige sei der Verein manchmal schon wichtiger als die Arbeit im Betrieb. »Neulich erzählte mir der Kurt Tetschner: ›Schickt der Verband der Geflügelzüchter für 10 Kollegen eine Freistellung für jeweils 10 Ausstellungstage. Die Abteilungsleiter unterschreiben, an die Planschulden denkt keiner. Und eines Morgens ruft die Kampfgruppe an, sie müsse sofort eine Fußballmannschaft nach Salzungen zu einem Turnier mit der NVA-Pateneinheit schicken. Da habe ich vor dem Barkas mit den Genossen Fußballkämpfern erst einmal die Betriebsschranke heruntergelassen.‹«

Die Schranke zum Betrieb steht offen. Eberhard, der Parteisekretär, begrüßt uns. Auf das obligatorische »Na, Genosse, wie kämpft es sich?« sagt der große schnauzbärtige Eberhard: »Wir sind bei der Umgestaltung!«

»Du meinst den Bau der Halle für die Ölpumpenkette?« fragt HDF.

»Nein, die Umgestaltung im alten Betrieb: Nur das verbrauchen, was man erarbeitet! Nicht schon eine Stunde vor Feierabend in der Kneipe sitzen! Auch die Leiter zur Kasse bitten, wenn in ihrer Abteilung geschlampt wird!«

Wir beginnen mit dem Rundgang durch den Betrieb.

Ein Hofarbeiter, mit Besen in der Hand, hält den Ersten an. »Genosse Fritschler, Sie sind einen Tag zu früh gekommen.«

»Nein«, sagt der Erste, »es war so ausgemacht.«

»Aber ich habe heute noch nicht gekehrt, morgen dagegen ...« Papier liegt herum. Aber sonst ist es sauber. Es liegen keine Dreckhaufen an den Wegen. Die Lagerhalle ist ordentlich aufgeräumt. Als HDF und der Generaldirektor den Betrieb vor einigen Monaten besichtigten, konnten sie vor Abfall und Unrat an manchen Stellen kaum treten.

Der General fragte die Arbeiter damals: Schämt ihr euch nicht, in solch einem Dreck zu arbeiten?

Vor dem Gebäude, in dem der Barchfelder Versehrten-Rollstuhl gefertigt wird, haben die Kollegen kleine Fichten gepflanzt. Sie sind frisch gegossen. Im Eingang steht ein »Meyra«-Rollstuhl aus der BRD und daneben der namenlose aus Barchfeld. Er hat noch keinen Namen, aber schon eine lange Geschichte. »Umgekehrt wäre es schlimmer«, sagt HDF. – Einer der Konstrukteure erzählt: »Vor einigen Jahren hatten sich der Genosse Egon Krenz und der General des Kombinates für Zweiradfahrzeuge diese Sache ausgedacht. Nun ist ja nicht immer alles richtig und wichtig, was zwei ganz oben bei einem Stehbankett auskaspern, aber wenn einer von ihnen erst mal kommt und sagt, das machen wir, dann wird es auch gemacht. Und auch wenn es ein Rollstuhl ist! Aber diese Idee war nicht schlecht, denn die weltbekannten ›Meyra‹-Rollstühle kosten fast 8000 Valutamark, und jährlich brauchen wir in der DDR über 300 Versehrten-Rollstühle. Also selber bauen! Aber wo? Die Suhler Moped-Konstrukteure hatten mehr Erfahrungen. Sie konnten besser einschätzen, was mit dem Rollstuhl alles auf sie zurollen würde. Deshalb sagten sie: ›Laßt die in Barchfeld das machen. Speichen und die Kette haben sie, und Autositze, Batterien, Motor und die paar anderen hundert Einzelteile sollen sie sich besorgen und daraus einen Rollstuhl basteln.‹ Wir begannen zu basteln. Der erste war klobig, er stürzte manchmal sogar um, die Ärzte protestierten ... Wir drehten neue Teile, organisierten sogar einen Computer im An- und Verkauf, entwickelten einen zweiten Rollstuhl. Der ist viel leichter, er kann ohne Batteriewechsel rund 40 Kilometer fahren, erreicht bei einigen Werten den ›Meyra‹, ist in manchem sogar besser ... Die Sozialversicherung lobt in höchsten Tönen, die Partei lobt auch. Einige Ärzte schwören zwar immer noch auf den Rollstuhl aus der BRD, aber das ist wohl mehr eine ideologische Sache. Und nun müssen wir endlich weg von der Bastelei, der Einzelanfertigung. Wir müssen Serien produzieren, denn der Rollstuhl hat dem Betrieb schon viel zu viel Entwicklungsgeld und Geist gekostet, und unsere eigentlichen rationalisierungsbedürftigen Objekte blieben liegen, beispielsweise die Speichenherstellung.«

Ein Draht wird von großen Rollen abgespult, auf höllisch lärmende Maschinen gezogen, geknickt, geschnitten und geformt. Ein Arbeiter bedient fünf dieser vor 1945 gebauten Ungetüme. Bevor die Speichen im Galvanikbad ihr Chrom- oder Nickelkleid erhalten, werden sie von acht Frauen in Fächergestelle gefädelt. 36000 Speichen hängt jede Frau täglich ein. Überall ist der Steinfußboden glitschig vom Öl und giftiger Säure. Die Frauen sitzen auf Drehhockern. Ihre Füße stehen auf Holzgittern. Darunter hat Kurt Tetschner Elektroheizungen anbringen lassen. »Ich weiß, daß es verboten ist, wahrscheinlich kriege ich eins drauf dafür, aber die Gesundheit der Frauen ...« Die Frauen, die in den stickigen Dämpfen vor dem Galvanikbad sitzen, scheinen nicht halb so beeindruckt von der Schwierigkeit ihrer Arbeit wie ich. Sie erzählen Witze, reden mit uns, schauen nicht mehr auf die Finger, die automatisch greifen und einfädeln. Im Vorraum hängt sogar eine Wandzeitung: »Auswertung des Plenums. Wir verpflichten uns, pro Schicht je Arbeiterin 3000 Speichen mehr einzufädeln.« Der Kombinatsdirektor habe ihnen vor einem Monat gesagt, daß sie für jeweils 1000 Speichen rund eine Mark zusätzlich bekommen.

Die acht Frauen sind nur durch einen Folien-Vorhang von dem Galvanikkarussell getrennt. Hinter diesem Vorhang beginnen schwarze Wände wie in einer Hexenküche. In der Mitte steht der Bottich, in dem die Speichen hängen. Eine Gestalt im Gummianzug und Gummistiefeln, mit Gummihandschuhen und Gummibrille – ein Monster aus Horrorfilmen – taucht die Fächer mit den Speichen in die Giftbrühe, holt sie wieder heraus ...

Es sei wirklich das letzte, dieses Bad, sagt Kurt Tetschner, aber im Moment könne er den Leuten nur Giftzulage und Schmutzzulage und Erschwerniszulage zahlen.

»Ich habe selbst Angst vor dieser Giftbrühe«, sagt der Werkleiter, »wenn die uns mal unkontrolliert wegläuft, 'rein in die Werra ...« Deshalb kämpfe er täglich nicht nur um die Planerfüllung, sondern telefoniere, interveniere, schreibe Briefe, damit für die neue Halle und die alte Galvanik auch eine neue Kläranlage gebaut werde. Das sei nicht leicht, weil die Devisen fehlen – die Ungarn sollen eine Anlage liefern –; er werde nicht nachgeben ...

Auf der anderen Seite der F 19 steht die Halle für die neue Härterei und die Produktion der Ölpumpenkette im Rohbau. Etwa 100 Meter lang, 50 Meter breit. Die Arbeiter machen sie winterfest, nageln Türen und Fenster mit Sauerkrautplatten zu.

Vor einem Jahr weideten hier noch Schafe. Im Januar wurde die Grundsatzentscheidung bestätigt, im August begannen die Montagearbeiten, im Frühjahr sollen die Maschinen aufgestellt werden.

»Dann werden die Schwierigkeiten erst anfangen«, sagt Kurt Tetschner. Die Produktion müsse mit Computern gesteuert werden, dafür gebe es in Barchfeld keine erfahrenen Spezialisten ...

Um von der neuen Halle über die F 19 in die alten Betriebsteile gehen zu können, müssen wir minutenlang warten. »Ein Gabelstapler braucht gegen 16 Uhr manchmal eine viertel Stunde, um eine Lücke in der Autoschlange zu finden und die Straße zu überqueren. Ich kann mir nicht vorstellen, wie das funktionieren soll, wenn wir in der neuen Halle produzieren«, sagt Kurt Tetschner.

Einen Tunnel unter der Straße könne man nicht bauen, weil die Gebäude zu dicht an der Straße stehen, es sei kein

Platz für die Tunnelausgänge. »Aber wenn wir die F 19 über das Feld umleiten, könnten wir sogar den Durchgangsverkehr nach Bad Salzungen und Eisenach ordentlich trennen, der Ort würde sicherer. Knapp zwei Kilometer Straße, das Kieswerk ist in der Nähe.«

HDF: »Ein Millionending, das der Ratsvorsitzende Zimmermann erst in den Plan hineinpuzzeln müßte. Aber der Rat des Bezirkes hat in den nächsten Jahren wahrscheinlich keine Mittel dafür.«

Kurt Tetschner: »Wenn wir im Betrieb erst einen Verkehrstoten haben, kannst du erleben, wie schnell die Mittel dann bereitgestellt werden …«

HDF böse: »Herrgott, weißt du, was wir alles können müßten. Ihr gebt den Leuten in der Galvanik vorbeugende Kuren, aber weißt du, was ihr eigentlich machen müßtet?«

Nach dem Rundgang ist Parteileitungssitzung.

Die Sekretärin bringt dem Betriebsleiter einen Zettel. Er freut sich, als hätte er den Eichel Buben erhalten, und legt das Blatt sorgfältig neben sich auf den Tisch.

Der Parteisekretär bittet Kurt Tetschner, die Lage einzuschätzen, und er fordert die Genossen auf, zu unterbrechen, wenn sie Fragen hätten. Jeder müsse mitreden, nicht nur mitschreiben und dann weglegen, sondern an Ort und Stelle nachfragen, die Probleme versuchen zu klären …

Ich hatte in diesen Tagen bei Beratungen immer nur stumm wie ein Fisch neben HDF gesessen, nun mache ich zum ersten Male den Mund auf und frage: »Verzeihung, ich kann mir kaum vorstellen, daß euer Betrieb pleite ist, daß ein Stabilisierungsverfahren eingeleitet werden mußte. Ihr baut eine neue Halle, stellt als einzige in der DDR einen Rollstuhl her und habt Arbeiter, die unter schwierigen Bedingungen ihre Leistungen steigern.«

Kurt Tetschner: »Erstens riefen einige Leiter bei jeder Entscheidung, ob das die Entwicklung einer neuen Speiche, die Einführung neuer Technik, die Entlohnung der

Arbeiter oder den Umweltschutz betraf, jahrelang nur: Suhl! Suhl! Suhl! Sie steckten den Kopf in den Sand und warteten auf die Weisung vom Kombinat. Eigenverantwortung wurde zum Fremdwort. Zweitens die Sauferei. Auch im Kreis Bad Salzungen stieg der Schnapsverbrauch seit 1980 von 3,5 auf 5,1 Liter je Einwohner, übrigens ist er damit mehr als doppelt so hoch wie in der BRD. Eine der Folgen war, daß wir in unserem 800 Mann-Betrieb bis zum 30. September durch Fehlschichten 60 Arbeitskräfte weniger hatten. Eines Morgens erhielt ich die Mitteilung, daß nachts ein junger Arbeiter, ein gewisser Möller, besoffen neben seiner Maschine geschlafen hatte. Ich beschloß, weil es kaum noch einen Tag ohne Alkoholvorkommnisse gab, ein Exempel zu statuieren: Der Kollege bezahlt den Produktionsausfall, ebenso das Heimfahrgeld pro Liter Benzin 16,50 Mark – so viel wie es dem Betrieb kostet. Er wird in die Galvanik versetzt ... Einige Leiter hoben die Hände und fragten beschwörend, ob ich nicht wüßte, wer dieser Möller sei. Ich wußte es nicht. Er ist der Sohn unseres Kampfgruppenkommandeurs! Ich bin trotzdem bei meiner Entscheidung geblieben. Und ich habe den Meistern, in deren Abteilungen Alkohol getrunken wird, die Prämie streichen lassen. Neuerdings holen die Meister ihre saufenden Kollegen, die sie sonst wohlwollend vor Kontrollen gewarnt hatten, selbst aus den Kneipen. Das Ergebnis der letzten Tage: Sieben Verweise wegen Alkohol.« Er glaube, daß Strafen und gute Worte allein nicht mehr ausreichen werden, denn das Schnapsangebot in unseren Läden werde immer attraktiver. Dadurch könne man zwar Geld abschöpfen, aber wenn er der zuständige Minister wäre, würde er nur noch halb so viel Schnaps herstellen lassen und die Preise dafür verdoppeln ... Ein guter Teil der Planschulden im Betrieb gehe auf Kosten des Alkohols.

HDF fragt: »Angenommen, ihr würdet in den letzten Wochen des Jahres keine billigen Speichen, sondern nur noch teure Ketten produzieren, wie viele IWP-Schulden könntet ihr dadurch noch abbauen?«

Kurt Tetschner: »Einige hunderttausend Mark.«

HDF: »Dann macht auf Teufel komm raus Ketten, damit die Kreisbilanz ein bißchen freundlicher aussieht!«

Kurt Tetschner: »Weißt du, was dann passiert? Wir hätten weniger Schulden, aber die Fahrrad-, Moped-, Kinderwagen-, Motorrad- und Rollerbetriebe könnten ihre Arbeiter alle in den Weihnachtsurlaub schicken. Wir wollen deshalb in der nächsten Woche alle Betriebe zu einer Speichen- und Kettenbörse einladen und unsere Produktion bis zum Jahresende so verteilen, daß jeder Betrieb noch möglichst viele Kinderwagen, Roller und Mopeds herstellen kann, egal, was aus unserer IWP wird …« – Das sei nur die kurzfristige Strategie, aber gleichzeitig müßten sie schon ein bißchen weiter gucken. Das ASMW habe mit Stempel angewiesen, künftig nur noch verchromte Speichen herzustellen! Das sei der blanke Wahnsinn. Um jede Speiche eine Ritterrüstung aus teurem Chrom, also auch für einen Kinderroller, der wahrlich nicht für die Ewigkeit halten müsse! Aber sie werden gegen die Weisung auch weiterhin billige vernickelte Speichen herstellen! Außerdem wollen sie eine neue Speiche produzieren, eine aus Niro (nichtrostendem) Stahl. Damit entfalle das Verchromen, sie könnten die Galvanik und die Umwelt entlasten. 1987 würden sie versuchen, plastumhüllte Speichen zu produzieren.

Was der Betriebsleiter sagt, klingt so überzeugend, daß der Erste nichts ergänzt.

Einer der Konstrukteure aus der Rollstuhlabteilung verspricht, daß sie zwei Jugendforscherkollektive bilden werden, die das Anschnüren und Aufstecken der Speichen rationalisieren.

Bevor der Parteisekretär die Parteileitungssitzung beendet, nimmt Kurt Tetschner den Zettel, den ihm die Sekretärin gebracht hat, und verkündet: »Plansoll pro Tag 355 000 Mark. In der vergangenen Woche schafften wir 350 000. Vorgestern 360 000. Und gestern – soeben ist es berechnet worden – 378 000 Mark!«

Am Werktor klopft der Erste dem Kurt Tetschner auf die Schulter: »Ihr packt das. Wegen der Umgehungsstraße werde ich mit dem Ratsvorsitzenden sprechen. Auch wegen der Kläranlage. Und vergeßt über dem neuen computergesteuerten Betriebsteil nicht die alte Galvanikbude. Und paß auf dich auf, Kurt, überziehe nichts, und hole dir immer den Rat der Genossen.«

Ehe wir fahren, bittet mich HDF, einen Moment zu warten, er wolle nachschauen, ob das alte Haus abgerissen sei ...

In der Zwischenzeit zeigt mir der Parteisekretär den neben der Kettenfabrik stehenden Betriebsteil des »VEB Kunstgewerbe Pappenheim«, in dem unter anderem auch eine Stanzerei untergebracht ist. In einem der Räume stehen Schwengelpressen, die wie vor der Erfindung der Dampfmaschine betrieben werden. Davor sitzende Frauen reißen die großen schweren galgenförmigen Schwengel mit einer Hand zur Seite – die Kraft wird auf ein Pressengestänge übertragen –, und mit der anderen Hand müssen sie gleichzeitig ein Blechteil unter den Stempel halten, der daraus eine Klemme für Schalter stanzt. Tausendmal in einer Schicht. Ähnliches sah ich bisher nur auf Bildern in Geschichtsbüchern, womit die Entstehungszeit der Manufakturen dokumentiert wurde. Ich gehe zwanzig Schritte weiter, dort steht an der Tür »Wissenschaftlich-Technisches Zentrum«. Ingenieure – oder sind es nur Techniker? – sitzen dort vor Personalcomputern.

Ich frage, ob sie das täglich mitanschauen, wie diese Frauen an den Schwengelpressen ...

Ja, sie hätten sich daran gewöhnt.

Aber man müßte das doch verändern – vielleicht mit Elektromotorantrieben? fage ich.

Das würde zu viel Geld kosten.

Und ich technisch unbegabter Mensch sage verzweifelt: »Könnte man nicht einen Motor aufstellen und ein Gestänge ähnlich dem einer Lokomotive bauen, das alle diese Schwengel ...«

Naja, so einfach sei das auch wieder nicht, wie ich Laie mir das vorstelle. Außerdem sei für die Entwicklung des Betriebes jetzt der Einsatz von Bürocomputern zur Rationalisierung der Verwaltungsarbeit und die Anwendung der Mikroelektronik bei der Rationalisierung der Handhabetechnik entscheidend.

Das hatte ich schon einmal gehört, und zwar im Bericht des Parteisekretärs des »VEB Kunstgewerbe Pappenheim« vor dem Sekretariat der Kreisleitung ...

HDF kommt mißgelaunt zurück. Das Haus stehe immer noch, das heißt, Haus könne man das schon nicht mehr nennen.

Auf dem Rat der Gemeinde hatten sie nur Ausreden: Naja, ganz so einfach, wie er sich das vorstelle, sei das nicht ...

Er habe ihnen eine Galgenfrist bis zum 31.12. gegeben ...

Postskriptum zu diesem Tag:

Spät abends, das erzählt mir HDF erst am nächsten Morgen, sei er mit Eberhard Stumpf noch zu dem Merkerser Bürgermeister Ambrosi gefahren. Der habe zwar sehr lange bei der NVA gedient ... aber überzeugen sei allemal besser als befehlen. Der Ambrosi sei einverstanden, nach Tiefenort zu gehen ...

Als ich sage, man hätte mich zu dem Gespräch mitnehmen sollen, schüttelt HDF den Kopf. Das seien persönliche Dinge. Er habe es schon erlebt, daß Männer dabei weinten. Es gehöre sich nicht, solche Gespräche nur abzuschreiben, so etwas sollten sich die Dichter erfinden.

Genosse Ambrosi, 35, Bürgermeister in Merkers, versetzt nach Tiefenort

Weshalb ich einverstanden bin, als Bürgermeister nach Tiefenort zu gehen? Kennst du das nicht von der Armee: »Gefreiter Müller, wollen sie freiwillig Minen räumen?« – »Nein, Genosse Hauptmann!« »Gefreiter Müller, ich befehle ihnen, Minen zu räumen!« – »Jawoll, Genosse Hauptmann!«

Ich wohne zwar in Tiefenort, aber ich verlasse Merkers ungern, jetzt da die Arbeit gut läuft und ich viele Dinge durchgeboxt habe. Nein, nicht die 96 Wohnungen, die in Merkers gebaut werden sollen, damit habe ich nichts zu tun. Ich hatte ja nicht mal 30 gemeldete Wohnungssuchende. Nein, nach meiner Meinung müßten die Wohnungen nicht in Merkers gebaut werden. Aber ich hatte mich gerade freigeschwommen als Bürgermeister, und das ist in dieser Kali-Hochburg Merkers nicht einfach. Stell dir vor, wenn Kali nur 1 Prozent seines Planes nicht bringt, ergibt das eine zweistellige Prozentzahl der gesamten übrigen IWP des Kreises. Und dementsprechend ist natürlich die Stellung des Kalibetriebes und seines Parteisekretärs. Ich habe etwa 10 Aussprachen gehabt und dabei den Kalileuten gesagt: Am besten, ihr schraubt das Schild: »Rat der Gemeinde Merkers« ab und hängt ein neues auf »Kommunalpolitische Abteilung. Kalibetrieb Werra«. Und wehe, der Delikat-Laden vor dem Betriebseingang wurde nicht regelmäßig beliefert, da machte der Parteisekretär ein Faß auf, ich solle mich sofort darum kümmern. Ich habe ihm gesagt: »Wenn du pfeifst, da springen hier alle, aber wenn ich pfeife, da höre ich man gerade mein eigenes Echo. Und wenn ich Zeit haben soll, mich um den Delikat-Laden zu kümmern, dann sorge du dafür, daß eure Fachdirektoren sich auch mal mit Problemen in der Gemeinde beschäftigen.«

Na ja, und nun läuft das sehr gut. Übrigens, was den Merkerser Delikat-Laden betrifft, da reden sich manche den Mund fusselig, aber am Zahltag steht davor eine Schlange, wie vor dem Gemüseladen, wenn es Bananen gibt ... Also, jetzt klappt die Zusammenarbeit zwischen Gemeinde und Kalibetrieb, und nicht nur, weil er mit 20 000 Mark pro Jahr sein staatspolitisches Gewissen beruhigt, sondern weil wir alle großen Vorhaben – wie die Kaufhalle – schon gemeinsam vorbereiten ... und ausgerechnet jetzt soll ich nach Tiefenort. In Tiefenort wohnen zwar auch fast nur Kalikumpel, aber dort ist alles noch organisch – also die Sozialstruktur – gewachsen. Außer den 600 Genossen gibt es in Tiefenort über 70 Mitglieder der CDU, 60 Einwohner gehören der DBD an. Und wenn zum Waldeinsatz aufgerufen wird oder die Stoßdämpfermordstrecke im Steingraben gepflastert werden soll, da sind es nicht immer die Genossen, die mithelfen. Ein Teil der Gemeindepolitik wird immer noch in der Kneipe gemacht. Nach dem Motto: »Herr Lehrer, ich weiß was, auf'm Klo brennt Licht« entstehen dann die tollsten Gerüchte. Diesen Freunden muß man erst einmal den Unterschied von Stammtisch- und Ratsgesprächen erklären. Und danach können wir all die anderen liegengebliebenen Probleme der Reihe nach anpacken. Mit dem Kalibetrieb werden wir – da kenne ich mich ja ein bißchen aus – einen Vertrag über die materielle Hilfe bei der Festwoche abschließen und mit allen Betrieben des Territoriums über den Bau von Wohnungen und Gehwegen verhandeln. Wenn sie uns vorn rausschmeißen, müssen wir hinten wieder rein ... Und wenn wir es bis zur nächsten Wahl nicht schaffen, daß die Trinkwasserleitung von der Krayenburg gelegt wird, damit die Kinder tagsüber und nicht nachts gebadet werden können, dann brauchen wir keine großen Bogen mehr zu spucken ... Und wenn ich nach Tiefenort gehe, dann nicht als Springer, dann möchte ich nach ein paar Jahren nicht wieder Orden und Order bekommen: »Pack dein Ränzlein!«

Bürgermeister sollten in ihrem Ort geboren sein und auch dort sterben, denn diese Arbeit ist keine Funktion. »Bürgermeister ist eine Lebensaufgabe.«

Überhaupt müßte ein Bürgermeister nicht ständig wie ein Unterhemd gewechselt werden, auch wenn gute Funktionäre heute in der DDR zur Mangelware gehören. Aber Bürgermeister könne man eben nicht wie andere Dinge gegen Fliesen oder Gefrierschränke eintauschen. Von den vielen Leuten, die sofort bereit sind, über den Bürgermeister, den Wohnungsbeamten, den Betriebsleiter oder den Parteisekretär zu schimpfen, würde keiner selbst als Bürgermeister, Wohnungsbeamter, Betriebsleiter oder Parteisekretär arbeiten wollen. 1946 war das wohl noch verständlich, da hatte kein Arbeiter eine Lehre als Regierender absolviert, aber heute, wo die Kinder schon in der 1. Klasse den Bürgermeister besuchen und das Regieren lehrplanmäßig erlernen dürfen ...

DONNERSTAG, 27. NOVEMBER
Billige Frisur

Ehe wir zur Aktivtagung der Nationalen Front gehen, spricht HDF mit Jürgen Riese und Herbert Schwarz über die Kreisleitungssitzung am 16. Dezember. Alle Redner seien mit Hilfe der Fachabteilungen in der Kreisleitung vorbereitet worden, die Diskussionsbeiträge abgesprochen, berichtet Jürgen Riese.

.»Auch der vom Genossen König, dem Leiter des Orchesters?« fragt HDF.

Ja, man habe ihm noch einmal erklärt, daß er während der Kreisleitungssitzung nicht von seinen Sorgen mit den fehlenden Orchestermusikern sprechen könne, er müsse in seinem Diskussionsbeitrag die Linie für die Kulturarbeit im Kreis abstecken ...

Auf dem Weg zur Aktivtagung des Kreisausschusses der Nationalen Front treffen wir die junge Architektin, die am vergangenen Freitag leidenschaftlich gegen die dreistökkige Variante der »Rekonstruktionswohnungen Rathausstraße 1-9 mit Unterlagerung« protestiert hatte. Sie fragt, ob der Bezirk sich für mehr Wohnungen oder für eine zweistöckige, dem Markt angepaßte Architektur entschieden hätte. Es sei noch nicht entschieden, sagt HDF, aber wahrscheinlich werde der Bezirk auf drei Stockwerke, also mehr Wohnungen, bestehen ... Als sie schimpfen will, legt er ihr die Hand auf die Schulter und sagt: »Es gibt nun mal Dinge zwischen Himmel und Erde, die werden so geklärt, wie es auf Bezirksebene beschlossen wurde. Wozu sonst haben wir den demokratischen Zentralismus ...« Er schränkt ein. »Wir können da nichts ändern, selbst wenn wir es wollen ...«

»Auch der erste Kreissekretär nicht?«

»Auch der erste Kreissekretär nicht, oder sehe ich aus wie der liebe Gott?«

Ich erinnere HDF, daß er mir erzählen wollte, wie das leidige Problem in der Rathausstraße entstanden ist ...

Vor 15 Jahren seien in dieser Straße am Markt noch viele kleine baufällige Geschäfte gewesen. Nachdem man sie weggerissen hatte, bauten die Schausteller dort ihre Buden auf. Da seien die Handelsleute auf die Idee gekommen, den freien Raum für den Bau eines großen Kaufhauses zu nutzen. Denn Salzungen hatte bisher keins. Doch es sei unmöglich gewesen, dieses Kaufhaus in den Bezirksplan hineinzubekommen ...

»Nun haben wir nebenan in Bad Liebenstein mit dem Heinrich-Mann-Sanatorium zwar eine Einrichtung, die uns manchmal Ärger bereitet, aber das Sanatorium hat auch seinen Nutzen. Wenn beispielsweise der Justizminister einen Kurausflug nach Bad Salzungen macht und sieht, daß das hiesige Kreisgericht baufällig ist, dann bekommen wir eher ein paar Mittel dafür ...« Und Ähnliches sei mit dem Kaufhaus geschehen. Damit es in den Bezirksplan aufgenommen werden konnte, habe man es in »Rekonstruktionswohnungen mit Unterlagerung« verwandelt. Kaum sei dafür das Ja-Wort gesprochen worden, haben sie in aller Eile, ohne fertige Projektierung, ohne die Heizungsfrage zu klären, ohne zu wissen, wie viele Wohnungen gebaut werden müssen, mit der »Unterlagerung« begonnen. Als die ersten Wände standen, wurde ihnen der Vorteil, daß viele hochrangige Kurgäste aus Bad Liebenstein nach Salzungen kommen und viele Fragen stellen, zum Nachteil.

Um 9 Uhr beginnt die Tagung der Nationalen Front über die Abstimmung von »Volkswirtschaftsplan und Masseninitiative der Bürger im Jahr 1987«.

Mir gegenüber sitzt eine korpulente Frau, vielleicht vierzig Jahre alt. Sie liest aufgeregt einen handgeschriebenen Zettel bis zu Ende. Und fängt wieder von vorn an. In der Gaststätte decken die Kellner für Mittag ein. Sie scheppern so laut mit dem Geschirr, daß der Erste selbst hinausgeht ... Nach dem zweiten Diskussionsredner steht die Frau, die mir gegenübersitzt, auf, geht nach vorn, verhaspelt sich beim Reden. »Ich bin Frau Stemm und wohne im Neubaugebiet Allendorf in der Straße des 7. Oktober Nummer 59. Wir Hausbewohner haben für über 200 Mark Altstoffe gesammelt, aber nun nimmt man uns die Textilien nicht ab. In manchen Städten hat der Altstoffhandel die gesammelten Textilien sogar schon auf die Müllkippe fahren lassen. Dort haben die Leute sie dann wieder aufgelesen und bei SERO abgegeben. Wir haben zusammen auch einen Waldeinsatz gemacht. Die Gartenbesitzer brachten aus ihren Gärten Blumen und Sträucher für die Grünanlage. Und jetzt wollen wir um die Mülltonnen eine Einfassung mauern, damit das Papier nicht in der Gegend umherfliegt.« Der Erste nickt begeistert. »Aber wir kriegen keinen Zement.«

Als sie sich setzt, sehe ich Schweißperlen auf ihrer Stirn. Die Nachbarin drückt ihr die Hand. Eine strahlende Siegerin, die sich sehr langsam verschnauft. Ich frage leise: »Sie haben zum ersten Mal eine Rede gehalten?« Sie nickt. »Ich wollte erst nicht sprechen, aber wenn wir jetzt Zement bekommen, werden die Mieter sagen, daß es eine gute Rede war.« Ich sage: »Es war die beste Rede heute.« – »Im Büro vom Kreis wollten sie vorher alles abschreiben und umschreiben, aber ich habe gesagt: Wenn ich schon rede, dann will ich auch das sagen, was ich zu sagen habe …«

Es dauert zwei Stunden, bis alle vorgesehenen Redner von Massenorganisationen und Blockparteien zu Wort gekommen sind: Nur einmal noch Regung im Saal, als die mitarbeitende Ehefrau des Friseurs in Tiefenort fragt, ob es nötig sei, daß die Trockenhaarschnitte für Männer zu 1,50 Mark vom Staat preislich gestützt werden. Was sei das für eine Gleichberechtigung, die Frauen müßten ihre Frisur doch auch teuer bezahlen?

Beim Mittagessen sitzen wir wieder in der gleichen Runde zusammen wie am Morgen, als die Diskussionsbeiträge für die Kreisleitungssitzung besprochen wurden. Jürgen Riese, Herbert Schwarz, HDF und ich. Der Erste wertet die Tagung der Nationalen Front aus. Viel zu viel gleichförmige Deklamation und zu wenig schöpferische Demokratie. Viele vorbereitete Beiträge seien ohne Leidenschaft, weder Fisch noch Fleisch gewesen …

Und diesmal hat man Fragen. Jürgen Riese: »Sozialistische Demokratie ist mehr als nur der formale Akt, daß alle in der Nationalen Front vereinten Parteien und Massenorganisationen regelmäßig sprechen. Müßten sie nicht miteinander über die Lösung verschiedener Probleme streiten? Ganz zu schweigen davon, daß nicht der Rede wegen geredet werden sollte.«

HDF sagt, daß er am Nachmittag mit den Parteisekretären in Vacha auch darüber diskutieren wolle ...

Eigentlich sollte Jürgen Riese heute nach Vacha zur Anleitung der Parteisekretäre fahren, doch seine Mutter liegt im Großbreitenbacher Krankenhaus. Er möchte sie besuchen, muß 100 Kilometer hin und 100 Kilometer zurück fahren. Der Erste vertritt den Zweiten ...

Die Parteisekretäre der Stadt und der umliegenden Dörfer haben sich im denkmalgeschützten Fachwerk-Rathaus versammelt. Wir thronen auf schweren Eichenstühlen. Die Lehnen sind so hoch, daß von hinten nicht einmal die Köpfe zu sehen sind. In dieser musealen Atmosphäre klingen die Worte des Ersten verfremdet: »Genossen, wir müssen alte Zöpfe abschneiden, Gewohnheiten ändern, die uns nur schaden!« Beispielsweise könne man zur Planbesprechung im Kreis nicht den fünften Hilfsradierer delegieren und hinterher lamentieren, daß die Gemeinde beispielsweise mit dem Bau einer Wasserleitung nicht berücksichtigt worden ist. Planung heiße Verantwortung, und Verantwortung bedeute kämpfen! Er verlangt, daß die Abgeordneten ermutigt werden, in der Stadtverordnetenversammlung nicht nur die Hand zu heben, sondern Fragen zu stellen. Auch solche, von denen der Bürgermeister vorher nichts wußte, bei denen er Herzklopfen bekomme.

»Ich lese immer teurere Zeitungsanzeigen, in denen die Tagesordnung der Stadtverordnetenversammlung bekanntgemacht wird. Darunter steht die freundliche Aufforderung, daß alle Einwohner dazu eingeladen sind. Aber weshalb kommt dann keiner? Weil die Versammlungen zu interessant sind und die Abgeordneten Fragen stellen, die jeden Einwohner brennend interessieren? Wenn das so wäre, brauchte es keine Anzeigen, so etwas würde sich herumsprechen.«

Einer der Parteisekretäre fragt den Ersten: »Und wenn ihr zur Kreisleitungssitzung alle Genossen öffentlich einladen würdet, wer käme dann?«

Rainhard König, 46, Leiter des Staatlichen Sinfonieorchesters Bad Salzungen

»Der Diskussionsbeitrag ist fertig, die Abteilung Kultur beim Rat des Kreises hat noch einige Probleme der Volkskunst – darüber weiß ich nichts – hinzugefügt, und die Genossen der Kreisleitung gaben die perspektivische Richtung ... 7 Seiten, ordentlich mit Maschine geschrieben: ›Kunst und Kultur unterstützen mit ihren ganz spezifischen Mitteln die ökonomische Strategie unserer Partei ... Am Anfang jeder kulturellen Arbeit muß die Klarheit über die ideologischen Fragen unserer Zeit stehen ... Die Bezirkskulturaktivtagung vermittelte neue Anregungen für die Gestaltung der Arbeit auch in unserem Kreis, die noch zu untersetzen sind ...‹

Die Genossen haben mich erst auf der letzten Delegiertenkonferenz zum Kandidaten für die Kreisleitung gewählt, da kann ich nicht gleich Revolution hinter dem Rednerpult spielen. Außerdem, wenn ich mich hinstelle und nur meine Probleme aufzähle, und danach spricht der Kreisschulrat, und der listet auch lediglich einen Problemkatalog auf, genauso wie die Verkäuferin, was kann dabei herauskommen?

Wie es um die zwei Orchester des Kreises bestellt ist? Traurig! Hoffnungslos ... (Und dann sagt er noch ein Eigenschaftswort, das seiner Meinung nach nicht zum Sprachschatz eines Künstlers gehören dürfte, deshalb solle ich es nicht aufschreiben. L. S.) 33 Musikerplanstellen haben wir für das Orchester, zur Zeit spielen wir mit 28, davon acht Ausländer. Ohne die ausländischen Kollegen kann heutzutage kaum ein Orchester in der DDR existieren. Es fehlen insgesamt Hunderte Musiker. Die Kollegen aus Bulgarien, Rumänien, Ungarn und anderen Ländern spielen gern bei uns. Es gibt jedoch für ihre Anstellung als Musiker genaue Richtlinien, beispielsweise zum Standard der Quartierausstattung: warmes und kaltes Wasser, Tisch, Bett, Sessel, Stehlampe. Aber die Stehlampe können wir nicht aus dem Bevölkerungskontingent kaufen, die muß vorher staatlich bilanziert werden ...

Wie es mit dem Nachwuchs aus der Kreismusikschule steht? Zwei von hundert werden an den Musikhochschulen immatrikuliert, und die kommen später nicht nach Bad Salzungen zurück.

28 Orchestermusiker sind wir also noch, 11 kündigen im August, dann bleiben 17, davon fünf Rentner. Manche raten mir: Löse das Liebensteiner Orchester auf. Aber die sind auch nur ein paar Getreue, davon sieben Rentner. Früher hatten wir im Kreis sogar drei Orchester, hier in Salzungen noch eine Kurkapelle.

Und damit sind wir beim Hauptthema: Wie effektiv ist die Kunst bei uns? 680 000 Mark kostet unser Orchester im Jahr, und 61 000 Mark spielt es ein! Insgesamt gibt es in der DDR 88 Orchester! Auf je 200 000 Einwohner ein staatliches Orchester, das ist Weltrekord. Oder anders gesagt: 200 000 Bürger müssen jeweils ein Orchester finanzieren! Der eigene Musikernachwuchs reicht etwa für die Hälfte der Orchester. Also muß man vielleicht auch darüber reden, ob wir uns 88 Orchester überhaupt leisten können.

Was ich in Salzungen vorschlagen würde? Unsere Planstellen sollte man an das Sinfonieorchester in Suhl abgeben. Man könnte eine kleine Kurkapelle von vielleicht 15 Mann gründen und Kaffeehausmusik machen. So könnten wir uns vielleicht sogar selbst finanzieren. Die großen Festkonzerte zu Jubiläen – um die sind die Chefs im Kreis ja besorgt und wollen uns deshalb behalten –, die könnten die Suhler übernehmen. Für eine kleine Kaffeehaus- oder Kurkapelle könnten wir sogar den Nachwuchs selbst heranziehen. Vor dem Krieg war in Salzungen ein Stadtpfeifer angestellt. Der lehrte das Musizieren und zog mit den Musikern über die Dörfer. In unserer Kapelle spielen noch einige, die vom Stadtpfeifer ausgebildet worden sind.

Aber all das gehört natürlich nicht in einen Diskussionsbeitrag für die Kreisleitungssitzung. Das Problem ist zu klein und zu speziell. Ich muß als einziger Kulturschaffender in der Kreisleitung auch für die Bildhauer und Bibliothekare sprechen. Und das Effektivitätsthema, ob wir uns in der DDR 88 Orchester leisten können, das ist zu allgemein und zu groß. Das wissen die oben im Ministerium und im Politbüro besser. Wir müssen abwarten, bis sie sich dazu äußern. Und um ehrlich zu sein: Ich schätze die Zusammenarbeit mit dem Genossen Fritschler. Weshalb sollte ich ihn da vielleicht in Schwierigkeiten bringen? Er war im Sommer hier, hat sich die Probenräume angeschaut, auch die Wohnungen der ausländischen Kollegen, hat die Kulturverantwortlichen beim Rat gefragt: Und ihr schämt euch nicht? Und hat unserer schwangeren rumänischen Kollegin geholfen, daß sie aus dem Loch von Wohnung ausziehen konnte ...

Es würde dem Orchester nicht gut tun, wenn ich in meiner Diskussion alles mit Ach und Krach zur Sprache brächte.« Rainhard König legt die Diskussionsrede in seine Mappe zu den Partituren.

Freitag, 28. November
Fehlende Hohlkörper

Auf der Tagesordnung der Sekretariatssitzung stehen so viele Themen, daß man sich schon eine Stunde früher, um sieben Uhr, versammeln muß. Der Gäste wegen wird die Ziehharmonikawand des kleinen Raumes geöffnet. HDF orakelt: »Eines Tages müssen wir anbauen.« Peter Rumberg spottet: »Mit diesen Leuten würde die KPdSU ein Gebiet leiten, das viermal so groß ist wie die DDR.«

Jürgen Riese spottet nicht. Der Zweite ist verantwortlich für die Vorbereitung der Sitzung. Außer der aktuellen ideologischen und ökonomischen Situation im Kreis sollen die FDJ-Arbeit in verschiedenen Genossenschaften und Betrieben, die Versorgungspolitik, der Salzunger Weihnachtsmarkt, die Jugendpolitik in der Stadt und ... und ... und beraten werden.

Die für mich interessantesten Meinungen höre ich allerdings nicht während der Tagung, sondern in der Mittagspause und nach Feierabend.

Von den vielen Themen der Sekretariatssitzung nur einige Haupt- und Nebensätze, die für meine bisherigen drei Wochen mit HDF wichtig sind:

Bei der Rekonstruktion der Salzunger Innenstadt wird ab 1987 zweischichtig gearbeitet.

Es gibt Leute im Kreis, die mehr als eine Million Mark auf ihrem Sparbuch haben. Millionäre.

Bis zum 1. Oktober mußten in diesem Jahr im Kreis schon 6,5 Millionen Mark für Nacharbeiten wegen Ausschuß bezahlt werden.

Die Heizer des Hartmetallwerkes Immelborn werden im Heizwerk Ettmarshausen aushelfen.

Trotz IWP-Erfüllung hat der Kreis zur Zeit 21 Millionen Mark Schulden bei der Vertragserfüllung.

In Wölferbütt wurde eine neugebaute Kinderkrippe übergeben. 15 Mütter können wieder in ihrem Beruf arbeiten.

Die Barchfelder Kettenwerker haben den Plan auch gestern überboten ...

Eine dreiviertel Stunde ist Mittagspause. HDF stochert nur in dem fetten Szegediner Kraut. Genosse Hans Albrecht habe auf die schriftliche Bitte, anstelle der 96 Neubauwohnungen in Merkers nur 64 zu bauen und dafür 32 in Bad Salzungen, noch nicht reagiert. Aber wahrscheinlich werde es bei der ersten Entscheidung bleiben ... Ich frage, ob ich ihm einen Kaffee mitbringen soll, doch er schüttelt den Kopf. Er wolle schnell noch mit Blumen und Wein zu seiner Sekretärin fahren, die sei schon einen Monat krank.

Ich setze mich zu Dieter Böhm, dem Landwirtschaftssekretär; sage, daß der Erste einen guten Leitungsstil hat, sogar um die Sekretärin sorge er sich.

Ja, um die Sekretärin, sagt Dieter Böhm. »Der Erste hat für alle offene Ohren, nur nicht für seine Sekretäre. Wahrscheinlich glaubt er, daß wir keine Sorgen haben.« Es sei entschuldbar, der Erste habe ja kaum Zeit für sich, wolle bei der Arbeit für alle Vorbild sein, schiebe kein Problem, das man ihm anvertraue, weg. Und dadurch erledige er manchmal auch Dinge, für die andere gut bezahlt werden. »In seinem Tagesplan gibt es keine Leerlaufstunde und in seinem Wochenplan kaum einen Tag, an dem er nicht unterwegs ist. Verführt diese Menge an Problemen zur Oberflächlichkeit? Und hält er diesen Zeitdruck, diese Anstrengungen körperlich aus? Wenn wir einmal Zeit füreinander haben, werde ich ihn danach fragen.«

Vielleicht sei das rechte Verhältnis, der logische Zusammenhang zwischen der großen Strategie und den oft als klein erscheinenden Alltagssorgen das schwer zu Machende in der Arbeit jeder Kreisleitung.

Als ich nicht sofort begreifend nicke, erläutert der Landwirtschaftssekretär anhand seines Ressorts, wie sich aus den großen strategischen Aufgaben eine Fülle von alltäglicher Arbeit ergibt.

»Die unveränderte Strategie der Partei besteht seit Jahren in der Zielstellung, so viel Milch, Eier, Fleisch, Getreide und Gemüse zu produzieren, daß wir uns in der DDR nicht nur mit eigenen Produkten versorgen können, sondern daß die wachsenden Bedürfnisse der Bevölkerung immer besser befriedigt werden. Um diese Strategie zu verwirklichen, haben wir die Bauern überzeugt, Kooperativen zu gründen, Agraringenieure ausbilden zu lassen, neue Getreidesorten zu züchten ...« Dabei habe man sich aufgerieben, auch manche Fehlentscheidung getroffen und später wieder korrigiert, aber alles sei dieser richtigen Strategie untergeordnet gewesen, selbst das, was man falsch gemacht habe. Und wenn man vergliche, wieviel auf den Feldern vor dreißig Jahren geerntet wurde und wieviel heute, wie es damals in den Dörfern aussah und wie sie heute aussehen, dann wäre klar, daß die Landwirtschaftsstrategie der Partei die einzig richtige für unser Land gewesen sei ... In diesen Tagen müßten sich die Genossen seiner Abteilung beispielsweise sowohl mit der Erhöhung der Bodenfruchtbarkeit als auch mit jahrelang vernachlässigten Kleinställen und zu dämpfenden Futterkartoffeln herumschlagen.

Sätze, die ich am Nachmittag aufschreibe.

Der 1. Sekretär der FDJ-Kreisleitung: »Im Kaltwalzwerk hat sich die Jugend bei der Meisterung der wissenschaftlich-technischen Revolution *positioniert* ... in der LPG Tiefenort konnte die Fluktuation der Jugend *minimiert* werden.«

Peter Rumberg: »Wenn ihr in eurem Bericht über die Beteiligung am FDJ-Studienjahr schon schummelt, dann müßt ihr wenigstens aufpassen, daß die Quersummen stimmen.«

HDF: »In den letzten Wochen hatten wir im Kreis Probleme mit Jugendlichen, die unser Land verlassen wollten. Das ist mir so wichtig, daß ich dem Sekretariat vorschlage, den 1. Sekretär zu beauftragen, eine genaue Analyse über die Partei- und Jugendarbeit in den Grenzorten anzufertigen.«

Helga Kleinschmidt: »Im Metallwerk wurde die MMM-Aufgabe ›Pressen von Schrott‹ an die Jugend übergeben. Aber das hat die Ohlsen-Bande schon vor acht Jahren fertiggebracht.«

Peter Rumberg: »Vor einem Jahr haben wir rote Ehrenbanner an FDJ-Grundorganisationen vergeben, nun stehen sie als Staubfänger herum.«

Jürgen Riese: »Unterstützt mir auch die jungen Angler und die jungen Kaninchenzüchter. Salopp gesagt: Wer zu Hause Karnickel·im Stall hat, geht nicht nach dem Westen.«

Eberhard Stumpf: »Es gibt junge Leute, die sitzen in Ohrensesseln vor dem Farbfernseher, trinken schottischen Whisky aus dem Shop und überlegen nur, wie sie für ihren Trabi eine neue Stereo-Kompaktanlage organisieren können ...«

HDF: »Über 50 Prozent der Bevölkerung der DDR ist im wahrsten Sinne des Wortes jung, erst nach der Gründung der Republik geboren, in unserem Staat aufgewachsen. Da können wir uns nicht mehr mit Überbleibseln kapitalistischer Moral herausreden.«

Nach der Kaffeepause stehen noch Versorgungsprobleme, Organisationsfragen, Parteistrafen, Streichungen, Ordensvorschläge und Kaderfragen auf der Tagesordnung.

Erstes nebensächliches, aber lange diskutiertes Problem: die Hohlkörper, diese Weihnachtsmänner aus Schokolade, die es in keinem Laden mehr gibt. HDF: »Das Loch in den Hohlkörpern haben wir uns selbst organisiert.« In drei Tagen seien 11 Tonnen davon verkauft worden, das heißt für jeden Einwohner im Kreis – vom Opa bis zum Säugling – zwei Stück.

Die restlichen vier Tonnen werden bis Weihnachten zurückgehalten. (Drei Monate später erzählt mir Klaus Martin Luther, daß sie derzeit im Kabelwerk als Nachtisch zum Mittagessen kostenlos einen Schokoladen-Weihnachtsmann erhalten. Restbestände.)

Zweites, nebensächliches, aber lange diskutiertes Problem: Auf dem Salzunger Weihnachtsmarkt gibt es wieder keinen Fotografen, der die Kinder mit einem Weihnachtsmann fotografiert. Den Fotografen hätte man besorgen können, aber keinen Weihnachtsmann-Dauerkader, denn die Handelsleute konnten sich nicht über dessen Entlohnung einigen ...

Punkt 17 Uhr ist Feierabend. Es regnet, aber HDF geht nicht nach Hause. Er will sich die Wohnung am Nappenplatz noch einmal anschauen. Doch die provisorische Brettertür ist vernagelt. Da holt der Erste einen Grundrißplan aus seinem Aktenkoffer und zeigt mir an der Vorderfront des Hauses das kleine Fenster vom künftigen Arbeitsraum, das größere Zimmer soll Sandro bekommen. Ich frage ihn, ob er den Plan immer mit sich herumträgt.

Nein, nur heute. Er habe den Plan einigen Sekretariatsmitgliedern gezeigt. Wenn schon kollektive Entscheidungen, dann müsse er die Genossen auch über seine neue Wohnung informieren, nicht, daß man hinterher sage, die sei zu groß.

Ich frage ihn, ob er demnächst einen freien Abend einplanen könnte, ich möchte meinen Ausstand geben.

»Die vier Wochen sind schon um?«

»Ja, nächsten Freitag.«

»Hast kaum angefangen und willst schon wieder aufhören ... und keiner bestimmt, wann du aufhören darfst.«

HDF sagt es fast wehmütig.

Ich frage: »Wenn man dich wiederwählt, wie viele Jahre würdest du dann Erster bleiben wollen?«

Er überlegt länger als sonst.

»Ich habe mir schon oft gedacht: Mit fünfundfünfzig oder spätestens mit sechzig, wenn die Kraft nachläßt, hörst du als Erster auf! Aber wahrscheinlich ist das dann schwerer getan, als heute gesagt. Wie ehrlich wird man in zwanzig Jahren noch zu sich selbst sein können? Und hat man seine Genossen so erzogen, daß sie einem dann die Wahrheit ins Gesicht sagen? Außerdem kann man sich als Erster daran gewöhnen, daß man der Erste im Kreis ist. Das Anfangen ist nicht schwer, da schubsen einen viele vorwärts, da helfen die Genossen. Doch wer hilft einem dann beim Aufhören? Aufhören fällt schwerer als Anfangen. Wahrscheinlich hat nur der als Erster gut geleitet, der sich in seiner Amtszeit entbehrlich gemacht hat; der nicht darauf hin gearbeitet hat zu bleiben, sondern zu gehen.«

Der Regen hört auf, kleine Fenster im Grau.

HDF sagt: »Ich werde noch eine Runde laufen, muß Kraft auftanken.«

Morgen sei ein großer Ball zum 40. Jahrestag der Grenztruppen. »Da muß ich repräsentieren *und* tanzen.«

Jürgen Riese, 42, 2. Sekretär der SED-Kreisleitung Bad Salzungen

Ich war siebeneinhalb Jahre von zu Hause weg, fast schon verkauft nach Berlin. Ich hatte dort beim Zentralrat der FDJ gearbeitet, die Parteihochschule abgeritten, eine gute Funktion in Aussicht, sogar eine Wohnung. Aber die Arbeit dort, das ist nicht mein Stil, ich bin von Natur aus Kalikumpel und kein Diplomat, ich will mich nicht schon vorher bei dem entschuldigen, den ich kritisieren will. Und ich muß bei der Arbeit die Ärmel hochkrempeln und ranklotzen. Als Zweiter erledige ich hier zwischen zwei Telefongesprächen die gleiche Aufgabe, für die ich in Berlin einen Tag lang Muße hatte. Dort konnte ich in Ruhe eine Vorlage ausarbeiten. Am ersten Tag war ich fertig, am zweiten Tag las sie der Chef, am dritten Tag gab er seinen Geist dazu, am vierten Tag arbeitete ich sie um, und am fünften Tag einigten wir uns dann auf meine erste Fassung. Nein, lieber hier ein großer Kleiner als dort ein kleiner Großer.

Ich habe im Kali Grubenelektriker gelernt, zu den Bravsten gehörte ich nicht. Als mir ein Lehrer eine Aufgabe falsch bewertete, weil ich 1:2 nicht mit 2:1 gleichsetzte, son-

dern den Unterschied – nämlich Übersetzung und Unter-
setzung – herausstellte, da gab es so einen Streit, daß ich
mal ausholte, nur ausholte … Dafür sollte ich von der
Schule. Aber die Genossen der Schule stellten sich auf die
Seite des Rowdys, also auf meine. Sie sagten, ich solle ins
Lehrerzimmer gehen und mich entschuldigen, alles andere
würden sie erledigen. Ich flog nicht, machte die Prüfung
als Grubenelektriker. Nach einem Jahr war ich schon Revierelektriker. So ein Revierelektriker ist unter Tage sein
eigener Herr, ein kleiner König. Als die Genossen sagten,
ich sei doch schon immer ein guter FDJler gewesen, im In-
ternat ein eifriger Fanfarenbläser und obendrein im Heim-
komitee sehr aktiv, da mußte ich noch lachen, aber als sie
dann verlangten: Mach hauptamtlicher FDJ-Sekretär, da
war mir nicht mehr zum Lachen zumute. Denn wie gesagt,
ein Revierelektriker ist ein kleiner König, ein FDJ-Sekretär
dagegen. Ich weigerte mich. Es gab erneut Aussprachen –
ich weigerte mich wieder. Da sperrten sie mir meine Fahr-
marke, ohne die darf keiner runter in den Schacht. Da
stand ich Grubenelektriker und konnte nicht arbeiten …
Und so wurde ich FDJ-Sekretär im Kali. Seit 22 Jahren bin
ich hauptamtlicher Revolutionär. Die erste Bewährungs-
probe, besser, ein prägendes Erlebnis, hatte ich kurz danach, als ich mit vier anderen Mitgliedern einer FDJ-Dele-
gation in der BRD verhaftet wurde. Wir haben uns nicht
heldenhaft gefühlt. Es war mehr ein Abenteuer. Aber als
wir zurückkamen – Foto in der Zeitung: freigekämpft –,
da waren wir eben Helden. Manche zehren von solcher Be-
gebenheit ein halbes Leben lang. Aber Bewußtsein muß
einem doch jeden Tag neu bewußt sein. Es ist nicht so:
Wer einmal Bewußtsein hat, der hat's für immer! Das ist
Gläubigkeit. Beispielsweise kämpfst du jahrelang mit
einem Genossen Schulter an Schulter, und dann geht es
um seinen Gartenzaun, der wegen einer Heiztrasse einen
Meter verrückt werden soll. Da schmeißt der alles hin!

Oder nimm Tschernobyl: Vorher konnte mancher gar nicht oft genug die unverbrüchliche Freundschaft zur Sowjetunion bekunden, und dann haben sie ihren Kopfsalat klammheimlich auf den Komposthaufen des Nachbarn geschmissen.

Bewußtsein sollten wir vor allem in den Mitgliederversammlungen erwerben, aber wenn ich mir manche Parteiversammlungen in den Betrieben anhöre. Also, das läuft so ab: Eine halbe Stunde spricht der Parteisekretär über Ideologie und Ökonomie. Danach spricht der Betriebsleiter eine halbe Stunde über Ökonomie und Ideologie. Es bleibt noch Zeit für zwei vorbereitete Diskussionsbeiträge. Wenn einer von der Kreisleitung kommt, werden die Reden vorher noch durchgesehen. 5 Minuten Schlußwort. Dann fahren die Busse ...

Vielleicht hört sich das hochnäsig an, so 'n junger Dachs und große Töne spucken ... Aber als ich 1982 als Zweiter in Salzungen anfing, da hatte ich Bammel. Am 15. Dezember saß ich zum ersten Mal auf diesem Stuhl, und drei Tage später mußte ich die Parteisekretäre anleiten. Aber ich kannte viele von ihnen noch aus meiner Zeit als 1. Sekretär der FDJ-Kreisleitung. Da waren sie FDJ-Chefs in den Betrieben. Die FDJ-Zeit hat meinen Stil geprägt, ebenso prägend war die Arbeit in der Grube. Eines war natürlich nicht immer vorteilhaft. Der damalige Erste, Genosse Koszycki, sagte mir oft: »Den Kalistil mußt du dir jetzt abgewöhnen, du kannst als zweiter Kreissekretär der Partei nicht mehr zu jedem Dummkopf Dummkopf sagen!«

In der FDJ-Zeit hat sich auch keiner von uns mit Wohnungsfragen oder Krippenplätzen herumgeschlagen, das war, so dachten wir, Sache der BGL. Heute haben wir in der Kreisleitung täglich Sprechzeit, und, Fluch der guten Tat, es werden nicht weniger Bürger, die mit Sorgen zur Kreisleitung kommen, sondern immer mehr. In diesem

Winter zum Beispiel, ich saß wegen einer Statistik noch nach Feierabend hier, brachte der Pförtner um 18 Uhr eine laut heulende Frau, die ihr noch lauter schreiendes Baby auf dem Arm trug, in mein Zimmer. Sie habe seit vier Tagen keine einzige Kohle mehr im Haus, schluchzte die Frau. Der Kohlehandel habe keine geliefert. Heute sei sie mit den drei Kindern dortgewesen, doch man habe ihr nur gesagt: Machen Sie doch nicht so viele Kinder! In der eisigen Kälte könne sie das Baby nicht mehr wickeln ... Was machst du da? Dem Chef vom Kohlehandel habe ich stehenden Fußes einen strengen Verweis erteilt; dann den Leiter der Zivilverteidigung angerufen und gesagt, er möge in seinem Pkw sofort zwei Säcke Kohlen besorgen. ›Woher denn‹, fragt der, ›ich wohne im Neubau.‹ Fahr zum Rat des Kreises ins Heizhaus. Als er murrte, sagte ich: Das ist ein Befehl! Dann habe ich die Sabine Franke, die Leiterin der Frauenkommission, holen lassen und ihr gesagt: »Du wartest in der Wohnung, bis die Kohlen da sind und es so warm ist, daß die Frau ihr Baby wickeln kann! Das nennt man operative Parteiarbeit.

Dazu kommt die tägliche Parteiarbeit und dann die perspektivische, beispielsweise mit welchen Computern aus welcher Generation müssen die Arbeiter vertraut gemacht werden, damit sie die Produktion in wichtigen Betrieben des Kreises auf 200 oder 300 Prozent steigern können. Und da wollen wir nicht so tun, als ob wir Parteifunktionäre alles verstehen ...

Hans-Dieter sagt immer: Der Erste vom vorigen Jahr kann nicht mehr der Erste von diesem Jahr sein. Die Probleme ändern sich von Tag zu Tag, manchmal müssen wir eine ganze Strategie umschmeißen, beispielsweise das Verhältnis von Erdöl und Braunkohle. Oder der saure Regen, den es erst nicht gab, und nun düngen wir die Wälder ...«

Der Hans-Dieter ist ja nun wirklich für alles im Kreis verantwortlich: vom Nudelholz bis zum Wald. Ich kümmere mich mehr um die Partei, Organisationsfragen, Anleitungen, Sekretariatssitzungen. Außerdem gibt es ein ungeschriebenes Gesetz: Einer von uns beiden ist immer im Haus. Und weil er fast jeden Tag draußen ist, bin ich fast jeden Tag drin. Er kommandiert mich nicht, und wenn ich eine Entscheidung getroffen habe, die falsch war, aber trotzdem noch vertretbar, da stellt er sich nicht hin und macht mich – um seine Größe zu demonstrieren – vor den anderen zur Sau. Er sagt es mir erst hinterher, wenn wir allein sind. Als er neu hier war, kam er einmal hemdsärmlig zu mir ins Zimmer, ich hatte Genossen einer anderen Kreisleitung zu Besuch, die kannten ihn nicht. Hinterher fragten sie ganz erstaunt: »Das war euer Erster? Er kommt zu dir, wenn er was will, und ruft dich nicht zu sich?«

Wir sind sehr unterschiedlich. Er leise, ich laut. Er rennt, als ob davon die Seligkeit abhängt, und ich ackere lieber in meinem Garten. Ist nichts Bedeutendes der Garten. Ich habe nur eine kleine Fertigteillaube drin, so eine für 3000 Mark. Aber ich habe dort meine Freunde, und dort wird auch mal ein Bier getrunken und gequatscht. Natürlich unterhalten wir uns nicht, wie rote Rüben noch roter werden, aber beispielsweise, wie wichtig es ist, daß es im Konsum unsere Johannisbeeren zu kaufen gibt ... Wenn Hans-Dieter sagt, ihr verkrümelt euch in eure Gärten, aber wer macht die gesellschaftliche Arbeit, führt die Familiengespräche? Dann sage ich ihm: Zieh dich nicht immer an den Familiengesprächen hoch, Gartengespräche sind auch Politik. Und sozialistische Demokratie kannst du auch im Gartenverein oder im Karnevalsklub machen. Das ist doch nicht nur Sache der Abgeordneten. Und in den Abgeordnetenversammlungen funktioniert die sozialistische Demokratie manchmal weniger gut als im VKSK oder bei der Feuerwehr. Auch deshalb haben wir im Kreistag jetzt Fragestunden organisiert. Und die Fragen kommen unvorbereitet. Weshalb klappt im Dorf die Brotversorgung nicht oder der Straßenbau ...? Erst hatte ich den Ehrgeiz, alle Fragen selber zu beantworten. Ich bin Kommissionsvorsitzender. Aber bald wurde ich ruhiger und hupfte nicht mehr wie Lenin auf die Kiste.

Und das ist nicht nur im Staatsapparat so, sondern auch in unserer Partei. Gute Parteiarbeit macht nicht der, der keine Fragen hat. Die Partei lebt doch von unseren Fragen und der gemeinsamen Suche nach gültigen Antworten. Denn wenn sich die Partei nicht nach vorn bewegt, wer sollte es dann tun?

Wir sind schon sehr lange unterwegs, sehr weit gegangen. Ich kenne noch Griffel und Schiefertafel, hergestellt bei uns im Schiefergebirge. Seit meiner Schulzeit sind wir vom Griffelzeitalter bis in das Roboterzeitalter marschiert ...

MONTAG, 1. DEZEMBER
Versäumter Empfang

Protokolltage, nennt sie HDF. Am Wochenende habe er sich beim Ball der Grenztruppen drehen, heute vormittag beim offiziellen Empfang zum Tag der Grenztruppen im Regiment Dermbach stramme Haltung annehmen müssen. Und nachmittags Geburtstagsschwätzchen beim Direktor des Salzunger Forstwirtschaftsbetriebes, der sechzig geworden sei ...

Dabei wisse er vor Arbeit fast nicht mehr, wo ihm der Kopf stehe. Am Donnerstag müsse er auch noch auf der Bezirksleitungssitzung in Suhl zur Diskussion sprechen. Seine Sekretäre haben ihm zwar zugearbeitet, aber viel zu viel, das Material reiche für ein Referat ...

Als alle Sekretäre Punkt acht in seinem Zimmer sitzen, wird zuerst über diese Zuarbeiten diskutiert, und dann stellt HDF die obligatorische Montagmorgenfrage nach politischen Problemdiskussionen im Kreis.

Im VEB Kraftverkehr gebe es Sorgen mit der Weihnachtsfeier, berichtet Helga Kleinschmidt. Die Kollegen aus der Werkstatt und die Fahrer des GüV – grenzüberschreitenden Verkehrs – wollen nicht wie bisher üblich zusammen feiern. Begründung: Die GüV-Fahrer hätten in ihren Päckchen nur teures Zeug aus der BRD ...

HDF wird laut. »Dieser verdammte Futterneid!« Er könne sich auch aufregen, wenn manche häufiger im Intershop als im Konsum einkaufen. Nein, nicht aus Neid, aber es sei nicht gut für die Moral, wenn schon die Kinder klassifizieren: Unsere Familie hat, und eure Familie hat nicht. Doch die GüV-Fahrer, die sich ihre paar Westmark sauer verdienen müssen, tagelang allein unterwegs sind, ohne Beifahrer auf- und abladen, nur im Auto schlafen, keine warmen Mahlzeiten haben ... wenn die sich dann paar Westweihnachtsmänner mitbrächten, sei das etwas anderes. »Die Parteigruppe soll dort gefälligst die Dinge beim Namen nennen und nicht drum herumreden!«

Dieter Böhm informiert über Beschwerden von Genossenschaftsbauern wegen schlechter Arbeitsbedingungen in alten, kleinen Ställen des Kreises: Keine Umkleideräume, von Duschen oder warmem Wasser ganz zu schweigen. Der Werner Schäfer habe es so gesagt: »Die Viecher haben es besser als die Tierpfleger, weil sie nicht aufs Scheißhaus müssen.«

HDF schlägt vor, im Januar mit allen LPG-Vorsitzenden darüber zu sprechen. »Zu Zeiten der 2000er Ställe haben wir leider keinen Gedanken, keine Mark und keinen Pinselstrich für die kleinen alten Ställe verwendet. Und so etwas passiert uns nicht nur in der Landwirtschaft.«

Anschließend Aufgabenverteilung. »Beim Empfang in Dermbach sehen wir uns alle. Zur Gratulation beim Forst gehen Dieter und ich.«

Ich packe mein Schreibzeug in die Tasche, dann setze ich mich zum Fahrer des Ersten, der noch gemütlich Kaffee trinkt.

Als er nach zehn Minuten immer noch nicht aufsteht, frage ich, wann wir nach Dermbach fahren.

Er schaut mich groß an. Die Sekretäre seien schon eine viertel Stunde unterwegs.

»Und der Erste?«

»Im B 1000 war noch Platz, da ist er dort mitgefahren.«

Drei Wochen begleite ich ihn schon, aber ...

Kurz vor 11 Uhr sind die Sekretariatsmitglieder aus Dermbach zurück.

Um den Anschluß nicht wieder zu verpassen, schnappe ich mir den Präsentkorb für den Forstdirektor.

Vor dem Forstwirtschaftsbetrieb finden wir kaum noch eine Parklücke. Im Saal tönen zu Ehren des Jubilars Jagdhörner. Wir stehen stramm wie bei der Nationalhymne. Als das Halali verklungen ist, Blumen, rote Mappe, Präsentkorb, Umarmung, Dank, Gesundheit, Schaffenskraft, Wohlergehen.

Zuerst sitzt HDF neben dem Direktor. Zur Erheiterung erzählt der Erste Waldlauf-Episoden. Einmal habe er mitten im Wald einen »Wartburg« stehen sehen. Er sei schnaufend hingerannt, um nachzuschauen. »Aber die drin lagen, schnauften noch lauter.«

Vom Direktor wechselt er an die Seite der sehr rundlichen, freundlichen Hauptbuchhalterin. Er redet etwa zehn Minuten Belanglosigkeiten und sagt dann nebenbei: »Euer Betrieb könnte in Salzungen eine kleine gemütliche Gaststätte, Köhlerhütte oder Jagdklause, etwas Forsttypisches bauen, Geld habt ihr, Holz auch ...« Die Buchhalterin protestiert, aber als HDF charmant verspricht, sie zu einem Gläschen in die Köhlerhütte einzuladen, sagt sie lächelnd, daß sie die Finanzen für 87 noch mal abklopfen werde.

Anschließend setzt sich der Erste zu Eberhard Stumpf.

Mit ihm kann er gleich zur Sache kommen. Übermorgen wird der Vorsitzende des Rates des Bezirkes, Arnold Zimmermann, vor den Ratsmitgliedern in Salzungen den Volkswirtschaftsplan des Kreises beurteilen. Eberhard Stumpf und HDF einigen sich, mit dem Ratsvorsitzenden bei dieser Gelegenheit über die Wasserleitung für Tiefenort, das Hochwasserschutzprogramm an der Werra, die Umgehungsstraße in Barchfeld, die Schwimmhalle in Bad Salzungen und die Abwässeranlage in der Kettenfabrik zu sprechen. Noch einmal über den Bau Rathausstraße 1-9 zu reden sei sinnlos, der Bezirk habe beschlossen: 18 WE und dreistöckig!, und für das Problem Wohnungsbau in der Kreisstadt oder Merkers werde der Vorsitzende bestimmt die endgültige Entscheidung mitbringen …

Zum Kaffee sind wir wieder in der Kreisleitung.

Im Zimmer des Ersten liegen die neuen Zuarbeiten für seinen Diskussionsbeitrag in Suhl.

Er blättert sie durch, legt sie weg und sagt: »Ich habe nicht für'n Fünfer Lust, aber es bleiben nur noch drei Nächte, ich muß wohl oder übel.«

Ich frage, womit er sich ablenkt, wenn er so richtig die »Schnauze voll« hat.

Im Wald herumrennen. Oder hinunter in die Grube zu den Kalikumpels. »Wenn du siehst, wie sie den Berg zwingen, bekommst du wieder Mut.«

Außer der Zuarbeit hat Helga Kleinschmidt dem Ersten Notizen über Probleme im VEB Besteck- und Schneidwaren Steinbach auf den Tisch gelegt. Für diesen Betrieb, in dem seit über hundert Jahren in alten kleinen Buden Messer aller Art, meist in Handarbeit, hergestellt werden, entsteht zur Zeit eine neue Produktionshalle. Dort soll an modernen Maschinen dreischichtig gearbeitet werden. Aber die alten Kollegen kündigen.

In den alten Werkstätten, früher waren es Ziegenställe, polierten zwei, drei Frauen die Messer. Von dort konnten sie schnell mal weg nach Hause, das Heu wenden oder dem Kohlenhändler zeigen, wo die Kohlen hingeschüttet werden sollen.

»Die Alten wollen nicht heraus aus ihren kleinen Buden. Aber wir machen die besseren Arbeitsbedingungen doch nicht nur für die Jugend. Wenn wir die Alten bei unserer neuen Technologie vergessen, verlieren wir die Ehrfurcht vor ihrer Weisheit und ihren Erfahrungen.«

Manchmal, wenn alte Leute Sorgen haben, handele er vorschnell, nur aus dem Gefühl heraus, sagt HDF. »Wie vor drei Wochen, im Glaswerk in Dermbach, als der Arbeiter seine Hemdsärmel hochkrempelte und mir seine geschwollenen Handgelenke zeigte.« – Das sei einer seiner Fehler, diese Spontanität.

»Und deine anderen Fehler?« frage ich.

So direkt und plötzlich könne er die nicht aufzählen. Irgendeiner habe immer mit ihm geschimpft … In der Kindheit habe die Mutter geschrien, wenn er bei Hochwasser auf Eisschollen oder in der Badewanne über die Werra gepaddelt sei. Einmal habe seine Tante die Türen vom Schlafzimmer ausgehangen, weil sie malerieren wollte. Da habe er sich aus den Türen ein Floß gezimmert …

Dann die Jugendzeit. Im grünen Forstmantel sei er auf dem FDJ-Dienstmoped durch den Kreis Hildburghausen kutschiert und habe bei den Kassiererinnen die Beiträge abgeholt. Und nicht nur das … Manchmal habe er sich tagelang nicht in der Kreisleitung gemeldet, irgendwo draußen gepennt.

Die Armeezeit, die habe ihm lange angehangen. Und noch als erster FDJ-Bezirkssekretär sei er oft ein bißchen zu wagehalsig gewesen. Wenn beispielsweise der Egon Krenz mit den Ersten eine sowjetische Garnison besucht habe und man dort mit scharfen Handgranaten werfen konnte, sei er immer ganz vorn im Graben gewesen. Und das habe der Egon nicht gern gesehen. Schließlich die Parteihochschule in Berlin. Da habe er unbeschwert gelebt. »Die Zwei war für unsereinen die goldene Eins. Und zum Selbststudium kamen wir manchmal wegen Kneipe, Fußball oder Tischtennis auch nicht. In jedem Zeugnis stand: ›Der Genosse Hans-Dieter Fritschler hat noch Reserven.‹«

Aber der größte Fehler, den man machen könnte, sei, sich als Parteifunktionär nicht mehr an eigene Fehler zu erinnern, in Versuchung zu kommen, an die eigene Unfehlbarkeit zu glauben und zu behaupten, daß die Meinung des 1. Kreissekretärs nicht nur die Meinung des Genossen Fritschler sei, sondern kollektive Meinung der Partei. Und die Partei habe immer recht ...

Dann sei man als Funktionär erledigt.

Genauso, wenn einem die Erfolge zu Kopf stiegen.

Die Helga Kleinschmidt habe ihm einmal gesagt: »Du darfst dich eine Minute über einen Erfolg freuen, aber du mußt 59 Minuten nachdenken, was du noch besser machen kannst.«

Er packt die Zuarbeiten für den Diskussionsbeitrag ein und wünscht mir einen guten Feierabend ...

Alma Fritschler, 66, die Mutter des Ersten

Oberer Kapellenstieg. Die kleine Gasse der Hildburghäuser Altstadt verengt sich hinter dem Haus Nummer 18, in dem Alma Fritschler wohnt, so sehr, daß kaum noch ein Trabant dazwischen paßt. Die Häuser, klein und bunt, sind aneinandergereiht wie die Perlen einer Kette. Sie ähneln denen in der Salzunger Silge.

Innen gibt es blanke Holztreppen. Die Zimmer haben niedrige Decken und kleine Fenster. Bei Alma Fritschler riecht es nach gekochten Pökelrippchen. Nein, berichtigt die freundliche Frau, keine Pökelrippchen, sondern Rauchfleisch. Mittags soll es Brühreis geben ... Sie fragt, ob sie rauchen dürfe oder ob mich das störe ... »Wissen Sie, ich bin keine Oma, wie man sich das manchmal vorstellt: am Ofen oder im Schaukelstuhl sitzend und den 10 Enkeln – so viele habe ich schon – Märchen vorlesend. Mit Märchen war in meinem Leben nichts, ich habe mich durchboxen, meine sieben Kinder allein großziehen müssen; immer nur Arbeit ... Und heute gehe ich noch jeden Tag zum Fleischer, mache dort sauber. Danach trinke ich gern in Ruhe einen guten Kaffee und rauche ein Zigarettchen. Das ist das Schönste für mich ...

Wir waren zu Haus zehn Geschwister, sechs davon leben noch. Mein Vater arbeitete im Gaswerk; die Mutter hat uns zehn satt gemacht, und die Hosen und Hemden so lange gewendet, bis sie auseinanderfielen. Nebenbei hat sie für die Leute Wäsche gewaschen und viele Jahre in einer Zahnarztpraxis saubergemacht. Aber der Zahnarzt hatte sie nicht versichert, und sie bekam keine Rente. Da begann die Mutter, mit sechsundsechzig, noch einmal wegen der Rente fünf Jahre als Kehrfrau zu arbeiten. Gewohnt haben wir seit meiner Geburt in der alten Walkmühle an der Werra, acht Zimmerchen hatten wir. Auch der Dieter ist dort geboren. Sein Vater kam nicht aus dem Krieg zurück. Das Letzte, was ich von ihm erfahren habe; seine Kompanie sei im Partisanengebiet eingesetzt. Ich habe dann mit einem Tischlermeister zusammengelebt. 1945 wurde der Jürgen geboren, 1950 die Sonja, 1951 der Rolf, 1954 die Brigitte, 1956 die Martina, und als ich 1957 mit der Elke schwanger ging, ist der Kerl nach dem Westen abgehauen. Da stand ich allein mit den sieben. Für jedes bekam ich 20 Mark Kindergeld, das waren 140 Mark, und dazu verdiente ich für die Arbeit beim Tee-Eschrich im Monat 250, das waren 390 Mark für die sieben Kinder und für mich. Das reichte kaum für das Brot zum Sattwerden. Der Dieter war sechzehn, als die Elke geboren wurde. Er mußte für die anderen Vater und Ernährer sein. Er ist deshalb auch mit der achten Klasse von der Schule runter. Wir brauchten doch jeden Pfennig. Er hat im Wald angefangen.

Wie gesagt, ich habe damals beim Tee-Eschrich gearbeitet. Wir bekamen die Säcke mit dem Tee aus Leipzig, und auf großen Tischen haben wir sie ausgeschüttet, mit der Hand den Tee gemischt und dann eingetütet. Der alte Eschrich, der brühte sich nach jeder Mischung eine Tasse, und wenn es nicht so schmeckte, wie er es sich gedacht hatte, mußten wir noch einmal von vorn anfangen. Ein Staub in der Bude, keine Lüftung, aber er sagte: Tee ist gesund ... Nein, ich trinke heute noch keinen Kräutertee ... Und als die kleinen Privaten volkseigen wurden, da hat man die Teebude dichtgemacht, und ich bin zum Großhandel in das Konservenlager. 12 Jahre war ich dort, habe als Rentnerin noch drei Jährchen drangehängt und mir dafür eine schöne Schrankwand gekauft. Die Kinder hätten mir vielleicht Geld dazugegeben, aber das will ich nicht – die Kinder sind nicht für die Mutter verantwortlich, sondern die Mutter für die Kinder. Weshalb fahre ich nicht auch auf Besuch nach drüben, wo mein Bruder lebt? Die Arbeit der Kinder ist mir wichtiger. Sie sollen keine Schwierigkeiten kriegen wegen so eines Westbesuches ...

Die Zeit damals in der Walkmühle war so schwer, daß man es sich heute kaum noch vorstellen kann. Mit drei Familien wohnten wir in der Mühle. Meine Eltern, dazu mein Bruder mit seiner Familie und ich mit den sieben Kindern. Wir hatten nur eine Küche und ein Schlafzimmer, deshalb blieben die fünf Kleinen bei mir, Dieter und Jürgen schliefen bei meinem Bruder und den Großeltern. Fast 20 Personen in acht kleinen Zimmern. Und zum Klo mußten wir auch in den eisigen Winternächten über den Hof. Und dann, 1966 war es wohl, da hieß es von einem Tag zum anderen: Ihr müßt alle sofort raus, der Schwamm ist in der Walkmühle! Damals arbeitete der Hans-Dieter schon als 1. Sekretär der FDJ-Kreisleitung. Ich bekam mit den Kindern für zwei Jahre eine Übergangswohnung. Aber Wohnung konnte man dazu nicht sagen. Sie war halb zerfallen. Direkt unter dem Fenster befand sich ein großer Misthaufen ... Endlich, 1968, ich habe geweint vor Freude, konnten wir hier in den Kapellenstieg ziehen. Zwar noch Plumsklo und kein Bad, aber wir hatten eine richtige Wohnstube. Zum ersten Mal eine Wohnstube! Und als wir dann Weihnachten nicht wie jedes Jahr in der Küche um den Tannenbaum sitzen mußten, sondern ihn in der Stube aufstellen konnten, da habe ich einen Brief an den Landrat geschrieben und mich bedankt. Seitdem wohnen wir hier. Inzwischen ist auch ein WC eingebaut und ein wunderschönes Bad. Natürlich hätte der Dieter uns schon eine modernere Wohnung besorgen können, in seiner Position wäre das wohl möglich. Aber ich habe ihn immer so erzogen, daß er das nicht macht. Und ich würde ihn auch nie danach fragen. Wir reden kaum über seine Arbeit und über Politik noch seltener. Da komme ich mit meinem Dieter nicht mehr überein. Wenn ich ihm sage: ›Na, denk doch mal, was du damals im Forst verdient hast und was die jungen Leute heute verdienen und was der Staat ihnen außerdem noch drauflegt. Und die Rentner, die doch den Staat und die jungen Leute großgezogen haben, was kriegen die?‹ Also, darüber kann ich mit meinem Dieter nicht reden, da sagt er nur: ›Mutti, Mutti‹, sagt er, ›bei uns im Staat geht's vorwärts, immer nur vorwärts, nicht rückwärts, für die Jugend und die Rentner, vorwärts und nicht rückwärts, und das ist gut so!‹

Der Rolf ist der einzige von den Kindern, der nicht verheiratet ist, auch kein Genosse. Wahrscheinlich haben die anderen sechs das Politische vom Opa, der war schon vor dem Krieg Kommunist. Die Mädchen haben inzwischen die Kreisparteischule besucht. Sie sind auch wirklich ehrliche und tüchtige Mädels. Die Sonja ist in Weißenfels Spinnerin, die Brigitte hier bei der Bahn, die Martina Genossenschaftsbäuerin in Streufdorf, und Elke ist bis nach Wolgast gezogen mit ihrem Mann, sie arbeitet im Großhandel. Der Rolf war Betonfacharbeiter, und jetzt ist er Ofensetzer, und der Jürgen arbeitet beim Rat.

Ich bin froh über die Kinder, wie sie sich gemacht haben, und auch über den Posten, den der Dieter jetzt hat. Wobei das ja keiner gedacht hat von dem Dieter. Im Gegenteil, was der sich als Kind alles geleistet hat. So schnell konnte man gar nicht gucken, wie der was angestellt hatte. Die Kleinen hat er auf einen Autoreifen gesetzt und ist mit ihnen die Werra hinuntergeschwommen.

Und dann das Küchenbüfett mit allem guten Geschirr umgeschmissen und ausgerissen. Der konnte flitzen, flitzen konnte der wie ein Windhund ... Ich habe ihn nie erwischt. Und er wußte, daß ich nur in meiner ersten Wut Hiebe austeilte. Wenn er zwei Stunden später kam, war aller Zorn verraucht. Ich wünschte mir heute, daß er ein wenig mehr Zeit für mich hätte, zwei- bis dreimal im Jahr schaut er kurz vorbei. Ich heize den Badeofen an, dann rennt er, hier kennt er jeden Weg – und hinterher kann man ihn auswringen, aber er ist zufrieden. Regelmäßig rennt er erst, seitdem ihn der Herzinfarkt fast umgehauen hätte. Damals war er noch ziemlich dick – aber nun läuft er ja fast nur als Strich durch die Landschaft. Manchmal denke ich, daß er nicht so viel rennen und dafür mehr ruhen und mehr essen sollte. Aber rennen und reden, das konnte er von klein auf schon. Geschichten hat der einem erzählt ...

Gehört haben sie immer auf mich die sieben Kinder. Die große Klappe den Eltern gegenüber, so wie heutzutage manche Kinder, nein, so etwas gab es bei uns nicht. Und arbeiten haben sie alle müssen von klein auf. Der Dieter hat mit zwölf Jahren schon beim Eschrich Teetüten gepackt. Ordentliche Kinder sind's geworden, und ich behaupte: Arbeit hat noch niemandem geschadet!«

Vergilbte Losungen

Die milden Herbsttage sind zu Ende. Heute morgen gefriert der Regen zu durchsichtigen Eishäuten.

HDF und ich schlittern durch die Stadt. Parteileitungssitzung im Kaltwalzwerk, in jenem Salzunger Betrieb, der sich nach einem »Staatsplanvorhaben« in den nächsten Jahren zweimal vergrößern wird, der eines der modernsten Walzgerüste des RGW erhält und die Produktion von extrem dünnem Stahlblech um hundert Prozent steigern soll ...

Horst Gubitz, der Parteisekretär, empfängt uns beim Pförtner. Er strahlt.

Der Erste fragt, weshalb er so fröhlich sei. (Vielleicht sind fröhliche hauptamtliche Parteisekretäre verdächtig – außer bei der Feier auf dem Kissel habe ich in den vier Wochen keinen fröhlich gesehen.)

Der Plan sei übererfüllt, sagt Horst Gubitz, außerdem das Kampfprogramm der Partei für 87 fertig ...

HDF lobt, dann sagt er: »Aber schau mal, über dem Pförtnerhaus und dort am Verwaltungsgebäude ...«

Weiße, schon unkenntliche Schrift auf rotem Stoff. Er habe neulich 17 dieser Losungen im Betrieb gezählt, sagt HDF, alle von »krumm nach schräg«, und fragt, ob die Arbeiter besser arbeiten, wenn sie fünf Jahre lang lesen, daß die Beschlüsse des XI. Parteitages erfüllt werden, und danach die XI durch eine XII ersetzt wird ...

Stippvisite in der Halle, in der 0,7 Millimeter starker und 500 Millimeter breiter Bandstahl bis auf 0,24 Millimeter – künftig sogar 0,10 Millimeter – heruntergewalzt wird.

Zwischen zwei kleinen Rollen, die von zwei größeren zusammengedrückt werden, rasen in einer Stunde rund vierzig Kilometer Stahlband hindurch. Je stärker der Druck auf die zwei Rollen sei, um so dünner könne gewalzt werden, schreit mir Horst Gubitz ins Ohr. Deshalb auch die 20-Rollen-Anlage, dann werden nicht nur zwei Rollen andrücken, sondern achtzehn. Aber selbst dann könne man den Stahl nicht auf einmal von 0,7 Millimeter auf 0,1 Millimeter verformen, er müsse zu zwei oder drei Stichen durch die Walzen. Außerdem verhalte es sich mit Stahl umgedreht wie bei dem Menschen. »Wenn der Mensch durch die Mangel gedreht wird, verliert er meist seine Festigkeit und wird weich. Das Stahlblech dagegen wird hart und muß danach in den Glühofen ...«

Als ich immer noch verständnislos vor den rotierenden Rollen stehe, schreit HDF: »Das ähnelt dem Kuchenteig, rollst du ihn zu wenig, wird er nicht dünn, rollst du ihn zu kräftig, walzt du Löcher in den Teig. Aber mißratenen Teig kann man wieder zusammenkneten und noch einmal ausrollen ...«

Das dünne Stahlblech wird in Bad Salzungen – um beispielsweise Konserven daraus formen zu können – auch mit Aluminium beschichtet, das dazu im Vakuum mit Elektronenstrahlen verdampft wird. Die Anlage ist mit Planen verhangen. Wegen der Geheimhaltung, denn es sei eine Erfindung Professor von Ardennes. Ein Arbeiter sagt: »Wenn der Ardenne das mit dem Krebs auch so hinkriegen würde wie mit dieser Maschine. Meine Schwester wurde schon zum zweiten Mal operiert ...«

Einen Teil vom Stahlblech verarbeiten die Walzwerker sofort zu Kronkorken für Bier-, Brause- und Saftflaschen. In der DDR braucht man dafür 28 000 Tonnen Stahlblech, neuerdings sogar 30 000 Tonnen, denn die Getränkeindustrie verlangt im Zeitalter der Materialeinsparung statt der 0,24 Millimeter Kronkorken jetzt 0,26 Millimeter starke. 30 000 Tonnen devisenteures Stahlblech – Kronkorken – schmeißen wir jedes Jahr in den Müll. Und das in einem Land, in dem das »Volk der Sammler« lebt ...

Während Horst Gubitz das auf quittegelbem Papier abgezogene Kampfprogramm an die Mitglieder der Betriebsparteileitung verteilt, murmelt HDF: »Wollen wir erst mal arbeiten, bevor wir uns besinnen«, und stellt das Adventsgesteck von seinem Platz auf das Fensterbrett. Dann blättert er im Programm, liest flüchtig, streicht an.

Das Programm ist nicht dünngewalzt, insgesamt 18 Seiten stark ... 95 Prozent aller Lehrlinge sollen sofort nach Abschluß die Leistung eines Facharbeiters bringen ... die Produktion muß rechnergesteuert werden ... 50 Prozent der Werktätigen sollen sich am Neuererwesen beteiligen, davon genau 72 Prozent Jugendliche ... der Export soll auf 200 Prozent gesteigert ... Ausschuß um 10 Prozent gesenkt ... Q-Produktion um 80 Prozent erhöht werden ...

Hinter 36 Kampfpositionen steht: Verantwortlich – BD (das heißt Betriebsdirektor). Termin – laufend.

An der Parteileitungssitzung kann der BD nicht teilnehmen, er wurde vom Minister kurzfristig nach Berlin bestellt. Ich versuche mir vorzustellen, wie viele Arbeitstage er allein dafür brauchen wird, alle seine 36 Kampfpositionen einmal im Monat zu kontrollieren und zu analysieren und Weisungen zu geben ...

Horst Gubitz berichtet, daß mehrere Jugendforscherkollektive zur Lösung wichtiger technologischer Probleme gebildet wurden. Besonders hervorzuheben sei die junge Diplomingenieurin, Genossin Marina Daske, sie habe ohne Auftrag ein Kollektiv gegründet, das für die Rollengerüste optimale mathematische Walzprogramme vorbereitet. Dieses Beispiel zeuge besonders von Einsatz, Tatkraft und Bewußtsein der Jugend bei der Lösung ...

HDF erzählt eine Geschichte aus einem großen Sonneberger Konfektionsbetrieb. Jahrelang haben dort ältere, erfahrene Fachleute mit großer Geschicklichkeit Ärmel in die Sakkos genäht. Von den jungen Arbeitern sei diese Norm frühestens in vier Jahren geschafft worden. Seit einigen Wochen nähe ein computergesteuerter Roboter die

Ärmel an – aber trotz Vorbereitungslehrgängen können die älteren Kollegen die Norm nicht annähernd bringen. »Die Lehrlinge dagegen bedienen den Roboter nach drei Tagen. Und die Alten fragen verzweifelt: ›Sollen wir nun in die Zuschneiderei? Und was wird, wenn auch dort Computer eingesetzt werden?‹«

Noch vor drei Jahren habe man in zehn Minuten durch das Kaltwalzwerk laufen können, heute brauche man dafür eine dreiviertel Stunde. Mehr als für die ganze Innenstadt von Salzungen, sagt HDF. In diesen Dimensionen müsse die Partei denken, wenn sie Kampfprogramme ausarbeite …

So gedankenlos wie in manchen Versammlungen die ökonomische Strategie der Partei, die Einheit von Wirtschafts- und Sozialpolitik, jedem Referat und Diskussionsbeitrag vorangestellt werde, so einfach sei sie in der Praxis nicht zu verwirklichen. Die Wirtschaftspolitik hier im Kaltwalzwerk durchzusetzen – mit neuer Technologie zweistellige Steigerungsraten zu erreichen – das alles sei eine überschaubare, abrechenbare, also bei allen Problemen lösbare Aufgabe. Auch die Sozialpolitik, die besseren Arbeitsbedingungen, ein neuer Speiseraum … alles sei in diesem Fall eine planbare, bekannte Größe. Es wäre sogar noch relativ einfach, die Einheit von Wirtschafts- und Sozialpolitik so zu erklären, daß jeder versteht: Je billiger und schneller in unseren Betrieben produziert wird, um so mehr Wohnungen können wir bauen, um so mehr Kindergarten-Plätze werden wir haben … Auch mit dem Slogan: Wir leisten was – Wir leisten *uns* was, könne man allgemein sehr überzeugend argumentieren, sagt der Erste. Aber sobald es konkret werde, in der Grundorganisation, bei jedem einzelnen Genossen im Betrieb – dort, wo sich alle Strategien erst verwirklichen –, sei es komplizierter. Über das »Wir leisten uns was« werde oft und gern geredet und geschrieben: die neue Wohnung, der neue Jugendklub, der Farbfernseher. Aber noch nicht alle wären bereit, mit der gleichen Begeisterung, offen und ehrlich darüber zu reden, was ein jeder, wirklich jeder, dafür leistet. Doch erst dort, mit der Arbeit des einzelnen, schließe sich der Kreis, der Zusammenhang von Wirtschafts- und Sozialpolitik. Deshalb gehörten zu den Kampfprogrammen der Partei, die in diesen Tagen aufgestellt würden, nicht nur die ökonomischen Aufgaben, sondern vor allem Fragen der Ideologie, der Offenheit, der Ehrlichkeit, der Kritik und Selbstkritik. So wie es die Partei beschlossen habe ...

Martina Daske, 27, Diplomingenieurin, Leiterin eines Jugendforscherkollektivs im Kaltwalzwerk Bad Salzungen

Kurz nach halb sechs gehen wir zu Hause weg, ich bringe die unausgeschlafene Tochter in den Kindergarten, renne in den Betrieb, und nach zehn und einer halben Stunde kommen wir wieder zurück ... Ich weiß, daß Frauen früher 12 bis 14 Stunden im Betrieb arbeiten mußten. Aber heutzutage immer nur so reden, als ob wir jungen Mütter mit Kindergeld und Babyjahr schon wie im Paradies leben, das ist nur die halbe Wahrheit. Das Kindergeld kann man versaufen, und der Betrieb, in dem man arbeitet, kann einen drücken oder fördern. Man ist auch heute nur so sehr gleichberechtigt, wie man selbst etwas aus den gesetzlichen Möglichkeiten macht. Das Wichtigste dabei: Die Arbeit, die man erledigt, muß befriedigen; die Seele darf im Betrieb nicht immerzu SOS rufen. Was sollte es sonst – außer dem Geld – für einen Sinn haben, daß man jeden Morgen mit dem Kind in stockdunkler Nacht aus der Wohnung hetzt.

Ich habe in Henningsdorf Walzer mit Abitur gelernt, die Verformung des Stahlblechs von der Pike auf erlebt. Meinen Mann – er stammt aus Halle – fand ich während des Studiums, und wir suchten einen Ort, wo wir zusammen hingehen konnten, er mit seinen bergmännischen Kenntnissen und ich mit meinen von der Walztechnik. Wo, das war uns egal, Hauptsache zusammen. Er fing bei Kali an, und ich meldete mich hier. Der Abteilungsleiter schaute nicht sehr begeistert, er fragte: »Also eine Frau?« So, als ob man das nicht sieht. Ich sagte: »Ja, eine Frau!« Er: »Und Kind auch?« – »Ja«, sagte ich, »und Kind auch … und Krippenplatz und Wohnung brauchen wir auch … und Haushaltstag kriege ich auch, und wenn in der Kinderkrippe Windpocken sind, werde ich auch zu Hause bleiben müssen …«

Da hat er sich wortlos umgedreht. Ich war wahrscheinlich so patzig, weil ich vorher, weder in der Lehre noch beim Studium, gespürt hatte, daß bei uns ein Unterschied zwischen der Leistung einer Frau und der eines Mannes gemacht wird.

Ich fing im September 1985 hier an, bekam einen Krippenplatz und eine Wohnung, war sehr froh und dankbar. Schreibtisch hatten sie keinen, also stellten sie mich an die Walzstrecke und sagten: »Du bist Diplomingenieur, du schreibst genau auf, wann und wo das Band beim Walzen knickt!« Aber dort stand schon ein Technologe und einer von der TKO, die hatten auch nichts anderes zu tun, als zu beobachten und aufzuschreiben, wann und wo das Band knickt. Da waren wir also drei …

An der 20-Rollen-Anlage, die jetzt montiert wird, kann man dann niemand als Beobachter hinstellen, das muß vorher alles mathematisch berechnet werden. Welches Material mit welcher Rolleneinstellung? Wie oft muß das Stahlblech bei welcher Geschwindigkeit durch die Rollen, um von 0,7 Millimeter auf 0,14 Millimeter ausgewalzt zu werden. Und mit diesen mathematischen Modellen, diesen optimalen Stichplänen müssen wir die Computer, die die Anlagen steuern, füttern ... Anders gesagt: Wir erarbeiten in einem Jugendforscherkollektiv solche Programme, daß nach dem Walzen A 1 Qualität herauskommen muß. A 1, das ist Blech, in dem du dich wie in einem Spiegel sehen kannst, ohne es polieren zu müssen.

Das Jugendforscherkollektiv habe ich auch aus Eigennutz gegründet. Denn entweder stehen, gucken und aufschreiben, wo das Band knickt, oder sich selbst eine Aufgabe suchen, die einen reizt und fordert. Etwas anderes war nicht möglich.

Als wir am Rollengerüst dann die ersten Berechnungen begannen, fragten manche Arbeiter mißtrauisch, ob wir etwa für die Normer spionieren würden. Sie sind skeptisch, einige auch verunsichert. Was sie heute arbeiten und was sie dafür verdienen, das wissen sie. Aber was sein wird, wenn sie einen Computer vor die Nase gesetzt bekommen ... Sensoren tasten schon jetzt die Bleche während des Walzens auf hundertstel Millimeter genau ab. Das erkennt kein noch so erfahrener Walzer mit den Augen. Und auf dem Fernsehschirm erscheint das Bild von der Oberfläche des Stahles. Aber das läuft unbeobachtet nebenher wie die Vormittags-Wiederholungen im Fernsehen. Die Walzer fahren weiter nach Augenmaß und Gehör ...

Die Älteren sagen: Laßt uns das langsam angehen. Und manche von ihnen nennen unsere Ungeduld auch Disziplinlosigkeit. Aber ich bin im Betrieb nicht nur wegen der Computer ungeduldig, sondern auch deshalb, weil ich mir manches im Sozialismus idealer, bewußter vorgestellt habe. Die Maschinen hier, das sind doch unsere Maschinen. Was man von den gleichen Maschinen in der BRD nicht sagen kann. Die gehören eben nicht den Arbeitern, die sie bedienen. Aber dann erzählen Kollegen, die sich drüben in ähnlichen Betrieben umgeschaut haben, daß der Arbeiter dort in jeder freien Minute die Maschine, die ihm nicht gehört, wie eine besorgte Mutter ihr Kind mit weichen Läppchen säubert, jede Fussel und jeden Öltropfen abwischt, denn Schmutz ist für die Qualität des Walzbleches gefährlicher als Säure für ein Seidenkleid. Frage ich mich: Wer greift bei uns zum Lappen, um die ihm gehörende, aber schon verdreckte Maschine zu putzen? Und selbst wenn wir anordnen: Jeder, der seine Maschine nicht wie seinen Trabi wienert, bekommt Geld abgezogen, selbst dann würde es nicht funktionieren. Denn bei unserer Technologie ist es normal, daß schmutzige Dämpfe entweichen, das Öl in Lachen auf den Fußboden läuft. Was soll der Arbeiter da im weißen Kittel und mit Staublappen herumlaufen wie ein Uhrmacher? Und oft frage ich mich auch, ob es überhaupt möglich sein wird, acht Stunden lang vor einem Computer zu sitzen und schöpferisch zu arbeiten? Ein Computer ist kein Bürotisch, auf dem du zwischendurch mal ein Nickerchen machen kannst. 8 Stunden konzentriert am Computer arbeiten, das hält wahrscheinlich nur ein Computer aus. Und vielleicht steuern die Walzer ihre Anlage auch deshalb lieber noch mit Auge und Gehör. Diese Handgriffe, die beherrschen sie im Schlaf, aber starre mal unentwegt auf den Bildschirm und sei dabei hellwach in jeder Sekunde. So etwas muß man jahrelang trainieren wie vorher das Sehen, Hören und Eingreifen. Aber wer hat von uns schon einen Computer zu Hause?

MITTWOCH, 3. DEZEMBER
Ökonomische Zwänge

HDF geht schlechtgelaunt zur Ratssitzung. Der Vorsitzende vom Rat des Bezirkes, Arnold Zimmermann, werde klipp und klar sagen, daß wir nicht alles gleichzeitig schaffen können, die Pläne seien ausgereizt. Und wenn im Kreis Bad Salzungen ein Loch gestopft würde, könnte man es in Schmalkalden nicht, und wenn es in Schmalkalden gestopft würde, könnte man es hier nicht ... »Diese verdammten ökonomischen Zwänge«, stöhnt der Erste, »wenn man doch einmal so könnte, wie man wollte.«

Arnold Zimmermann kommt mit einer halben Stunde Verspätung. Anstelle einer Entschuldigung hält er vor den versammelten Ratsmitgliedern des Kreises eine Brandrede auf den Suhler Winterdienst. Seit Tagen sei Frost vorausgesagt, seit Wochen die Winterbereitschaft mit Plänen und Beschlüssen organisiert und schließlich als erfüllt gemeldet. Aber bei dem ersten Glatteis sei alles zusammengebrochen, sogar die Streufahrzeuge – man habe sie im Tal und nicht auf den Bergen stationiert – seien gerutscht; also mußten die Streufahrzeuge erst einmal Meter für Meter für sich selbst streuen. Die Busse sind nicht gefahren, die Betriebe haben nicht gearbeitet, Millionen Mark Produktionsausfall, und alles nur, weil diesen Experten vom Winterdienst niemand gesagt habe, daß man außer planen auch noch denken müsse.

Anschließend diskutiert er mit den Ratsmitgliedern und HDF fünf Stunden über die Bilanzen für 1987.

Man einigt sich über ein Hallenschwimmbad für Bad Salzungen. Wegen der Abwässeranlage in der Kettenfabrik will der Ratsvorsitzende persönlich intervenieren. Die Umgehungsstraße in Barchfeld wird vorerst nicht genehmigt. Trinkwasserleitung in Tiefenort – der Kreis solle versuchen, sie noch zu bilanzieren, der Bezirk habe keinen roten Heller übrig. Die Konzeption für den Hochwasserschutz der Werra verspricht der Ratsvorsitzende, nach Protest von HDF, noch einmal überprüfen zu lassen, damit 87 im Kreis Salzungen begonnen werden kann. Rathausstraße 1-9 mit 15 Wohnungen, also dreistöckig, man solle versuchen die Architektur anzupassen ...

Dann spricht er über den Wohnungsbau.

Für die Kreisstadt 1987 kein komplexer Wohnungsbau.

Nur in Merkers 96 WE in Großblockbauweise.

Unruhe im Saal.

Arnold Zimmermann noch einmal: »Ich höre, wir stimmen beim Wohnungsbau nicht überein. Aber es gibt einen Beschluß: 96 WE in Merkers und 1988 dann 524 WE in Bad Salzungen. Bringt eure Baubetriebe im Kreis in Ordnung, schließt Verträge mit dem Kaltwalzwerk und anderen Salzunger Betrieben, damit ihr 1987 in der Kreisstadt aus eigener Kraft baut. Ich kann euch noch zusätzlich drei Eigenheime – aber Eigenheime, keine Villen – genehmigen, mehr ist nicht drin ...«

Wiederum Unruhe im Saal, gemurmelte Proteste.

Da steht der Erste auf – vorher blieb er bei allen Erwiderungen sitzen –, steht auf und sagt: »Liebe Genossen und Freunde, ihr wißt, ich war der Meinung, man hätte zugunsten der dringenden Probleme in der Kreisstadt und wegen der Effektivität des Bauens auf einige WE in Merkers verzichten sollen. Aber der Bezirk hat anders entschieden ... Ich bin Parteiarbeiter, und deshalb werde ich jetzt nicht mehr diskutieren. Und ich verlange von jedem Funktionär hier, daß wir diese Entscheidung zu unserer Meinung machen und sie gemeinsam als unsere Meinung vertreten.«

Danach ist es still im Saal ...

Auf dem Heimweg sage ich ihm, daß ich kein guter Parteiarbeiter sein würde, und frage, ob es ihm schwergefallen ist, öffentlich zu fordern, den Wohnungsbau-Beschluß gemeinsam zu vertreten.

Ja, es sei ihm sehr schwergefallen. Aber auch dabei müsse man der Erste sein ...

Was ich von Hans-Dieter Fritschler denke?

Die Leute mögen ihn. Und im Gegensatz zu mir bleibt er auch bei bitterbösem Streit leise und sachlich. Er akzeptiert mich als Partner, macht den Rat nicht zu einer Außenabteilung der Kreisleitung. Die Referate, die ich halten muß, die liest er sich vorher nicht erst durch. Er vertraut mir. Wahrscheinlich ist er ein bißchen ungeduldig. Wenn beispielsweise die Straßen dreckig sind, sieht er nur, daß die Straßen dreckig sind. Ihn interessiert überhaupt nicht, weshalb sie dreckig sind. Und er fragt natürlich auch nicht, woher wir Straßenkehrer kriegen, obwohl die in der Stunde mehr verdienen sollen als der Ratsvorsitzende. Ein Kollege aus dem Rat hat das behauptet, nachdem er alle meine Arbeitsstunden zusammengezählt und sie durch das Gehalt geteilt hat. (Ich habe ihm anschließend zusätzliche Aufgaben übertragen, weil er wahrscheinlich nicht ausgelastet war.)

Was bei mir wirklich an die Substanz geht, ist nicht die Arbeitszeit, das sind vor allem die Probleme, bei denen man zwischen Baum und Borke sitzt und nicht weiß, wie man entscheiden soll.

Da kommt beispielsweise eine Verkäuferin, die mit Herz und Seele an ihrer kleinen Verkaufsstelle hängt, Rotz und Wasser heulend, zu mir und sagt, daß sie ihr Geschäft nicht mehr bis 18 Uhr auflassen kann, weil ihr Kind bis 17.30 Uhr aus der Krippe geholt werden muß. Eine Oma habe sie nicht, die Mutter arbeite Schicht, und der Mann habe sich scheiden lassen. Wenn ich ihr sage, »machen Sie um 17 Uhr zu«, entscheide ich mich für die eine Kollegin, aber letztendlich gegen hundert Bürger, die dort einkaufen, und gegen unseren Beschluß zur Durchsetzung der Ladenöffnungszeiten.

Oder die Bürgermeister der kleinen Gemeinden: Wenn die sich immer streng an den Plan halten, rührt sich oft nichts im Dorf. Also muß der eine oder andere auch einmal etwas riskieren, etwas verantworten, was nicht geplant ist. Solche Leute mag ich, weil ich manchmal selber »Partisanenmethode« praktiziere. Doch eigentlich müßte ich sie wegen Verstoßes gegen die Plandisziplin bestrafen! Aber sie machen es ja für die Bürger ihrer Gemeinde. Und es ist ein großer Trugschluß, wenn manche Funktionäre denken, daß der Bürger in Motzlar, dem es durch das löchrige Dach regnet, stolz und glücklich ist, weil das Nikolaiviertel in Berlin, meisterlich und von aller Welt gelobt, rekonstruiert wurde. Ihn interessiert sein Dach.

In Steinberg, einem abgelegenen Ortsteil mit sechs oder sieben Häusern, sagten mir die Einwohner: »Im Feuerwehrhäuschen haben wir einen kleinen Versammlungsraum, doch er müßte von Grund auf erneuert werden. Aber die Gemeinde hat kein Geld.« Ich versprach: »Wir geben euch die Mittel vom Kreis, ihr renoviert, und wenn ihr fertig seid, ruft ihr mich an, dann bringe ich einen Kasten Bier, und ihr bringt Brot und Wurst ...« Nach vier Wochen riefen sie an. Zuerst haben wir eine ordentliche Versammlung gemacht. Dann gingen sie noch einmal nach Hause und holten eingelegte Gurken, hausschlachtene Wurst ... Und ich stellte den Kasten Bier und eine Flasche Weißen auf den Tisch.

Solch eine Renovierung kannst du verantworten, die paar Märker spart man auf großen Baustellen ein. Aber es gibt auch Unternehmen, da stehst du mit einem Bein schon im Knast ... Die Entbindungsstation in Bad Salzungen! Wir brauchten sie bitternötig, aber alle Mittel waren schon verplant. Also suchte ich nach anderen Wegen. Ich hatte nicht mehr zu verlieren als meinen Posten, und wir fingen in aller Stille an zu bauen. Als wir mit den Fundamenten aus dem Keller heraus waren, merkte es die Bauaufsicht ... Es ist alles noch gut gegangen. Und als die erste Frau dort glücklich entbunden hatte, kam ich mir nicht mehr wie ein Seiltänzer vor, sondern wie der Zirkusdirektor höchstpersönlich.

Ein alter Bürgermeister hat mir einmal gesagt: »Genosse Stumpf, du bist der geborene Landrat!« Aber ich wurde in einer Schweinaer Eisenbahnerfamilie geboren, mein Vater arbeitete 54 Jahre als Eisenbahner. Ich habe Maschinenschlosser gelernt und war von 1957 bis 1961 Waffenmeister bei der NVA. Als ich heiratete, riet ein guter Bekannter meiner Frau: »Wenn du ihn bei der Armee läßt, hat er keine Zeit für dich und die Kinder, ich könnte ihm eine Stelle als Arbeitskräftelenker im Rat des Kreises besorgen.« Ich begann mich also zu qualifizieren, ging noch einmal zur Schule, studierte. Ich wurde amtierender Direktor der Abteilung Arbeit, Parteisekretär vom Rat, 1970 erster Stellvertreter des Vorsitzenden, 1978 Vorsitzender ...

Und heute stöhnt meine Frau manchmal: »Wärst du bloß Waffenmeister geblieben, Eberhard!«

DONNERSTAG, 4. DEZEMBER
Ängstigende Offenheit

Bevor sich die Mitglieder und Kandidaten der Bezirksleitung der SED Suhl im Plenarsaal versammeln, holt sich HDF eine Bockwurst, zwei Schinkenbrötchen und ein Kännchen Kaffee.

»Wenn ich jetzt reden müßte, würde ich einen Schnaps brauchen«, sage ich.

Den habe er dabei nie nötig, sagt der Erste. »Außerdem, wenn alle Redner vor ihrer Rede einen Schnaps trinken müßten, wäre der Alkoholismus in der DDR eine noch verbreitetere Volkskrankheit.«

An unserem Frühstückstisch sitzt auch der Bezirksvorsitzende der Gesellschaft für Deutsch-Sowjetische-Freundschaft. Er fragt, ob wir gestern im ARD die Übernahme eines authentischen sowjetischen Filmberichts gesehen hätten. 300 Sowjetbürger, darunter sogar Regierungsbeamte, habe man wegen Rauschgifthandels verhaftet und das, wie gesagt, öffentlich im sowjetischen Fernsehen gezeigt. Diese Sendung habe garantiert jeder zweite im Bezirk gesehen, aber wie solle er nun argumentieren? Das müsse man sich vorstellen – und er redet leiser: 300 Bürger in der SU wegen Rauschgift ... HDF rät: »Sag es doch so, wie es ist!« Nein, das würde das Vertrauen zum Sozialismus und den Glauben, daß diese Dinge nur im Kapitalismus passieren, zu sehr erschüttern ... HDF: »Es wird dir aber nichts anderes übrigbleiben. Wir haben schon genug damit zu tun, unsere Probleme so zu formulieren, daß sie die Leute nicht erschrecken.«

Der Bezirksvorsitzende der DSF: »Vielleicht kann man positiv argumentieren: Vorbeugende Maßnahmen, Schutz der Bürger vor Auswirkungen des westlichen Tourismus, im Sinne der sozialistischen Moral, wehret den Anfängen! ...«

Das Referat der Bezirksleitungssitzung hält Genosse Hans Albrecht. Den Kreis Bad Salzungen erwähnt er zweimal: die geplante Exportsteigerung im Kaltwalzwerk um 200 Prozent und die 700 Kilogramm Milch, die die Kühe der LPG Tiefenort weniger geben als die in Veilsdorf. Hans-Dieters Reaktionen kann ich nicht beobachten, denn die Mitglieder der Bezirksleitung sitzen, nach dem Alphabet geordnet, in den ersten Reihen des Plenarsaales, dahinter die Kandidaten der BL und auf den letzten zwei Reihen die Presse und die Gäste.

Genosse Hans-Dieter Fritschler, 1. Sekretär der Kreisleitung Bad Salzungen, wird als vierter Diskussionsredner aufgerufen.

HDF hat seine Lesebrille auf. Er trägt das fehlerfrei getippte, halbseitig beschriebene Redemanuskript mit Betonung, und ohne sich zu verhaspeln, vor.

Aber ich habe ihn in den vier Wochen schon besser reden hören.

Ein Jahr später.

In der Glashütte Dermbach beginnt man die »Hölle des Betriebes«, die Generatorgasanlage, abzubauen und auf Stadtgas umzustellen. Die Arbeit der Glasmacher wird bis 1990 mit modernen Pressen völlig automatisiert.

Der erste Bauabschnitt für die Trinkwasserleitung in Tiefenort ist fertig, im nächsten Jahr müssen die Frauen nicht mehr nachts um ein Uhr aufstehen, um die Kinder zu baden.

Die Kinderkrippe konnte mit Hilfe von »Schäfers LPG« und anderen zu Ende gebaut werden.

Die Duschen in der Salzunger Kaserne sind repariert, die Wurstrationen sind nicht viel größer geworden.

Die Fischbacher Aluminiumwerker haben das Pressen ihrer Bratgeräte durch Roboter verkettet. Die Produktion von Thermoskannen haben sie eingestellt. Die zerbrechlichen Gläser werden nicht mehr transportiert, sondern im Glaswerk Dermbach montiert.

Martina Daskes mathematische Modelle für das Walzen von Bandstahl werden im Kaltwalzwerk in der Praxis getestet.

Durch zusätzlichen Export konnte das Hartmetallwerk Immelborn noch sechs hochmoderne Pressen aus der BRD kaufen.

Der Genosse, dessen Tochter Republikflucht begehen wollte, wurde als Kreisleitungsmitglied abgelöst.

In der Kettenfabrik Barchfeld wird eine neue Abwässer-Neutralisationsanlage ausprobiert. Für die mittelalterliche

Galvanik wird in einer Grundsatzentscheidung eine neue Technologie vorbereitet. Die Produktion der Ölpumpenketten für den »Trabant«-Viertaktmotor kann planmäßig beginnen. Kurt Tetschner hat es geschafft, daß es kaum noch Arbeitsverstöße wegen Alkohol gibt. Der Produktionsplan 1987 wurde erfüllt ...

Das am Salzunger Markt rekonstruierte Haus, in das auch der Erste im Herbst 1987 einziehen sollte, hat immer noch keine Türen ...

Der letzte Erste

Der letzte Erste

Würde sich die Anschrift immer nach dem Hauseingang richten, stände in Telefonbüchern und auf offiziellen Briefen: ›Sozialistische Einheitspartei Deutschlands, Kreisleitung Bad Salzungen, Hübscher Graben‹. Und dann hätte die Stadtverordnetenversammlung diese Seitengasse wahrscheinlich umbenennen müssen …

Inzwischen kann keine Namensänderung den Hübschen Graben zuschütten.

Die Sekretärin im Vorzimmer sagt zu mir: »Geh rein, er wertet den Außerordentlichen Parteitag aus.« Als erstes sehe ich im Zimmer den grauen Fleck. Dort hing Honeckers Bild. Am Tisch sitzt außer dem Ersten Hans-Dieter Fritschler (HDF) keiner der früheren Sekretäre – alles neue, junge Leute. HDF unterbricht. Begrüßt mich als Schriftsteller und Mitglied des neuen Parteivorstandes. Noch vor drei Jahren hatte ich auf solch eine Einladung sechs Jahre warten müssen (bis es in Berlin genehmigt worden war!).

Der Erste: »… also noch einmal. Ich bin auch dafür, daß die Sekretärin eine von unseren Schreibmaschinen kaufen und zu Hause ein bißchen Geld verdienen kann. Den B 1000 Transporter können wir nicht halten, wir sollten ihn verpachten, aber nur wenn der Kraftfahrer mit eingestellt und …«

Ich verstehe nichts, hatte erwartet, daß HDF über die Reformierung der Partei, den gesuchten neuen Namen sprechen würde.

HDF: »Am härtesten trifft es die Funktionäre, die Staat und Recht studiert und vorher keinen Beruf erlernt hatten.

Versucht, sie wenigstens als Anlernlinge im Schichtsystem unterzubringen!«

Der neue Zweite, eckiges Gesicht, aber freundlicher Sonneberger Dialekt: »Mein Lieber, du hast gut reden. Nur ein Beispiel: Lutz Erbe, bisher hauptamtlicher Parteisekretär im Wälzkörperwerk Bad Liebenstein, hat also sein Parteibüro aufgelöst und sucht seit zwei Wochen eine Arbeit. Vergebliches Klinkenputzen. Die Betriebsleiter, vor Tagen meist selbst noch Genossen, grinsen nur: Nee, nich bei uns Genosse! Manche nehmen ihn noch zur Seite und sagen: ›Mußt du verstehen, Lutz, ich würde ja, aber wenn ich dich nehme, kriege ich selber Schwierigkeiten mit meinen Leuten.‹ Endlich in der Brauerei – dort wo wegen fehlender Arbeiter sogar Assis eingestellt werden – kriegt er einen Arbeitsvertrag. Aber einen Tag später steht der Lutz heulend vor meiner Tür. Einige Arbeiter hätten gedroht zu streiken, wenn der Kerl von der Partei in der Brauerei arbeiten würde, egal ob als Transportarbeiter oder Flaschenwäscher …«

Angela, die junge schöne Verantwortliche für Kulturpolitik und Agitation, protestiert: »Mensch, da laß sie doch streiken. Wir müssen endlich wieder kämpfen. Ich weiß schon nicht mehr, wo Schuld zeigen aufhört und die Feigheit bei uns anfängt.«

HDF, fast väterlich: »Wenn die in der Brauerei streiken, bricht die Weihnachtsversorgung zusammen. Das wäre das Letzte, das wir uns leisten könnten … Der Genosse Erbe soll den Arbeitsvertrag zurückgeben und weitersuchen.«

Schweigen in der Runde.

Da beginnt HDF leise, beschwörend zu sprechen: »Wir haben vorgestern nacht in Berlin beschlossen, uns von allen stalinschen Mechanismen zu trennen, die nur dazu gedient haben, die Menschen zu reglementieren und zu ducken. Nun müssen wir zeigen, daß wir es ernst meinen mit unserer neuen Bescheidenheit. Bisher hatten wir im Kreis 119 bezahlte Parteifunktionäre, hauptamtliche Parteisekretäre in

Betrieben und den Grenzdörfern sowie technische Mitarbeiter. Wir müssen uns mindestens von einhundert trennen. Ich weiß, das sind 100 Menschen, die oft jahrzehntelang ehrlich für unsere Partei gearbeitet haben, denen plötzlich das Leben wegsackt, diplomierte Kader, die nun vielleicht bei der Straßenreinigung anfangen müssen …«

Ich begreife, daß er wirklich den Parteitag auswertet.

Nächster Tagesordnungspunkt: Das dreistöckige Haus der Kreisleitung (mit fast 100 Zimmern) soll bis 31. Januar 1990 dem Gesundheitswesen übergeben werden. HDF schlägt vor, in das kleine traditionelle Liebknecht-Haus (mit 8 Zimmern) umzuziehen …

Der Zweite hat zur Vorbereitung des Umzugs den Kreisstaatsanwalt und Bürgergruppen für 12 Uhr in die Kreisleitung eingeladen. Sie sollen sich alles anschauen, eventuell Aktenschränke versiegeln …

Der Erste bittet sein Häuflein der sieben Aufrechten den Kopf wieder hochzuheben. »Wir müssen morgen an die Basis und mit den Genossen über Statut, Programm und künftigen Namen der Partei beraten. Wir Mutlosen müssen anderen Mut machen … Wie viele Genossen haben wir zur Zeit noch im Kreis?«

Der Zweite: »Rund achttausend, viertausend sind schon ausgetreten. Der traurige Rekord an einem Tag, als die Sache mit dem Waffenhandel bekanntwurde: 400 Austritte. Am Freitag vor dem Parteitag hatten wir nur 37 Austritte, heute weiß ich noch keine Zahlen.«

Einer aus der Runde schlägt vor, das Wichtigste des Parteitages für jeden verständlich auf wenige Zeilen zusammenzufassen.

Das Wichtigste? Was war das Wichtigste? HDF: »Wir sind keine Partei der Arbeiterklasse mehr, keine Vorhut, sondern offen für alle Werktätigen, lösen uns vom Marxismus/Leninismus als Staatsideologie, sehen uns in der Tradition von Marx, Bernstein, Bebel …«

Da meldet sich Angela: »Hans-Dieter, ich werde nur noch bis zur nächsten Wahl Anfang des Jahres hier in der Kreisleitung arbeiten. Ich bin erzogen mit den Idealen des Marxismus/Leninismus. Und meine Überzeugung kann ich nicht wegschmeißen wie einen alten Hut. Es wäre geheuchelt, würde ich mich nun hinstellen und agitieren: Genossen, wir brauchen jetzt bißchen weniger Marxismus/Leninismus und dafür bißchen mehr Sozialdemokratie. Unsere Partei will ehrlich werden, da kann ich nicht gleich wieder mit einer Lüge zu mir selber anfangen. Also bitte, zur nächsten Wahl ist für mich der Letzte.«

HDF schweigt.

Während wir beraten, wer morgen wohin zur Basisdiskussion fährt, beginne ich die Ergebnisse der Parteitagsnacht auf einer Seite zu formulieren. Gebe es Hans-Dieter. Der läßt es kommentarlos vervielfältigen. Und ich begreife, daß ich heute nicht wie bei meinem letzten Besuch vor 3 Jahren der schweigsame Beobachter bin. Ich habe mich eingemischt …

Pünktlich um 12 Uhr kommt der Staatsanwalt. Die Bürgergruppen dagegen wollen sich erst kurz vor dem Umzug umschauen. »Versiegeln wir die wichtigsten Aktenschränke?« Der Staatsanwalt meint, man könne es auch übertreiben. HDF besteht auf einem Protokoll und bittet, daß die Bürgergruppen spätestens zwischen Weihnachten und Neujahr alles kontrollieren.

Mittagessen in der kleinen Kantine. Am Montag wie immer Suppe; Gemüse oder Kraut. Und keine Umgestaltung in Sicht.

Der Zweite sitzt mit uns am Tisch. Er stammt aus der Sonneberger Ecke, mußte sein Haus dort verkaufen, weil ihn die Partei hierher nach Salzungen schickte. »Und den Salzunger Zweiten beorderte Albrecht (der frühere Suhler SED-Bezirkschef, L. S.) nach Sonneberg. Das war Methode – immer dorthin, wo man kein einheimisches Hinterland hatte und sich nicht so schnell verbünden konnte gegen den Icke-

Berliner, der Suhl wohl immer nur als Statthalter betrachtete. Nun kann ich nicht zurück, bleibe in meiner Salzunger Neubauwohnung und in der Partei …«

HDF weiß, wie schwer solcher Satz heute auszusprechen ist. »Da muß man sein Innerstes immer wieder umkrempeln und befragt haben. Die Ungewißheit, das Risiko für Frau und Kinder, viele verlassen die Partei aus Angst um ihre Kinder. In einigen Kindergärten hängen schon Schilder: Geschlossen für Kinder von Stasi- und SED-Leuten …« Aufhören oder weitermachen – das ist inzwischen auch für HDF die Frage aller Fragen.

Als ich im kalten Frühjahr des Jahres 1987 das Vorwort zum ›Ersten‹ schrieb, ahnte ich nicht, wie präzise diese Prognose für den 1. Sekretär der SED-Kreisleitung Bald Salzungen im heißen Herbst 1989 sein würde.

Ich weiß, daß dieses Buch nur ein zu lang geratener Zeitungsartikel ist. Aber weil solche Artikel auch wegen ihrer Länge noch nicht in unseren Zeitungen stehen dürfen, habe ich die Manuskriptseiten zwischen Buchdeckel klemmen lassen. Ich weiß auch, daß HDF, mein authentischer Held, beim Erscheinen dieses Buches von der Partei vielleicht schon in eine höhere Funktion versetzt worden sein könnte. Oder daß er einen Fehler gemacht haben und wieder als Holzfäller arbeiten könnte.

»Ich werde ohne Auftrag gehen, wenn die Genossen mir beim Reden nicht mehr in die Augen gucken und die Leute auf der Straße mich nicht mehr grüßen!« So sagte er es mir am ersten Tag des Außerordentlichen Parteitages in der Berliner Dynamo-Sporthalle. Wir saßen dort 18 Stunden (von 19 bis 12 Uhr!) als ordentliche Delegierte auf den harten Holz-Klapp-Stühlen der Seitentribüne …

Meine ›politische Laufbahn‹ bis zum Parteitagsdelegierten hatte bei der Meininger Demonstration für ›Demokratie jetzt‹ begonnen. Der neue erste SED-Bezirkssekretär (er heißt ausgerechnet Peter Pechauf) wurde während seiner Rede ausgepfiffen (›SED – das tut weh‹), ich erhielt zwar Beifall, aber danach wollten mir junge Leute beweisen, daß ich mit meinem Buch der SED ›in den Hintern gekrochen‹ sei – und überhaupt: ›Wer sich heute noch für diese Partei einsetzt, der ist gegen das Volk.‹

Am Nachmittag rufe ich HDF an und erzähle ihm von der Diskussion. Er sagt: »Du mußt dich entscheiden, ob du aus der Partei rausgehst, dann kannst du jetzt umjubelter Volkstribun werden, brauchst dir die Hände nicht dreckig zu machen. Oder du mußt dich als Reinemachefrau in der Partei betätigen, selber mit ausmisten. Dafür kriegen wir nämlich keine Leute, bei dem Mangel an Reinemachefrauen im Land ...«

Tags darauf stelle ich mich in unserer Dorfparteiorganisation zur Wahl, werde nominiert für die Kreisdelegiertenkonferenz, auf der die Delegierten zum Außerordentlichen Parteitag gewählt werden sollen.

Diese Wahlversammlung beginnt am Sonntag um 8 Uhr und endet 19 Uhr. Ich rede über den Entwurf eines neuen Parteistatuts, den mir mein Freund Gerd Aderhold, Mitarbeiter an der Akademie für Gesellschaftswissenschaften, geschickt hat. Sie haben den Entwurf dort ohne Anweisung und gegen den Widerstand der Krenz-Zentrale an der Basis erarbeitet. Die Leipziger Genossen würden ihn unterstützen. Eventuell auch die Karl-Marx-Städter. Ich solle den Entwurf in Suhl verbreiten, diskutieren, denn wir dürften nicht zulassen, daß auf dem Parteitag nur ein neuer Kopf auf den verfaulten Körper gesetzt werde.

Im Entwurf kein Generalsekretär, kein ZK, kein Politbüro – statt dessen sozialdemokratische Begriffe – Vorsitzender, Vorstand, Schiedskommission. Keine militärischen Parteistrafen, keine entmündigende Parteidisziplin, keine Nomenklatura ...

Einige von den beschlipsten Anzugsfunktionären im Saal versuchen bei der Kreisdelegiertenkonferenz die Parteiräson wieder geradezurücken. Sie verlangen Einheit und Geschlossenheit, bedingungslose Disziplin ... Eine junge, rothaarige (!) Funktionärin greift sie frontal an: »Wenn ich nicht den Mut habe, mich als Funktionär – ich bin noch hauptamtlicher Parteisekretär im Suhler Fahrzeug- und Jagdwaffenwerk – wenn ich nicht den Mut habe, mich selbst in Frage zu stellen, ist die Partei nicht mehr zu retten. Aber euch, euch geht es doch nicht um dieses Land, nicht um diese Partei – euch geht es nur um euren verdammten Sessel!« ...

In der Pause erfahre ich, daß ihr Mann, früher Mitarbeiter der Stasi, bereits arbeitslos ist. Sie – Gabi Zimmer – ist von Beruf Sprachmittler für Französisch, schon nach dem Studium keine Arbeit, deshalb Betriebszeitungsredakteur, nun Parteisekretär – und morgen werde sie sich selbst wegdiskutieren. »Die Partei muß raus aus den Betrieben!« ...

28 Vorschläge als Kandidaten für den Parteitag. 18 können fahren. Jeder muß mindestens 10 Kandidaten streichen. Die erste demokratische, geheime Parteiwahl, die ich erlebe. Ich bin seit 24 Jahren Mitglied.

Und ich beginne zu hoffen.

Am späten Abend höre ich, daß ZK und Politbüro samt Krenz zurückgetreten sind. Und daß man den Kronzeugen der Partei- und Staatsverbrechen entwischen ließ. Morgens liegt ein Zettel vor unserem Haus: ›Scherzer, du rote Sau!‹

Um nicht heulen oder mich besaufen zu müssen, lasse ich meine Wut an Fichtenholzkloben aus, hacke endlich den nötigen Vorrat für den Winter. Nachdem ich den ersten Axtstiel zertrümmert habe, kommt ein Bote von der Partei-Bezirksleitung. Der Außerordentliche Parteitag ist um eine Woche auf diesen Freitag vorgezogen worden!

Mein erster Gedanke: Sie wollen verhindern, daß wir die Zeit nutzen, um uns von der Basis aus zu formieren, wollen wieder von oben anordnen, bestenfalls ein paar kosmetische Operationen.

Ich muß versuchen, den alternativen Statutentwurf schnell zu vervielfältigen … Gehe ins Dorf zum Parteisekretär, der arbeitet irgendwo bei der Volksbildung, er müßte das Material ablichten können. Er entschuldigt sich, nein, er hätte heute das Parteibuch abgegeben. Noch fünf andere sagen mir das gleiche. Der sechste verspricht zu helfen.

Am Tag darauf kann ich 150 Exemplare verschicken und als wir 112 Parteitagsdelegierte des Bezirkes Suhl uns am Donnerstagabend treffen, habe ich schon 30 Antwortbriefe und Telegramme von Grundorganisationen. Vorschläge: Der Parteivorsitzende darf nur geheim von allen Parteitagsdelegierten gewählt werden … Keine Bezirke, sondern wieder Länder in der Parteistruktur. Die Mitglieder entscheiden, wer und wie viele Genossen im Apparat tätig sind …

Die 112 Parteitagsdelegierten des Bezirkes Suhl können 4 Kandidaten für den zu wählenden Zentralen Parteivorstand nominieren. Vorschläge: Professor Römer von der TH Ilmenau, einer, der den Dialog auf der Straße begann, als die Partei noch von Rowdys und Konterrevolutionären faselte. Dazu Hans-Dieter Fritschler. Gabi Zimmer. Landolf Scherzer … – insgesamt sechs.

Fritschler meldet sich. »Mich haben zwar meine Genossen im Kreis einstimmig vorgeschlagen, aber wir kommen in Berlin nicht mit Scherzer und Fritschler, Autor und Funktionär, durch. Schriftsteller sind für uns jetzt nötiger … Ich trete zurück.«

Ein junger Maurer aus Salzungen wird für HDF nominiert …

Peter Pechauf – er gehört zum Arbeitsausschuß, der Krenz abgelöst hat – verliest die programmatische Diskussionsgrundlage zum Außerordentlichen Parteitag. Er hat sie mit ausgearbeitet. Aber kein ehrfürchtiges Händeheben mehr.

Fritschler: »Mit Formulierungen wie ›radikale Demokratie‹ weiß niemand was anzufangen. Außerdem was soll's – Kampfgruppen sind nicht zu halten!« …

Zimmer: »Kein Wort steht drin, wie wir uns von Stalinisten aller Preisklassen trennen. Aber dieser Parteitag ist die letzte Chance, den todkranken alten Parteibaum so rigoros zu beschneiden, daß die noch vorhandenen Kräfte und Säfte für neue Triebe reichen.«

Geschlossen lehnen die Bezirksdelegierten den Entwurf ab. Telegramm an Kroker. Und kein Abdruck im ›Freien Wort‹. Peter Pechauf fügt sich sofort.

Abschließend Organisatorisches, Vorschlag: Vielleicht wäre es sicherer, in Pkw einzeln und nicht zusammen in Bussen zum Parteitag zu fahren. Vielleicht, daß man unterwegs aufgehalten werde, Straßensperren … Eine ältere Genossin steht auf: »Erstens, denke ich, sind wir noch nicht in der Illegalität. Und zweitens frage ich: Wie lange wollen wir uns noch feige ducken, nur weil unsere Führer Verbrecher sind, ich war ehrlich – mein Leben lang.«

Wir werden in Bussen fahren. Von der Autobahn soll uns die VP bis zur Dynamo-Sporthalle lotsen. Dort werden keine Stasi-Leute oder Bereitschaftspolizisten stehen – Berliner Genossen wollen selbst für Sicherheit sorgen …

Abfahrt in Suhl um 9 Uhr. Auf den Bergwiesen schweben die zerrissenen Brautschleier der Nacht. Hinter Oberhof verschluckt uns der Nebel, stundenlang fahren wir durch das Grau. Alle starren auf die entgegenkommenden milchiggelben Lichter, hoffen, endlich aus dem Nebel der Orientierungslosigkeit herauszukommen.

HDF erzählt mir im Bus von den Tagen der Wende in Salzungen. »Nach den ersten Demonstrationen im Bezirk ordnete Albrecht an: Sie sind wie Rowdys zu behandeln! Bei uns war es noch ruhig. Ich ging also zu den ›Rowdys‹ – ehrwürdige Kirchenleute, Handwerker, junge Intellektuelle – und sprach mit ihnen. Ich sagte ihnen: ›Die Partei und auch ich haben viel falsch gemacht, wollen wir gemeinsam … ‹

Als dann bei uns Tausende demonstrierten, stellte ich mich auf den Marktplatz, beantwortete die Fragen so ehrlich, ich konnte, auch im überfüllten Kurhaus der Stadt – meine Genossen standen draußen –, ich ging allein hinein. Einmal jedoch habe ich gekniffen. Nach dem Friedensgebet standen Tausende mit brennenden Kerzen vor unserem Haus. Sie schrien: ›Fritschler raus!‹ – ›SED und Stasi einsperren!‹ – ›Feigling, Feigling!‹

Ich habe am Fenster hinter der Gardine gestanden – und morgens hat meine Frau das Wachs im Hauseingang von den Fliesen gekratzt.«

Ich sage: »Vielleicht hättest du in die Kirche gehen und dort reden sollen.«

»Nee, ich war nie in der Kirche – ich bin doch keine Schlange, die sich von einem zum anderen Tag häutet.«

Es ist dunkel geworden, als wir nach Berlin hineinfahren. Vor dem Eingang der Dynamo-Sporthalle blendet das gleißende Licht der Scheinwerfer. Fernsehteams aus aller Welt. Fahnen sehe ich keine. Auch im Saal keine Fahnen, keine Blumen, keine Porträts, keine Losungen. Die Seitenplätze der Delegierten reichen sogar bis hinter das Präsidium. Früher akkurat eingehalten der Abstand zwischen Parteiführung und Parteivolk. Nun hat die Führung nicht einmal mehr den Rücken frei.

Stickige, heiße Luft. Holzstühle. Auch Krenz sitzt auf einem dieser Stühle. Wahrscheinlich hat er im Leben noch nie 18 Stunden lang so hart gesessen. Er lächelt fortwährend süß-sauer und käut bedeutende Worte für die westlichen Reporter, die wie ein Bienenschwarm an ihm hängen.

Ich bin wütend. Er sollte lieber vors Mikrofon des Parteitages treten und sagen: ›Genossen, ich bin schuld – ich habe alles versucht, euch hinzuhalten, zu verschleiern, ich habe damit Honeckers letzten Wunsch erfüllt.‹

Und ich erinnere mich an die Stelle im ›Ersten‹, als HDF erzählt.

Wenn beispielsweise der Egon Krenz mit uns ersten FDJ-Bezirkssekretären eine sowjetische Garnison besuchte und wir dort mit scharfen

Handgranaten werfen konnten, bin ich immer in den vordersten Graben.
Und das hat der Egon nicht gern gesehen ...

Das Präsidium mit Kroker, der das Parteischiff kurz vor dem Riff bei Krenz-Flaute übernahm, mit Modrow, dem Hoffnungsträger, dem die übermenschlichen Anstrengungen der letzten Wochen anzusehen sind, mit Gysi, der als einziger im Präsidium ab und zu schalkhaft grinst, mit Berghofer, dem souveränen Versammlungsleiter, mit Peter Pechauf und unserer rothaarigen Gabi Zimmer.

In Hunderten Zeitungsspalten ist diese längste Nacht der Partei beschrieben, die Wahl des Vorsitzenden: Kroker verzichtet wegen Alter, Berghofer verzichtet, weil er in Dresden bleiben will, der einzige Kandidat Gregor Gysi. Beschrieben sind die Diskussionsreden ... Weniger bekannt, was hinter den Kulissen geschieht, in der Redaktionskommission beispielsweise, in die auch ich mit ungefähr 20 anderen Delegierten gewählt werde. Markus Wolf ist dabei. Wir sollen für alle Delegierten gültig formulieren, worüber im Saal noch heftig gestritten wird. Kampfgruppen auflösen? Partei nur im Wohngebiet organisiert? Wie brechen wir mit Stalinschen Strukturen?

Die längste Zeit streiten wir um den Satz:

›Die Delegierten des Sonderparteitages sehen es als ihre Pflicht an, sich im Namen der Partei gegenüber dem Volk aufrichtig dafür zu entschuldigen, daß die ehemalige Führung der SED unser Land in diese existenzgefährdende Krise geführt hat.‹

In einer der wenigen Denkpausen der Redaktionskommission treffe ich Gerd Aderhold. Er ist kein Delegierter, ›nur‹ einer der Genossen, die für Sicherheit sorgen sollen. Er drückt mir ein Papier in die Hand. »Ein Antrag, ordentlich von 35 Delegierten unterschrieben. Der Parteitag muß noch heute ein Zeichen setzen, daß es ernst ist mit Basisdemokratie, neue Strukturen, kleinerem Apparat ... sonst glaubt uns keiner ... du mußt das sofort Gysi geben ...«

Er schubst mich bis zum Zimmer, in dem das Arbeitspräsidium berät. Gysi schüttet Kaffee in sich hinein. Ich gebe ihm den Antrag, agitiere, als wolle ich einen Konservativen zum Kommunismus bekehren. Gysi bittet um das alte Parteistatut, vielleicht sollte man sofort einige Paragraphen außer Kraft setzen ... Keiner hat ein altes ...

»Also gut, ich besorge mir eins – ich werde was zum Apparat sagen. Und ihr formuliert in der Redaktionskommission Gedanken zur Basisdemokratie ...«

Ich umarme Gerd. In der Redaktionskommission sage ich: »Der Genosse Gysi meint, daß es nötig wäre, eine Passage ...« Und erschrecke. Rede von Basisdemokratie, aber benutze die alte Drohgebärde! Es wird schwer mit der neuen Demokratie in der Partei. Wir formulieren:

›Die Grundorganisationen sind die entscheidende Basis der Willensbildung in unserer Partei und des Parteilebens insgesamt. Alle übergeordneten gewählten Leitungen sind dem mehrheitlichen Willen in ihrer Tätigkeit verpflichtet. Entsprechend sind Arbeitsweise und Struktur des Parteiapparates diesem Anliegen unterzuordnen. Dies ermöglicht und erfordert die deutliche Verkleinerung des Apparates. Durch diese radikale Erneuerung bricht unsere Partei konsequent und unwiderruflich mit dem Stalinismus im Parteileben.‹

Erster Angriff auf den Parteiapparat.

Dann warten wir sechs Stunden auf die Wahlergebnisse. Kaffee hilft nicht mehr. Auch HDF ist müde. Am schlechtesten sieht Jürgen Riese aus. Er hat einige Nächte nicht geschlafen. Vor seiner Schmalkaldener Kreisleitung standen Tag und Nacht Demonstranten. Sie verlangten: ›SED raus – Krankenhaus rein!‹ Nach vier Tagen ›Rundumverteidigung‹ hat er aufgegeben. Wahrscheinlich nicht nur das Gebäude. ›Ich höre Weihnachten auf als Erster, gehe ans Fließband – drei Schichten.« HDF versucht ihn aufzurichten. »Wir kommen wieder raus aus dem Dreck. Es ist unser letzter, unser allerletzter Kampf, Jürgen. Nach Modrow, Gysi und Berghofer haben wir nichts mehr – es ist die letzte Reserve. Genau wie die neuen Leute in den Kreisen, wir müssen jetzt ...«

Um 12 Uhr die Wahlergebnisse. Stehende Ovationen für Gysi. 10 Kandidaten für den Vorstand sind nicht gewählt worden, unter ihnen Gustav-Adolf Schur. Wir vier Suhler gehören zum Vorstand.

Gysi bittet zur ‹Konstituierung›. (Früher geschah diese Zeremonie, in der alle Politbüromitglieder längst bestimmt waren und die neu gewählten ZK-Mitglieder nur zur Demokratie-Staffage gebraucht wurden, in glitzerndem Raum mit Lüstern, Polsterstühlen.)

Wir versammeln uns im Judo-Trainings-Raum. Sitzen auf Bänken und Tischen, Gysi holt einen handgeschriebenen Zettel aus der Jackentasche. Als Stellvertreter schlage er Modrow und Berghofer vor, den dritten wüßte er nicht, ob wir vielleicht ... Es fehlen auch die Ausschußvorsitzenden für Wirtschaftspolitik, Frauen, Ökologie. Wir hundert schauen uns an, vorsichtiges Nachfragen: ›Du hast doch beruflich mit Ökologie zu tun ...‹ Eine Parteisekretärin, die auf dem Parteitag darüber gesprochen hatte, daß sie wieder als Verkäuferin arbeiten wolle, wird vorgeschlagen als Ausschußvorsitzende für Frauen- und Jugendpolitik ...

Gysi stellt den Delegierten das neue Präsidium vor, sagt, daß für einige Funktionen noch Vorstandsmitglieder gesucht werden.

Noch einmal stehende Ovationen. Aber keiner singt zum Abschluß.

Auch auf der Heimfahrt nicht. Wir schlafen wie Tote.

In Suhl verabschiede ich mich von HDF, frage: »Was wirst du als erstes tun?«

»Mich rasieren.«

Er will in Suhl bleiben. Seine Enkeltochter hat heute Geburtstag ...

Grinsend erzählt er mir am Montag in Bad Salzungen von

dieser Feier: »Ich war nach zwei Schnaps und drei Bieren schon fertig mit der Welt … Am Sonntag sind wir mit dem Personenzug nach Salzungen zurück. Im Abteil sitzen paar junge Männer, die nölen ›Scheiß-SED‹. Ingrid, meine Frau, sagt: ›Steck doch dein Parteiabzeichen ins Portemonnaie!‹ Ich habe es am Jackett gelassen. Sie sind bald ausgestiegen … Weißt du, ich bin damals nicht, wie manche anderen, in die SED gegangen, weil es gut war für die Karriere, und ich trete heute nicht aus – weil das nun gut wäre für die künftige Karriere.«

Nachmittags Versammlung aller Genossen im Hartmetall-werk Immelborn. Bis 31.12. will der hauptamtliche Parteise-kretär sein Büro räumen, heute soll sich die SED-Organisa-tion auflösen. Im Saal hängen noch die Grundsätze der sozialistischen Moral und Ethik, und an der Stirnseite prangt die Losung: ›Die Lehre von Marx ist allmächtig, weil sie wahr ist.‹ Im September waren 317 Genossen im Betrieb, jetzt sind es noch 138. 63 sind heute erschienen. Der Partei-sekretär informiert den Ersten, daß Betriebsdirektor Ru-dolph am Wochenende mit Herzinfarkt ins Krankenhaus gebracht worden sei. Er hatte sich maßlos aufgeregt, als Ar-beiter der Instandhaltungsbrigade den Einlaß in Kader- und Sicherheitsabteilungen des Betriebes erzwangen, Abhörsy-steme für angebliche Stasi-Wanzen im Betrieb suchten, keine fanden – aber Papierschnippel im Reißwolf und behaup-teten, das seien Geheimakten gewesen. »Aber es waren wirk-lich ›nur‹ Honecker-Porträts. Wir wußten nicht, wohin damit. Auf den Abfallhaufen wollten wir sie nicht schmei-ßen – also in den Reißwolf.« Nun hätten die Arbeiter den Reißwolf versiegelt.

Zur Diskussion meldet sich zuerst ein Genosse in blauer Schlossermontur. »Ich möchte mal wissen, wie viele Arbeiter waren denn auf diesem Parteitag?« – 12,4 Prozent – »Und wie viele von diesen neunmalklugen Intelligenzlern?« – 28,2 Prozent. »Und das ist wohl die Perspektive dieser Partei?« –

HDF: »Aber in eurem Betrieb sind doch auch meistens die Arbeiter raus aus der Partei.« – »Und weißt du, weshalb ich rausgehen werde? Weil der Gysi nie Arbeiter war. Wenn ich schon diese Intellektuellenbrille sehe. Und was ihr in dem neuen Programm schreibt, das ist doch wohl kein Deutsch, so wie wir Arbeiter es plappern.«

Ein anderer Arbeiter: »Ihr habt versprochen, den Apparat zu verkleinern, gut, im Betrieb gibt's keinen Hauptamtlichen mehr, aber guck dich mal in den Verwaltungen bei uns um. Die passen kaum noch in die Zimmer, so viele sind das; manchmal zwei an einem Schreibtisch. Und wenn du sie fragst, wann beginnen wir endlich mit der Wirtschaftsreform, da gucken sie nur dumm. Weißt du, Genosse Fritschler, womit die zur Zeit vollauf beschäftigt sind? Mit der Rettung ihres Sessels!«

HDF: »Im Ministerrat oben ist's ähnlich. Die kommen kaum zu Sachfragen, weil die ehemaligen Minister kämpfen, daß sie wenigstens einen Abteilungsleiterposten bekommen, die ehemaligen Abteilungsleiter wenigstens einen Sektorenleiterposten ...«

Der Schlosser: »Darüber solltest du reden auf dem Parteitag, das sind auch unsere Probleme.«

Zum Schluß noch zwei Stunden Streit über den neuen Namen. Die meisten sind für ›Sozialistische Partei der DDR‹.

Mit nur acht Gegenstimmen wird beschlossen, ab 1.1.1990 die Betriebsorganisation aufzulösen. Man will sich künftig nur noch sporadisch im Betrieb treffen, im Wohngebiet organisieren und dort den Wahlkampf vorbereiten ...

Auf der Rückfahrt sinniert HDF: »Kein Arbeiter hat über die Arbeit gesprochen. Wir reden über Gott und die Welt, aber nicht über die Arbeit ... Und dann der Genosse, der sagte: ›Wir sind so lange unglaubwürdig, solange wir nicht klipp und klar erkennen, wer wir sind, ich sehe keinen Unterschied zu vielen anderen Parteien!‹ Recht hat er, wir sollten endlich wieder Farbe bekennen: rot!«

In der Kaufhalle holen wir 15 Flaschen Rhönpils. »Ob's reicht?« Ich nicke.

HDF erwartet zu Hause noch Damenbesuch. Eine gewisse, ihm unbekannte Frau Tetschner habe sich in Begleitung der Presse angemeldet, um seine Wohnung zu vermessen. Viele Jahre hat er mit Frau und dem nun zwanzigjährigen Sohn in einer kleinen Neubauwohnung gelebt. Seit 1988 in dem ausgebauten Obergeschoß (schräge Wände) dieses rekonstruierten Hauses am Nappenplatz. Frau Tetschner hatte schon bei einer Kundgebung energisch den Rücktritt des Ersten gefordert, weil seine Wohnung zu groß wäre ...

Um 18 Uhr klingelt es. Zwei Journalisten mit dem Leserbrief der Frau Tetschner. Sie selbst jedoch erscheint nicht. Die Fritschlers bewohnen Kinderzimmer, Arbeitszimmer, Schlafzimmer und Wohnzimmer – rund 60 m². Dazu ein riesengroßer, aber nicht nutzbarer Flur von fast 30 m² ... Küche, Bad ...

»Wenn es der Frau um Gerechtigkeit geht, müßte sie vielleicht Hunderte Briefe schreiben, Hunderte Wohnungen vermessen, aber wahrscheinlich geht es ihr um andere Dinge ...« Ja, wenn es hart auf hart käme, würde er ausziehen, wichtig sei jetzt nur noch, die Partei im Kreis zu retten ...

Ich frage ihn, ob es stimmt, daß er von Hans Albrecht nach dem Erscheinen des ›Ersten‹ gemaßregelt worden ist, sich weigerte, eine Stellungnahme zu schreiben. Er nickt. »Du weißt, daß der Satz von dir, ›Es entspricht nicht alles der Wahrheit, was im Buch steht‹, Albrecht genügt hätte, um das Buch zu verbieten. Und du hättest keinerlei Probleme mehr gehabt.«

Er nickt und sagt im gleichen Atemzug: »Aber ich war oft auch feig!«

Im letzten Frühjahr hätte der Salzunger Bankdirektor viele Wahrheiten schon laut gedacht, die wir inzwischen überall aussprechen: Subventionen abbauen, neue Preispolitik, Marktwirtschaft! »Albrecht verlangte den Parteiausschluß des Bankdirektors. Ich wehrte mich gegen den Ausschluß, aber der Alte setzte es durch. In der vergangenen Woche habe ich mich bei dem Bankdirektor entschuldigt und die Entschuldigung auch in der Zeitung veröffentlichen lassen … Weißt du, die Idee des Sozialismus, das ist das eine, davon waren wir begeistert, in der Schule schon … Aber sobald eine Idee ganz und gar von dir Besitz ergriffen hat, achtest du nicht mehr auf die Strukturen, die Instrumente, mit denen sie durchgesetzt wird. Der Zweck heiligt die Mittel. Parteidisziplin, bedingungsloses Befolgen von Beschlüssen, Einheit der Partei – das diente, so dachten wir, alles nur der großen, guten Idee. Daran habe ich nie gezweifelt. Und selbst wenn man mit manchem nicht einverstanden war, da sagte man sich: Sind alles nur Details, die werden wir verändern! Wie ich den Albrecht manchmal erlebt habe, kalt und herrisch, man merkte, die Menschen mit ihren Problemen waren nur lästiger Dreck für ihn, wenn du das gemerkt hast – dann blieb einem doch nur eine Möglichkeit des Protestes: alles hinschmeißen – wieder im Forst arbeiten.

Aber da gab es noch eine zweite innere Stimme – die suggerierte: Dann kommt ein neuer Erster, der wird noch höriger sein – also bleibe lieber und versuche deine Position zu nutzen, um langsam zu verändern … Nenne es Feigheit oder Einsicht in die Notwendigkeit oder Mut in den Grenzen der Möglichkeit.«

Ich frage: »Möchtest du den Albrecht jetzt sehen, in Anstaltsklamotten hinter Gittern im Gefängnis Untermaßfeld?«

HDF schüttelt den Kopf. »Auf diesen Triumph – nein, es ist ja kein Triumph – verzichte ich lieber. Ich könnte mich nicht daran ergötzen …«

Wir leeren die 15 Flaschen.

Um sechs Uhr weckt mich HDF. Seine Frau ist schon zur Arbeit gegangen. Wir trinken Kakaomilch und lesen die Zeitung von gestern. Stellungnahme eines Staatsfunktionärs: »Für mich ist klar: Alles muß anders werden!«

HDF philosophiert: »Ehrlich, ich habe vor allem deshalb nicht für den Vorstand kandidiert, weil für mich vieles überhaupt noch nicht klar ist – ich muß endlich mit mir ins reine kommen. Die alten Strukturen weg! Natürlich. Aber ich habe als Funktionär fast 30 Jahre mit und in diesen Strukturen gearbeitet ... Sie sind noch im Kopf drin ... alles andere wäre Lüge. Oder den Begriff des Marxismus/Leninismus, den wir nicht mehr brauchen. Er ist mir auf allen FDJ- und Parteischulen eingetrichtert worden, so lange bis ich ihn wie mich selbst liebte. Nun muß ich ein Stück von mir wegschmeißen ...«

Er hat eine Verabredung beim Ratsvorsitzenden. Ich will tanken fahren, später nachkommen. Aber die Schlange ist fast einen Kilometer lang, ich warte eineinhalb Stunden und der Tankwart tröstet: »Sie können froh sein, heute haben wir wenigstens Benzin. Seitdem in Vacha die Grenze offen ist ... ein Wahnsinn! ...«

In der Stadt parke ich das Auto, laufe zur Kreisleitung. An der Tür einer Gaststätte hängt ein handgeschriebener Zettel: ›Freitag und Sonnabend Ruhetag. Zur Zeit kein Speiseangebot.‹ Und über der Tür ein Plakat: ›Für Wiedervereinigung und zwar SOFORT!‹ Der Wirt begutachtet sein Werk. Ich sage: »Soll ich Ihnen sagen, was mit Ihnen und dieser Kneipe passiert? Sie werden in einem sofort vereinigten Deutschland mit ihrer sozialistischen Arbeitsweise – 2 Tage Ruhe und keine Speisen – in spätestens vier Wochen bankrott sein!«

In der Kreisleitung frage ich HDF, ob er schon drüben gewesen sei. Nein, noch keine Zeit – vielleicht im Januar oder Februar ...

Der Sekretär vom Rat der Stadt wartet im Zimmer des Ersten. Ein kleiner, maulfauler Mann, für den noch vor drei Monaten jede Bitte des Ersten eine Weisung gewesen wäre, der eilfertig Pläne geholt und versichert hätte, daß es so gemacht werde. Heute, es geht um die Möglichkeit, in das kleine Haus am See einziehen zu können, sagt er kein Wort, schaut nicht mal auf, ist geistesabwesend, läßt den Ersten spüren: Du hast zu bitten, zu bitten! Murmelt dann: »Wir werden es prüfen, aber wahrscheinlich wird es nicht möglich sein ...« Und geht.

Anruf aus dem Kalibetrieb. Arbeiter würden das Partei-büro ausräumen und die Akten auf einem Lkw stapeln.

Nachmittags Auswertung des Parteitages in dem Grenz-städtchen Vacha. 30 Parteisekretäre der Grundorganisa-tionen in und um Vacha diskutieren fast zwei Stunden über einen neuen Parteinamen. Acht verschiedene Vorschläge: ›Bund der Gleichgesinnten‹ und ›Vereinigung wirklich guter Menschen‹ und ›Spartakuspartei‹ ... Wie wird das auf dem Parteitag sein, bei fast hundertmal mehr Delegierten? Aber wir haben beschlossen: Alle Macht den Mitgliedern!

Als ich gehen will, hält mich eine alte Frau zurück. In der dunkelsten Ecke des Flures erzählt sie mir, daß sie Gesund-heitshelferin sei, sich über 50 Jahre nur um andere geküm-mert habe, nie an sich gedacht, das könne ich an ihrer Rente sehen. Und gestern – sie sei für den Vorsitzenden, der sein Parteibuch verbrannt hätte, eingesprungen – gestern abend hätte sie einem Genossen Blumen und Wein zum 80. Ge-burtstag gebracht. »Auf dem Heimweg, ich laufe immer übers Feld, umringen mich plötzlich viele junge Leute. Sie schreien: ›Je älter, desto roter!‹ und ›Sollen wir dich gleich hier verbuddeln?‹ Ich renne über den gepflügten Acker. Die jungen Leute johlend hinterher. Erst als ich stürze und liegen-bleibe, gehen sie weg. Ich habe einige erkannt, sie wohnen in unserem Dorf, aber ich habe Angst, es jemandem zu mel-den. Wem sollte ich es melden? Doch ich bin nicht schuldig geworden, weil ich in der Partei bin, ich habe nie etwas Un-rechtes getan, immer gearbeitet, bin schuldig oder schuldlos wie alle anderen kleinen Menschen in diesem Land ...«

Am Abend gehe ich zum Friedensgebet in die Salzunger Kirche. Kaum noch ein freier Platz. Alte Menschen sehe ich nur wenige. Der Superintendent predigt. Spricht langsam, leise, mahnend. »Da lesen wir im Johannes-Evangelium eine bewegende Geschichte … Es bringen Menschen eine Frau, die beim Ehebruch ergriffen wurde, zu Jesus. Für die Pharisäer ist es eine ganz klare Sache. Sie freuen sich daran und glauben auch damit diesen Jesus endlich in eine Falle gebracht zu haben. Aber Jesus schweigt. Er schweigt lange. Die Pharisäer werden unruhig. Und schließlich trifft sie jenes unerwartete Wort: Wer ohne Sünde ist, der werfe den ersten Stein auf sie. Der erste Stein wird nicht geworfen …«

Nach dem Gebet sprechen Vertreter von Bürgergruppen. Beifall für den Rücktritt der Kreisschulrätin. Pfiffe, als eine Mitarbeiterin des Feierabendheimes von der schlechten Arbeit ihrer Vorgesetzten spricht, auch die müsse endlich weg. Der CDU-Kreisvorsitzende lädt für den 16.12. zu einem Meeting nach Philippstal (BRD) ein. Sprechen würden dort CDU-Ministerpräsident Wellmann, ein Vertreter der CSU, die Ministerin Willms. Das Versammlungszelt sei geheizt. Autos sollten in Vacha stehengelassen werden, Getränke und anderes mehr würde kostenlos an DDR-Bürger verteilt.

Nach einer Stunde geht eine junge, korpulente Frau zum Mikrofon. »Liebe Freunde, wir müssen noch entscheiden, wo wir heute demonstrieren werden. Den Bürgermeister haben wir zum Rücktritt gezwungen, die Kreisschulrätin auch. Die Stasi ist weg, die SED-Kreisleitung wird ausziehen. Wohin also wollen wir heute?«

Sekunden Stille. Ich hoffe, daß der Kelch an HDF vorbeigeht. Ein Ruf aus der Menge: »Zum Ratsvorsitzenden!« Jubelnde Zustimmung. Da spricht der Pfarrer noch einmal, schlägt vor, die Demonstration heute schon auf dem Marktplatz zu beenden. »Dort wollen wir dann unsere brennenden Kerzen zu einem großen Kranz aufstellen.«

Vor der Kirche wartet der harte Kern der Demonstranten. Plakate. ›Deutschland, einig Vaterland‹. ›SED – alles Volksfeinde‹. ›Gysi ist ein jüdischer Rechtsverdreher‹. Nur schwarzrot-goldene Fahnen ohne DDR-Emblem. Schweigende Menschen vor dem brennenden Kerzenkranz. Nach der Besinnung sagt ein junger Mann: »Wir dürfen keine Ruhe geben, es sitzen noch zu viele Stalinisten auf ihrem Thron.« Ich frage ihn nach dem Ratsvorsitzenden und dem Ersten der Partei in Salzungen. »Ich glaube, daß beide versuchen, ehrlich für das Volk zu arbeiten«, sagt er.

Um 22 Uhr bin ich zu Hause. Die Kinder schlafen noch nicht, weil sie den Vater, der ihnen lange keine Gute-Nacht-Geschichte erzählt hat, noch drücken wollen. Ich denke, daß alles seinen Sinn bekommt wegen und für die Kinder. Und singe ihnen ein Schlaflied …

Am Abend vor dem Parteitag Beratung des Vorstandes im ehemaligen ZK-Gebäude. Grau und abweisend von außen. Und innen verlaufe ich mich hilflos in den langen Gängen, stehe klein in prunkvollen hohen Sälen. Es wäre gut, meine ich, wenn die Partei hier auszieht. Ein Mitarbeiter zeigt mir endlich den Versammlungsraum des ehemaligen ZK. Bequeme Polsterstühle. Ich setze mich neben Gabi Zimmer. Sie sagt: »In solchen Sesseln kann man doch nur schlafen, nicht arbeiten.« Gysi begrüßt die Vorstandsmitglieder und sagt mit Blick auf den nur halbvollen ehemaligen ZK-Raum: »Also die Partei hat wirklich abgespeckt.« Dann: »Genossinnen und Genossen, wir haben fünf Tage und Nächte hart gearbeitet. Ein Referat zu Fragen des Stalinismus in der DDR, zum Programm und zum Statut der Partei sind vorbereitet …« Man sieht Modrow, Berghofer, Gysi, Höpcke und den anderen vom Präsidium die Nachtarbeit an, aber ich denke: Hätten sie diese Referate nicht erst im Vorstand beraten sollen … Hans Modrow: »Morgen wird entschieden, ob sich die Partei am Namen spaltet. Wenn es zur Spaltung kommt, entsteht ein Machtvakuum, das im Moment noch niemand im Land ausfüllen kann. Dann wäre die Regierung nicht mehr handlungsfähig, das Land in existentieller Gefahr …«

Gysi: »Und dieses Land, die DDR, müssen wir erhalten. Sollte der Wiedervereinigungstaumel die Oberhand gewinnen, sollten die Grenzen jetzt fallen, wäre das, ob es die SPD nun begreift oder nicht, ein Sieg der Rechten. Und nach dem Fall der ersten Nachkriegsgrenze wäre es nur eine Zeitfrage, bis durch diese Kräfteveränderungen andere Grenzen gefährdet wären ... Auch deshalb wird der morgige Parteitag ...«

Wir machen Vorschläge für den Namen. Hoffnungsloser Streit. Einigung ist nicht in Sicht.

Gysi: »Vielleicht könnten wir als Vorstand morgen gemeinsam einen Kompromiß vertreten: Wir nennen uns bis zum ordentlichen Parteitag SED mit dem Zusatz: Partei des demokratischen Sozialismus: also SED – PDS.«

Ein Kompromiß im wahrsten Sinne des Wortes – alter und neuer Name zugleich. (Modrow hatte in der ersten Parteitagsnacht für den alten, Gysi für einen neuen Namen gestimmt.) Gysi nennt noch andere Gründe: Erst müsse die Frage des Parteieigentums gesetzlich geregelt sein ...

Berghofer bittet den Vorstand mitzuhelfen, daß morgen vor allem die Abrechnung der Partei mit der Stalinschen Geschichte diskutiert werde. Die Namensdebatte möglichst erst abends und möglichst kurz!

Ein Vorstandsmitglied wehrt sich: »Genossen, alle hier sehen – ihr seid müde, ihr habt die Pflicht, euch vor dem Parteitag erst mal ordentlich auszuschlafen. Aber kann das ein Grund dafür sein, daß wir die erkämpfte und proklamierte Basisdemokratie schon wieder vertagen wollen?«

Pause.

Große gefliese Toilettenhallen.

Kein süffisantes Männer-Verbrüderungs-Geschwätz. Wortlos waschen sich Modrow und ich die Hände.

Dann, als störe es ihn, nebeneinander zu stehen und miteinander zu schweigen, sagt er: »Wir brauchen morgen einen vorläufigen Namen, Programm und Statut – es ist schon viel zu viel Zeit verloren. Aber jeder Tag, an dem wir uns noch nicht neu formiert haben, ist ein Tag gegen uns.«

»Vielleicht wird man später sagen: Berghofer, Modrow und Gysi haben die Partei in der schwierigsten Zeit ihrer Existenz durch kluge und schnelle Entscheidungen gerettet. Einem Retter vertraut man bedingungslos ... aber selbst unter diesem Zeitdruck hättet ihr den Vorstand ausführlicher informieren, diskutieren und mitentscheiden lassen sollen ...«

Modrow nickt. »Wir müssen morgen versuchen, im Statutentwurf solche Mechanismen einzubauen, daß die Führung überhaupt nicht mehr ohne die Kontrolle durch die Basis existieren kann ...«

Pünktlich auf die Minute um 9 Uhr beginnt der zweite Teil des Parteitages. Die gleichen Leute, die gleiche Sitzordnung. Empörung über den Wischi-Waschi-Bericht des ehemaligen ZK. Auch HDF unterschreibt einen Antrag, daß ›Fernsehstar‹ Egon Krenz endlich vor das Parteitags-Mikrofon tritt. Berghofer läßt diesen und ähnliche Anträge diplomatisch geschickt ablehnen, ›um den Parteitag nicht zu zerreden‹. Statt dessen würden sich nachts einzelne ZK-Mitglieder den Delegierten der Bezirke stellen ...

HDF sehe ich selten im Saal, er arbeitet in der Statutenkommission.

Diskussion und Abstimmung zum Parteinamen in geschlossener Sitzung. Gysi beschwört die Delegierten, den Kompromiß SED – PDS bis zum Parteigesetz zu akzeptieren, danach vielleicht Urabstimmung an der Basis. Auch die Entwürfe für Programm und Statut werden angenommen. HDF kommentiert das Statut: »Ich glaube, daß es keine Lücke für Machtmißbrauch in der Partei hat.«

Nach Gysis Referat über die künftigen Aufgaben meldet sich ein Leipziger Delegierter zur Geschäftsordnung. »Genossen, ich bitte den Parteitag nicht wie geplant mit der Aussprache fortzusetzen, sondern mit dem Referat von Genossen

Gysi zu beenden! Zerredet nicht, was Gregor gesagt hat! Laßt uns nun an die Arbeit gehen! Der Wahlkampf hat schon begonnen, und wir müssen es erst wieder lernen, wie man das macht: Kämpfen!«

Stehende Ovationen. Und dann fragt Gysi: »Wollen wir singen?«

Vereinzeltes ›Ja!‹ Unsicheres Abwarten.

»Die Internationale vielleicht?« fragt Gysi.

Wieder vereinzeltes ›Ja‹. Wir singen. Erst leise wie ein verschüchtertes Kind. Dann immer lauter. Wir können es noch …

Auf der Heimfahrt erzählt mir Gabi Zimmer, daß sie arbeitslos ist, das Parteibüro im Betrieb aufgelöst, eine neue Stelle hat sie nicht. Und Jürgen Riese erklärt mir: »Ob du es verstehst oder nicht, auch nach diesem Parteitag – ich habe keine Kraft mehr! Weihnachten höre ich auf, fange als Dreischichtarbeiter am Band an …«

HDF wird der letzte Erste im Bezirk sein, der schon vor der Wende Erster war.

Als wir uns in Suhl verabschieden, bittet mich HDF am kommenden Dienstag beim Runden Tisch des Bezirkes (Pechauf und ich sollen die SED – PDS vertreten) über Hilfe für die ›ersten Arbeitslosen dieses Landes‹, die kleinen ehemaligen Stasi- und SED-Funktionäre, zu sprechen. »Vielleicht könnte auch die Kirche vor Weihnachten im Sinne der Nächstenliebe …«

Aber am Dienstag streiten wir vier Stunden lang, wer außer den Parteien, den Kirchenvertretern und den neuen oppositionellen Gruppen am Runden Tisch (er ist eckig) teilnehmen kann, wie die Akten im ehemaligen Stasi-Gebäude gesichtet werden, ob wir Entscheidungen vom Rat des Bezirkes vorbereiten oder kontrollieren …

Kurz bevor wir ergebnislos aufstehen, frage ich, ob wenigstens ein gemeinsames Wort vor Weihnachten möglich sei. Ich würde versuchen es zu formulieren. Das Neue Forum verlangt einen Satz gegen die Vernichtung von Stasi-Akten. Die Kirchenoberhäupter fordern, daß wir Verständnis für die Ängste der Bürger bekunden, die mit ehemaligen Stasi-Leuten zusammenarbeiten sollen … Trotz vier Stunden Streit über Verfahrensfragen übergeben wir zum Schluß der Presse unser gemeinsames Wort. ›In Sorge und Verantwortung für die Menschen in unserem Bezirk wenden sich die Teilnehmer des Runden Tisches vor dem Weihnachtsfest an alle Bürger. Wir bitten um Gewaltlosigkeit, Gerechtigkeit und Gemeinsamkeit in diesen bewegten und hoffentlich auch besinnlichen Tagen.

Gewaltlosigkeit bei allen politischen Meinungsunterschieden. Wir setzen auf die Kraft des Wortes, auch in Debatten um die Wege der beiden deutschen Staaten.

Gerechtigkeit für alle Bürger. Wir verstehen die Ängste vieler Bürger, teilen die Abscheu vor Machtmißbrauch und Bespitzelung. Trotzdem bitten wir, ehemalige Mitarbeiter des Amtes für Nationale Sicherheit, Funktionäre der SED und des Staatsapparates nicht auszugrenzen und sie aufzunehmen in der neuen nützlichen Arbeit.

Gerechtigkeit und Rechtssicherheit verpflichtet, verlangen wir, Akten und andere Beweise vergangener Staatssicherheitsarbeit nicht zu vernichten, sondern sie für die Geschichtsaufbereitung zu bewahren. Um in Zukunft Gerechtigkeit und Rechtssicherheit zu garantieren, fordern wir, daß der künftige Verfassungsschutz von den gewählten Volksvertretungen aller Ebenen kontrolliert wird.

Gemeinsamkeit trotz aller unterschiedlicher Meinungen. Wir fühlen uns gemeinsam verantwortlich, daß das Leben in unserem Bezirk durch die gute Arbeit eines jeden sicher und sozial gewährleistet wird. Wir wollen gemeinsam dafür wirken, daß Rassenhaß und Neofaschismus bei uns keinen Nährboden finden werden.‹

Noch in der Nacht rufe ich HDF an. »Die gemeinsame Bitte, auch den Genossen wieder Arbeit zu geben, wird morgen in der Zeitung stehen. Und wie geht's bei euch voran? Sind wir durch? Treten noch viele aus?«

»Wahrscheinlich werden wir am Ende des Jahres die Talsohle erreichen.«

»Die Hamburger ›Zeit‹ möchte einen schnellen Fototermin mit dir. Das österreichische Fernsehen will einen Film über die Arbeit der SED-PDS und ihres Ersten in Bad Salzungen drehen. Vielleicht solltest du langsam aus deiner geduckten Haltung hochkommen?«

Er sagt mir – obwohl wir fast auf den Tag gleich alt sind – sehr väterlich: »Mein Lieber, du mußt endlich begreifen, daß wir erst dann wieder den Kopf heben dürfen, wenn die Arbeiter uns nach Feierabend auf ein Bier und einen Schwatz in ihre Stammkneipe einladen.«

27. Dezember 1989

Abkürzungsverzeichnis

ABI	Arbeiter- und Bauern-Inspektion
ASMW	Amt für Standardisierung, Meßwesen und Warenprüfung
BGL	Betriebsgewerkschaftsleitung
BL	Bezirksleitung (der SED)
CAD/CAM	Computer Aided Design/Computer Aided Manufacturing
DBP	Deutsche Bauernpartei
DLK	Dienstleistungskombinat
DSF	Gesellschaft für Deutsch-Sowjetische Freundschaft
EOS	Erweiterte Oberschule
GO	Grundorganisation
GHG	Großhandelsgesellschaft
GST	Gesellschaft für Sport und Technik
HO	Handelsorganisation
HSG	Hochschulsportgemeinschaft
LPG	Landwirtschaftliche Produktionsgemeinschaft
MMM	Messe der Meister von morgen
ND	Neues Deutschland
NSW	Nichtsozialistisches Wirtschaftsgebiet
NVA	Nationale Volksarmee
PGH	Produktionsgenossenschaft des Handwerks
RFT	Volkseigene Betriebe für Rundfunk- und Fernsehtechnik
RGW	Rat für gegenseitige Wirtschaftshilfe
SERO	Sekundärrohstoff
StFB	Ständige Produktionsberatung
TKO	Technische Kontrollorganisation
VKSK	Verband der Kleingärtner, Siedler und Kleintierzüchter
VPKA	Volkspolizei-Kreisamt
WBA	Wohnbezirksausschuß
WE	Wohnungseinheit

AtV

Band 1127

Christoph Hein
Die Mauern von Jericho
Essais und Reden

248 Seiten
ISBN 3-7466-1127-X

Christoph Heins Essais und Reden sind
elegante Provokationen, gespickt mit über-
raschenden und irritierenden Behaup-
tungen zu politischen, kulturellen oder
literarischen Phänomenen. Von der
Fremdenfreundlichkeit der Deutschen
kann man da lesen und daß West- und
Ostdeutschland durch die gemeinsame
Sprache getrennt sind, daß Literatur in
der modernen Gesellschaft geradezu
schädlich ist oder daß man ein Kunstwerk
auf keinen Fall interpretieren kann.
Hein lädt ein zu Rollentausch und Blick-
wechsel, treibt seine Argumentationen
ernsthaft bis ins Absurde und unterhält,
indem er den Leser am lustvollen Abbau
von Fiktionen, Allgemeinplätzen und
Denkmustern teilhaben läßt.

AtV

Band 1148

Klaus Schlesinger
Fliegender Wechsel

Eine persönliche Chronik

304 Seiten
ISBN 3-7466-1148-2

Klaus Schlesinger hat zeit seines Lebens in
einem Umkreis von fünf Quadrat-
kilometern gewohnt und auf diesem Fleck
drei Gesellschaftsordnungen erlebt.
Für mich ist »Fliegender Wechsel« eine
spannende Lektüre gewesen, weil ich
manche der Vorgänge und Personen
kenne, die hier geschildert sind, vor allem
aber, weil der Autor seinen Übergang von
Ost- nach Westberlin Anfang der achtziger
Jahre genau beschreibt, konkret, intensiv
und zugleich nachdenklich, weit entfernt
von jeder Schwarz-Weiß-Malerei. Und weil
er nicht nur die Verhältnisse, sondern auch
sich selbst befragt – genau, wie er es
ankündigt: »Eine persönliche Chronik«.

Christa Wolf

… das wichtigste, eindrücklichste,
persönlichste Buch, das bis dahin zum
großen Wechsel in Deutschland
erschienen ist.

Emanuel la Roche, Tages-Anzeiger, Zürich

A*t*V

Band 1365
Helmut Sakowski
Wendenburg

Roman

192 Seiten
ISBN 3-7466-1365-5

Wendenburg ist eine Kleinstadt, idyllisch
an einem See gelegen, die mit den Folgen
der Wendezeit kämpft. Mit ungewohnter
Raschheit für den gemächlichen Land-
strich verändern sich Verhältnisse und
Lebensentwürfe. Man paßt sich an, man
orientiert sich neu, man nutzt seine
Chancen oder wehrt sich. Ein Roman so
amüsant wie nachdenklich, und der Name
Sakowski garantiert dafür, daß es auch
deftig zugeht.

A*t*V _____

Band 1073

Martin Ahrends
Der märkische Radfahrer
Mann mit Grübchen
Zwei kleine Romane

277 Seiten
ISBN 3-7466-1073-7

»Der märkische Rafahrer«, ein elegisch-ironischer Roman über eine Jugend in der DDR und die intellektuelle Szene der siebziger Jahre, ist vor allem wegen seiner klischeefernen Schilderung gelobt worden. In seinem zweiten Roman, »Mann mit Grübchen«, schreibt Martin Ahrends die Geschichte fort. Eher wider Willen schlittert sein Held in eine politische Außenseiterrolle. Von ständiger Ambivalenz zwischen Bleibenwollen und Ausreisegesuch, den Konflikten mit Vater und Mutter und den Übereltern Staat und Partei zerrieben, ahnt er schließlich die Wurzel seines Unbehagens: nicht erwachsen werden zu können in einem Land der Gängelei, und die Unfähigkeit, sein Leben jetzt und rückhaltlos zu beginnen.

AtV

Band 1345 **Helga Königsdorf
Der Lauf der Dinge**
Geschichten

216 Seiten
ISBN 3-7466-1345-0

»Besonderes Kennzeichen: unauffällig«,
hätte für alle Zeiten im Steckbrief dieser
Leute stehen können, wenn nicht aus
heiterem Himmel Unvorhergesehenes
geschehen wäre. Der geheimnisvolle
Nachbar bringt Mamas Regime ins Wan-
ken, der renommierte Professor riskiert
den Aufstand, und die unbescholtene
Hausfrau erwacht eines Morgens als
Dichterin. Die gewohnte Ordnung ist aus
den Fugen geraten, und hinter den Rissen
offenbaren sich plötzlich die Lebenslügen.
Wie dieser und jener in solchen heiklen
Momenten seine Haut und seinen Seelen-
frieden rettet, erzählt Helga Königsdorf in
ihren grotesken und absurden Parabeln
auf den menschlichen Hang zum Selbst-
betrug. »Wer Ähnlichkeiten findet, muß
Gründe haben«, heißt die Warnung der
Autorin.

A*t*V

Band 140

Hanns Cibulka
Dornburger Blätter

Briefe und Aufzeichnungen

Erstmals als Taschenbuch

131 Seiten
ISBN 3-7466-0150-9

Die Dornburger Schlösser, unterhalb Jenas
hoch über dem Saaletal gelegen, sind durch
Goethe berühmt geworden. Sie regten
Hanns Cibulka, den bedeutenden ostdeut-
schen Lyriker, zu seinen erstmals 1972
erschienenen Aufzeichnungen an, die
wunderbare Naturschilderungen enthal-
ten, zugleich aber von der Angst sprechen,
diese Schönheit könne nicht bewahrt
werden.

AtV

Band 139

Franz Fühmann
Zweiundzwanzig Tage
oder Die Hälfte des Lebens

Erstmals als Taschenbuch

228 Seiten
ISBN 3-7466-0149-5

Franz Fühmann, fünfzigjährig und in Ost-Berlin zu Hause, hochberühmt und angefeindet von manchen Mächtigen, fährt ins charmante Budapest, dessen pariserischer Glanz jetzt, 1972, etwas verblichen ist. Der Dichter, indem er Unbekanntes und zuweilen Altvertrautes entdeckt, kommt ins Nachdenken über sich und sein Tun in dieser unerbittlichen Zeit, deren Ende für den Hochsensiblen schon damals mehr zu fühlen als vorherzusehen ist. Fühmanns Tagebuch-Bericht gehört zum Subtilsten, was DDR-Literatur hervorzubringen vermochte.